节日研究

Festival Studies

第十三辑

主编　王加华
执行主编　朱振华
主办　山东大学

山 东 大 学 出 版 社

图书在版编目(CIP)数据

节日研究. 第十三辑/王加华主编. —济南:山东大学出版社,2019. 5
ISBN 978-7-5607-6347-7

Ⅰ. ①节… Ⅱ. ①王… Ⅲ. ①节日-研究-世界
Ⅳ. ①K891.1

中国版本图书馆 CIP 数据核字(2019)第 102628 号

责任策划:傅　侃
责任编辑:傅　侃
封面设计:牛　钧

出版发行:山东大学出版社
　　社　址　山东省济南市山大南路 20 号
　　邮　编　250100
　　电　话　市场部(0531)88363008
经　销:新华书店
印　刷:济南华林彩印有限公司
规　格:787 毫米×1092 毫米　1/16
　　17.75 印张　269 千字
版　次:2019 年 5 月第 1 版
印　次:2019 年 5 月第 1 次印刷
定　价:68.00 元

《节日研究》编委会

目 录

民族节庆

方南苗族社会的性别文化
——以施洞镇姊妹节为中心的人类学考察　蓝咏石 / 3

闽西客家春耕习俗的展演与记忆　张凤英 / 30

一个仪式的两次节庆
——哈尼族“阿倮欧滨”祭祀的节庆再造　张　多 / 44

节日传统与村治的艺术
——论少数民族地区多姓苗族村寨节日的运作与效能　杨春艳 / 57

节日变迁

人民公社时期春节习俗变迁探析(1958~1983)　李渊源 / 71

荣成院夼谷雨节祭海仪式的变与不变
——基于社会结构变迁角度的考察　朱光涌 / 85

从谷雨节到开洋节:技术变革与渔业社区变迁
——以胶东荣成院夼村为个案　沈婉婷 / 100

传统节日视野下的碧霞元君信仰重构与变迁
——基于河南台前满庙“泰山行官”庙会的个案分析　何杰峰 / 114

中国传统节日跨文化传播实证研究
——以来华留学生认知情况与获知途径调查为例　蔡　燕 / 124

新型节日空间中的手工艺发展思路
——以伦敦手工艺周为例　唐璐璐 / 142

田野报告

诞会组织与轮值制度:广东诞会传承的核心民俗要素　王维娜 / 157

作为文化整合机制的清明节交流实践
——以辽西农村社区当下的清明节传承为观察对象　王　雪 / 172
豫东“烧香人”群体的“唱经”与修行　孙艳艳 / 190
标志性文化生成中的多元复合性
——以登封地区大禹文化考察为中心　朱　鹏 / 211
礼俗互动视角下的民间节日祭祖体系　赖　婷 / 223
往返、聚散与村庄仪式生活
——基于太行山区某村元宵节的民族志调查　罗士泂　赵旭东 / 234
乡村武术组织的节日传统与时间制度
——以冀南北杨庄梅花拳为例　张兴宇 / 250
庙会献戏:祭祀仪式剧和戏曲的互动与差异
——以冀南涉县赛戏、愿戏表演传统为例　马　兰 / 263

民族节庆

方南苗族社会的性别文化

——以施洞镇姊妹节为中心的人类学考察

蓝咏石*

摘　要

姊妹节是生活在贵州省台江县施洞镇清水江边的方南支系苗族的传统节日,但由于“他者化”操作而多被人们所误读。以社会性别理论为视角,从姊妹节彰显的“文化”与“性别”符号出发,阐述其特定的性别文化脉络,有助于我们理解姊妹节如何在苗族传统的父系社会中创造出一个女性节日空间。借助节日空间中所彰显的河边苗族性别文化,或将对已有社会性别研究有所拓展。

关键词

姊妹节　社会性别　方南苗族　贵州台江

姊妹节是清水江中上游一带的苗族村寨围绕婚姻主题、以青年男女为中心进行的一种集体性的联谊交往活动。它不仅对其所赖以产生的社会具有特殊意义,还成为特定苗族支系重要的文化符号和认同。在文化中心主义的影响下,姊妹节不只是一个简单的节日概念,更是他者认知苗族的一种

* 作者简介:蓝咏石,中央民族大学民族学与社会学学院博士研究生(北京 100081)。

视角，与主流文化形成鲜明的参照。近年来，姊妹节在旅游产业快速发展的浪潮中脱颖而出，在政府与社会各界共同努力下，由贵州台江苗族传统的民间婚恋习俗演变为强化当地苗族文化和认同的烫金名片——“东方最古老的情人节”。由于“他者化”操作，这种文化透视出一种“男性中心”、充满奇风异俗的评断与认知，尤其是对女性的猎奇，展现给外界的是一个被扭曲、误读的民俗节日。鉴此，笔者希望以社会性别理论为视角，通过深入考察台江县施洞镇清水江边的方南支系苗族姊妹节，从节日彰显的“文化”与“性别”符号出发，关注其异性交往规则，梳理其特定的性别文化脉络，进而分析姊妹节在苗族传统的父系社会中营造出一个独特的女性节日空间的过程。

一、方南苗族与施洞镇

“支系”是一个文化概念，它是一个族群内部具有相似或相近文化的人群按照一定的秩序或联系组合而成的若干集团派别。在历史上，苗族先民避开中原地区的敌对部落，踏上了漫长的迁徙路程，黔东南的苗岭便是苗族大迁徙路途上最重要的聚居地。由于苗族多在深山密林中生活，中央王朝对苗族所知甚少，宋代以前的官修典籍中并未出现固定的苗族族称，所以也就不可能知道苗族内部的支系划分。自北宋熙宁六年（1073）章惇招降“梅山洞蛮”后，西南地区的苗族才引起了宋廷的关注。当时，宋代汉族文人已经接触过不同支系的苗族，比如朱辅的《溪蛮丛笑》提到的“苗”和陆游的《老学庵笔记》笔下的“仡偻”，但是这些论著仅是泛泛而谈，并没有加以整合，更没有认识到苗族内部的支系分野。到了元代，苗族内部的支系才首次得到了划分。《元史》将苗族的黔东南支系称作“黑蛮”，并与黔中南支系的“苗蛮”对举，这充分表明元廷开始有意识地区分苗族内部的支系。明弘治年间，都匀地区的“黑蛮”爆发了苗民起义后，明廷才开始对其族属作出判断，并将苗族黔东南支系逐步改称为“黑苗”，然而当时仅用来指称分布在城镇周边或交通沿线附近的该支系苗族。明万历年间，清水江与那巴河汇流处的苗族参与了杨应龙叛乱，因而这一带苗族作为“黑苗”的一个地域群体便出现在官方典籍中，他们先后有 9 个不同的鼓社进入苗疆定居，被称为

“九股苗”或“九股黑苗”。可见，“九股苗”是一个属于“黑苗”支的亚支系。有学者认为汉文史志把“鼓”记为“股”，又把“股”说成军事单位，而忽略了“鼓”的社会经济单位的意义。① 黔东南苗岭则在《苗族古歌》②里被称为“九鼓社地方”，雷山、凯里被称为“上九鼓”，台江、剑河被称为“下九鼓”。这支苗族在这块“化外生苗之地”，以鼓社作为苗人最重要的社会组织形式，世代繁衍，其聚落生活节奏缓慢，就像陶渊明笔下的桃花源那样留驻着过去的生活景观。

由于自然居住环境和婚姻禁忌的差异，如今“九股苗”逐渐演变成以服饰为单位所形成的9个不同的亚支系——Fangb Nix（方你）、Fangb Nangl（方南）、Fangb Jes（方纠）、Fangb Ongb（方翁）、Fangb Dlib（方黎）、Fangb Bal（方白）、Fangb Xed（方秀）、Ongb Mangl（翁芒）和Nangl Xios（后哨）。“亚族群认同，在历史上起到界定苗族不同支系婚姻范围、文化特征的作用”③，同一个支系的各个成员之间往往认同感比较强，其风俗习惯也往往趋同，在选择配偶时一般也只限于同一服饰类型的群体之内。虽然一个支系的各村落的语音、语调有所差异，但交流一般没有太大障碍。

清水江流域是贵州自然条件最好的地区，拥有最大的一片喀斯特地貌，属于中亚热带温和湿润气候，雨量充沛，水热条件优越，森林植被保存较好。而位于清水江南岸的施洞镇，世居以苗族为主，素称“狮洞口”，是黔东南清水江水系的重要码头之一，清政府在此屯军驻守以后，很快成为一座策应上下游航运的繁华集市。施洞地区既间接地受到汉文化的冲击，同时还吸收了周边台拱、黄平、施秉、镇远四县交界处几个支系的苗族文化。生活在以施洞镇为中心的清水江中游32公里两岸河段的苗族属于Fangb Nangl（方南）支系，主要集中在台江县的施洞、老屯两个乡镇的村寨及与之相邻的施秉县双井、马号、六合三个乡镇的部分村寨。该支系自称为“Hmub”，语言为黔东方言北部土语施洞话，服饰为中裙系施洞式服饰。“Fangb Nangl”是该支系的他称，其中“Nangl”在苗语里意为“低地”“河流下游”或“东方”。典型的生计方式是农耕、家畜饲养和放排的组合。在农业方面，该地区稻作曾

---

① 参见李廷贵、果酒素：《苗族鼓社研究》，《民族学研究》1983年第5辑。

② 田兵：《苗族古歌》，贵州人民出版社1979年版。

③ 杨正文：《苗族服饰文化》，贵州民族出版社1998年版，第46页。

推行“糯改籼”,还有众多的旱作品种,如苞谷、番薯、马铃薯、花生、黄豆、茶叶等,都是随着汉族移民引进的。方南苗族的村寨一般建在条件较好的坝子或河流边,其村落就相对较大,自然村的分布密度也相对较大,因此又被称为“Fangb Eb”(河边苗)[①]。这样的自然条件加强了苗族村落之间的交往,再加上“七天赶两头”[②]的施洞赶集,也促进了他们跟外界的往来与交流。与一些受高山深谷的阻隔、交通极其不便致使“老死不相往来”的“高坡苗”村落相比,“河边苗”村落之间交往则较为频繁,彼此认同。有苗族学者于20世纪七八十年代曾走访过施洞地区,当时的偏寨、芳寨、八埂、旧州、榕山、廖洞、冰洞等村寨依然举行鼓社祭祀活动,并且偏寨鼓社同沅江鼓社和台拱鼓社有联盟关系,芳寨鼓社同冰洞鼓社有联盟关系。[③] 显然,这是苗族迁徙史、支系之间交往的具身化(Embodiment)表现。

在笔者的田野经验当中,“河边苗”女性地位很高,往往不持性别偏见,并重视女性的社会价值,在日常生活、仪式与习俗活动中表现很明显,姊妹节便是一个最好的例证。历史上的“九股苗”以勇敢彪悍著称,他们也曾是清代苗族英雄张秀眉起义的主力。在和平年代,“九股苗”的女子便大出风头了,姊妹节尤以穿着方南苗族支系服饰的人数最多,过得最隆重。每年在人山人海的踩鼓场上,全身披挂沉重银饰的少女们将擂鼓的中年妇女围成一圈,踩着鼓点旋转起舞。她们步调一致,银甲闪亮,与其说是舞蹈,倒更像是战争演练。有些学者解读,她们的舞阵,重温了苗族漫长的迁徙故事。现如今当地已经不再举行祭鼓仪式,但是笔者在做调查时发现,祭鼓仪式的象征要素与意义仍然在关于姊妹节的说法与传说中有所体现。按节日场合划分,方南苗族两性的着装大致可分为一般看热闹用的“Ud Hsaib”(便装)和节日才使用的“Ud Tut”(盛装)两种。“Ud Tut”作为代表性节日装束,其特点是男装结构简洁,女装华丽精致,其银饰尤以“盛”为美。长期以来,方南苗族都有通过佩戴“盛饰”来彰显富裕的观念,同时“盛饰的佩戴——富裕的

---

① 清水江流域的苗族内部,除了以妇女服饰来彼此区分之外,还会根据居处的环境特征相互区分,如“河边苗”“高坡苗”等。

② 施洞赶集没有具体规定在哪一天进行,一般按农历的大小月天数来计算。比如,如果今天是农历的十九日,那么下次赶集在二十五日,再下次则到三十一日;如果该农历的二十五是月大,就赶初一,若是月小,就赶初二。

③ 参见廷贵、酒素:《苗族“鼓社”调查报告》,《贵州民族研究》1980年第3期。

生活——辛勤的劳动——优秀的品格”的价值逻辑在方南苗族身上得到普遍认可，所以家庭、族群的“财富”与“品格”绑定在一起，通过“盛饰”得以体现。

鼓社已成为方南苗族的历史记忆，而家户则构成了村寨生活的中心，是生产和消费的基本单位。在婚姻方面，方南苗族以姻亲网络为中心，强调姑舅的亲属关系和婚姻圈的内卷化。此外，自清水江河道疏浚后，方南苗族聚居地施洞镇长期处于外地汉商所建立的贸易网络中。20 世纪 80 年代以来，方南苗族越来越深地被卷入到当地、地区、国家以及全球的社会经济体系中，急剧强化了与其他族群间的相互交往。尽管如此，生活在施洞地区的方南苗族仍然保持着村寨层面上的高度同质性，形成了极强的文化认同和归属感。在互称过程中，各个支系都以自我为中心，虽有排斥，但都认为同属苗族，且与 Gud(侗族)有所区别。

二、姊妹节溯源及文化特质

(一)何谓“姊妹节”

1. 姊妹节的历史渊源

(1)节日的名称由来

“姊妹节”是一个派生的汉语意译，其苗语称为“Nongx Gad Liangl”(弄嘎良)，其中“Nongx(弄)”在苗语里是“吃”的意思，“Gad(嘎)”就是“饭”，“Liangl(良)”是一种染饭花。“Nongx Gad Liangl”，在这里是动宾结构，即“用‘Liangl’的花染的糯米饭”，后来被引申为了却心愿、偿愿。“Nongx Gad Liangl”的汉语意译就是“吃了却心愿的饭”。苗语说“过××节”，一般都是表达为“吃××”，所以“Nongx Gad Liangl”被译成“吃姊妹饭”，比较符合苗语的语境。再加上清水江中上游一带的许多苗族村寨过节内容和形式基本一致，这一俗称已被当地人沿用了相当长的时间。

从参与人“姊妹”的对象和节日程式的固定仪式、固定程序、固定时间来看，“吃姊妹饭”这个译名虽符合活动的外在形式，但没有体现出苗语“Liangl”的真正意义。后来，有些学者引申为“姊妹饭节”。为了规范“姊妹节”的名称,1998 年 4 月,台江县人民政府进行了统一,即在苗族外部通称“姊妹节”,在苗族内部依然以“Nongx Gad Liangl”为主。

(2)节日起源

清水江中游的方南苗族为父系继嗣群,即将以“Jil Zaid”(房族)为单位的血缘集团聚集在一起形成一个小村寨,也有几个房族组成的大村寨。“弄嘎良”一般是互为平表或同村的一群女性,与跟她们自己没有父系血缘关系、同样是互为平表或同村的另一群男性,在家屋内举行共饮、共食聚会的异性交往活动。这种聚会以女性为中心,以男女青年为活动的主体,以一年一度为聚会的时间周期。

清水江流域的苗族青年在选择配偶时,会面临许多限制和禁忌。传统的婚姻制度强调交表婚优先,即姑舅表兄弟姐妹之间优先婚配原则,姨表兄弟姐妹、堂兄弟姐妹间则禁止通婚。如今施洞一带的“河边苗”严禁同宗男女通婚,并且不同服饰支系的一般也不开亲。笔者所调查的柏枝坪村有几户人家为黄平的“高坡苗”,这些苗族的子女皆选择跟高坡苗开亲。同族聚居和婚姻制度的限制给苗族青年男女造成诸多不便,而“弄嘎良”其实既是一种节庆的游方,也是一种未婚青年男女以婚恋为主题聚集和沟通的制度性活动。

2. 姊妹节的相关传说与节期差异

(1)节日的传说争论

苗族姊妹节流传已久,但少有史料记载,因而其形成于何时,尚难以考证。在施洞一带流传有《金党和窝久》的传说,透露出姊妹节与当地婚恋习俗或有些许渊源。

《金党和窝久》讲的是古时有一对相爱的恋人,男的叫金党,女的叫窝久,同属于一个鼓社。他们的血缘关系很远,但因为当地有同宗不婚的传统,因此他们的爱情遭到鼓头和舅舅的反对。窝久被迫嫁给了舅舅的儿子,但是两个人依然深爱着对方。金党常常思念窝久,窝久也会偷偷送糯米饭给金党吃。舅舅被迫无奈成全了这对恋人,但是再次遭到鼓头的反对。最终因得到众人的支持,鼓头做出了让步,成全了他们。古歌最后唱道:

窝久是妹妹,
金党是哥哥,

两个游方在竹园。

杀白牛，

告祖先，

兄妹终成婚。

节日的传说受地域和时间的影响而有所不同，其产生的原因更是扑朔迷离，却都离不开苗族婚姻习俗的文化意义。

(2)"二月十五"与"三月十五"之争

笔者在走访方召乡的方召大寨时了解到，"吃姊妹饭"的活动在"高坡苗"的概念里并非像清水江流域的方南苗族那样，将"吃姊妹饭"集中在特定的一天，成为一个节日，其原因与稻作生产、种植有关。台湾学者简美玲就"高坡苗"与"河边苗""吃姊妹饭"的习俗差异提出了两点猜测："第一，施洞、台拱、革东在台江地区是最早对外接触的区域，是否由此影响姊妹饭活动固定化？第二，前述因素尚无法解释何以施洞、台拱与革东的姊妹饭活动的日期不同。这种区域性的差异，也出现在传统苗年，它的活动时间也有差异。施洞与台拱的姊妹饭是农历三月十五，革东是农历二月十五。"[①]受此启发，我们可以提出两个问题：一是为什么"河边苗"将"吃姊妹饭"活动固定下来，而有的"高坡苗"却未视之为节日？二是为什么同一性质的姊妹节分散成两个不同的时间段——二月十五和三月十五？笔者将在下文详细回答第一个问题。至于第二个问题，杨庭硕先生在《苗族与水族传统历法之比较研究》一文中便已确认苗族的传统历法是以十二生肖为计时符号，循环计时。[②]就此而言，"河边苗""高坡苗"的节期差异或许与当地苗族在与对外交往中实行本族传统历法与他族历法相结合的做法有关。换言之，由于不同地区在过去实行不同的历法制度，这导致它们之间存在一个月的差异，进而导致了过姊妹节的时间相差了一个月。[③] 比如，革东地区姊妹节过二月十五，苗年在十月；老屯地区姊妹节过三月十五，而他们的苗年在十一月。

① 简美玲：《贵州东部高地苗族的情感与婚姻》，贵州大学出版社 2009 年版，第 47 页。

② 杨庭硕：《苗族与水族传统历法之比较研究》，载吴正彪、祖名主编：《守护精神的家园——文化与田野在黔南》，作家出版社 2006 年版，第 3～34 页。

③ 参见李松：《苗族姊妹节》，安徽人民出版社 2014 年版，第 156 页。

3. 节日时间与活动场域

传统“吃姊妹饭”活动主要在春季举行,即从农历正月到三月之间。活动日期主要分三类:一是农历正月初一到十五,二是农历二月十五到十七,三是农历三月十五到十七。施洞一带的苗族过姊妹节时,一般是农历三月十四到台江看开幕式和游行,十五到老屯乡老屯村踩鼓场看热闹,十六到杨家寨河边踩鼓场,十七到偏寨村踩鼓场。施洞镇和老屯虽然都过十五,但由于施洞没有踩鼓活动而老屯有,所以在十五这天,施洞镇的苗族人一般都回老屯的舅舅家或其他亲戚家过节。

姊妹节主要活动场域如下:

其一,正月初一到十五,主要在台江县革一乡出台水村和屯上村外的10个村。

其二,二月十五到十七,主要分布在台江县施洞镇的良田、黄泡、四新、旧州、井洞塘、井洞坳、猫坡,剑河县革东镇的革东寨、大稿午、五河、建新和岑松镇的温泉、大巫沟以及施秉县六河乡和双井镇的铜鼓、石场、巴包湾、竹子寨、把网、南哨、凉伞、大冲等大部分村寨。

其三,三月十五到十七,主要分布在台江县老屯乡长滩以下巴拉河沿岸村寨和施洞镇八埂以下至平兆清水江沿岸村寨以及施秉县马号乡清水江沿岸村寨。

不难看出,姊妹节主要流传在以施洞镇为中心的方南(Fangb Nangl)、以革东镇为中心的方翁(Fangb Ongb)、以台江县城为中心的方你(Fangb Nix)和以革一乡为中心的方黎(Fangb Dlib)4个支系的70多个村寨中,其中以施洞为中心的方南支系规模最大、最为隆重。

(二)姊妹节习俗的由来

1. 姊妹节形成的原因分析

姊妹节作为施洞苗族生活中的一个隆重的节日,是多方面因素交融的结果。如前文所述,为什么作为“河边苗”的方南苗族将“吃姊妹饭”活动固定下来而有的“高坡苗”却未视之为节日,笔者认为原因有以下三方面:

第一,经济原因。施洞的“河边苗”在这四个支系当中相对富足。由于经济相对发达,他们有实力购买华丽、盛大的衣服来踩鼓,表现出较强的文化自信。方南苗族村寨中女性地位普遍较高，她们常在家里刺绣，喜欢请“高坡苗”过来种田，因而她们觉得自己才是“中心”，其他支系都是附属。比如柏枝坪村的妇女去黄平走客时，她们觉得“那边支系包头都包坏了”，甚至觉得方南苗族女性是 Gub（侗族）。

第二，社会原因。方南苗族是一个追求自由的族群，这在男女青年专门的交往机制——游方活动中体现得尤为明显。虽然苗人在游方时有一定的自由，但是游方并不必然导致婚姻。加上姨表、堂表之间的兄弟姐妹之间不能通婚，这就限制了很多苗人青年男女寻找对象。由于交际的范围比较狭窄，很多未婚青年就不容易找到对象。崇尚情感自由的天性与严格的婚姻规则在现实生活有着一定的矛盾和冲突，这需要一种舒缓和调节的文化机制。姊妹节正是为了满足这种需求，将其作为方南苗族追求感情自由又持守婚配规则和社会伦理道德的一种途径而产生的。比如，金丹与阿娇的故事就打破了姑舅表婚的习俗，据说施洞地区姨表之间可以开亲。

第三，地理原因。施洞的苗族很早以前分别居住在清水江河谷的各个山坳里，由于距离较远，山道崎岖，猛兽出没，导致各村寨的人们交往不便，在选择配偶时捉襟见肘。“卡星”“腾莫”“金沙”原来分别是杨家寨、偏寨和老屯榕山的古村寨，据说施洞苗族最早过姊妹节都是从这三个村寨开始的。但由于3个古村寨都座落在山坳上，地势较高，人们交往走动不方便，后来才搬来现在的位置。偏寨呈半月形，背临清水江，西面是一大片稻田和公路，杨家寨的天然踩鼓场拥有长约20公里、宽200多米的河滩。优越的地理条件为一个定期举办的社交活动提供了便利，这也是为什么偏寨能够成为姊妹节活动的集中地的重要原因。

2. 姊妹节产生时间的推测

在历史文献中，关于姊妹节的记载出现得很晚。最早可以追溯至20世纪五六十年代《苗族社会历史调查（一）》一书，而以往的各种文献也没有提到关于这个节日的信息，口述史也很难获得姊妹节产生的确切时间。不过，根据方南苗族老人、歌师提供的一些线索，可推断出姊妹节在民国时期就已形成。

历史文献对于姊妹节鲜有记载，原因可能有三个方面：第一，明代以前清水江是“没有历史”的河流，明代以后国家权力和儒家文化才逐渐渗透到整个苗疆，化“生苗”为“熟苗”，清水江才真正进入有文字历史的时代。苗族尽管是贵州人口众多的民族,但由于封建国家对苗疆的治理比较晚,而且这种治理是一个渐进的过程,属于苗族局部区域习俗的姊妹节因而没有引起关注,也属于情理之中。第二,由于“河边苗”男女青年社交活动较多,姊妹节可能由于时间的流逝而逐渐被生活化,导致姊妹节在“河边苗”众多民俗活动中难以彰显出来,加上明清史书编辑重点放在了“大历史”而不是反映日常民俗的“小历史”,因而姊妹节容易被忽略。第三,虽然民国时期的县志没有关于姊妹节的记载,但是笔者在调查中找到了当时的见证者。可见,至晚在民国时期姊妹节就已经形成了。

汉唐时期,苗瑶语族生活在湘西武陵地区,并没有进入贵州。唐代以后,苗瑶语族沿清水江西上,在黔东南地区与从融江北上而来的壮侗语族杂居,汉人无法分清他们的族属,所以古籍常常使用“百苗”“峒苗”“溪峒”的泛称。明清以后,苗、瑶等现代民族才逐渐被清楚地区分。这也说明清水江流域的苗族应该是明清时期才进入这里定居的,而且有屯军、商人等群体融入。20 世纪五六十年代,一些民族学者认为,“吃姊妹饭”的活动或许是母系社会向父系社会过渡时期“妇女们于婚前婚后的相互安慰和惜别而留下的一种遗迹”[①]。现代有些学者也赞同此观点,认为姊妹节是“人类婚姻从‘从妻居’到‘从夫居’转变的‘活化石’”[②],“其源可追溯到原始母系民族及母权制社会”[③]。这些说法颇值得怀疑,其是根据单线进化论进行的历史构拟和文化想象。据现在的老人口述他们父母一代参加姊妹节的情形来看,姊妹节存在至少上百年历史了,但不至于追溯到人类的母系社会时代。另外,笔者在施洞的实地调查获取了诸多“姊妹节起源于鼓被外人破坏才导致后人祭鼓”的说法,又加上苗族社会很多文化事象源于祖先崇拜,如果这种说法比较可信,根据清朝发生过两次大规模的苗民起义来看,笔者推测姊妹节的起源应该在清雍正或乾隆年间。时至今日,学术界对清水江流域苗族的族源仍然没有定论,因此关于姊妹节的时间产生问题,在此不再赘述。

---

① 《中国少数民族社会历史调查资料丛刊》修订编辑委员会编:《苗族社会历史调查(一)》(修订本),民族出版社 2009 年版,第 173 页。

② 刘晖、吴建民:《贵州省民族传统节日进入旅游市场的文化条件》,贵州教育出版社 2009 年版,第 29 页。

③ 杨昌国、张文生:《亲历“姊妹节”——施洞苗族“姊妹节”的人类学》,《贵州民族学院学报(哲学社会科学版)》2002 年第 5 期。

(三)姊妹节的文化内涵

1. 姻亲交往秩序中的岁时节俗

如果作一个简单的划分,可以把施洞苗族一年的时间分为日常生活时间和节日时间。下表以一年为单位,对施洞苗族现存岁时节日进行了排列。

图表1　　施洞苗族的岁时节日民俗

时间(按农历计算)	节日民俗	举办地点	主要参与者
1. 腊月十一至正月初一	客家年(春节)	各家	家庭成员
2. 正月初二	姑妈回娘家拜年	舅家	姑妈与娘家近亲
3. 正月十四	姑妈回娘家过节	舅家	姑妈与娘家近亲
4. 正月十五	元宵节	施洞街上村	全镇各寨
5. 二月初二	碰蛋节①	"查弯坡"	青年男女
6. 三月十五至十七	姊妹节	老屯、偏寨等踩鼓场	女性为主
7. 四月初十	立夏	各家	家庭成员
8. 五月二十四至二十七	独木龙舟节	平寨、塘龙、榕山等河坝	男性为主
9. 六月六	吃新	各家	家庭成员
10. 七月十三、十四	七月半	各家	家庭成员

从上表可以看到,这10个比较重要的民俗节日的举办地点,有4个是在村寨外部进行,占了整个年度节日民俗数量的2/5,即:正月十五的元宵节,举办地点在施洞镇整条街上;二月初二的碰蛋节,在施洞镇的"查弯坡",又称"滚蛋坡";三月十五至十七的姊妹节,分别在老屯村、杨家寨和偏寨村的踩鼓场;五月二十四至二十七的独木龙舟节,分别在施秉县平寨、施洞镇塘龙寨、老屯乡榕山村、施洞镇芳寨。以家户以外为主的年度节日民俗空间结构,说明了施洞方南苗族公共性节日空间的充裕,而以女性为主的姊妹节向外界展现了自家女儿的风采,又通过一系列礼仪交往将爱情、亲情与友情表达得淋漓尽致;以男性为主的独木龙舟节得到了来自女婿家的回报,使姻亲

① 除了姊妹节,施洞二月二的"碰蛋节"也是以未婚青年男女为对象的节日,同样具有游方性质,起源于柏枝坪村的"滚蛋坡"。节日那天,青年男女会带着煮熟的鸡蛋、鸭蛋,外用红布包染,等变红了便拿到坡上滚,滚得远者胜。

的情分推向了高潮。苗族的社会结构是“以父系血缘为纽带的纵(血亲)横(姻亲)两轴”为特征的,地缘性质的村落固然是集体行动的基本单位,而真正起支撑作用的却主要是亲属网络。① 由此可见,方南苗族十分看重通过姻亲关系来创设自己的节日民俗,儿女婚姻成为苗族社群生活的重要关注点。

2. 凸显女性主体地位的姊妹节

从姊妹节产生的原初状态去看其性质和功能,它既具有联欢的娱乐性质,又是一种婚俗礼仪。一方面,姊妹节是青年男女择偶恋爱的节日,也是民间竞技活动、物资交流的重要会期。另一方面,姊妹节突出呈现未婚姑娘的主角地位、展现自家女儿的风采,不仅增加了青年男女开放式择偶的机会,而且维护了苗族社会秩序和支系的认同,同时还是当地姻亲网络中复杂交往关系的文化表征。施洞苗族女性作为节日的主要参与者,其主体地位体现在以下三个方面:

第一,她们是节日活动中的主角。从游客进入姊妹节举办地开始,所有的活动都与苗族女性结合起来。在进寨门的时候,苗族姑娘穿着盛装迎接游客,中年妇女负责倒拦门酒;在游行、踩鼓中,女性是一道“最靓丽的风景线”,男性都成为配角;在拔河、接力跑比赛中,女性作为参与者表现出集体的团结精神和踊跃参与的热情;在讨姊妹饭时,女性热情主动、拥有决策的权力;在篝火晚会中,最漂亮、最活跃的永远是苗族女性。此外,姑娘的兄弟和父亲在节日里都要承担购置姊妹银衣的义务和负担,承担着彰显家族荣誉、身份和地位的压力。

第二,苗族女性是苗族文化的主要展现者。苗族没有文字,它们的神话、历史都记录在歌谣、舞蹈和服饰上。面对日新月异的世界,苗族女性并没有甩下这些“行当”。从染布、捶布、刺绣、盛装到飞歌、舞蹈,这些文化不仅承载着苗族先民对世界的认识,也渗透着女性个人的体悟。格尔茨曾说:“文化就是这样一些由人自己编织的意义之网。”②在节日中,苗族女性特别善于展示和表演,这为我们深入了解苗族文化传统提供了重要视角。

第三,苗族女性也是外界关注和欣赏的主角。姊妹节女性展演的形式

① 参见贾仲益:《节庆文化及其传承逻辑——基于贵州清水江苗族独木龙舟节的分析》,《广西民族研究》2016 年第 5 期。

② [美]克利福德·格尔茨:《文化的解释》,韩莉译,译林出版社 1999 年版,第 5 页。

既不完全是自我的文化，也不完全是他者的文化。展演中的他者是重要的在场要素，参照他者眼光建构自我文化表达，在文化的真实性与场景性之间寻求平衡，也体现出施洞苗族女性对主流文化的适应。比如，她们在游行中穿上当季流行的高跟鞋、去理发店弄头发而不是盘上传统的发式；篝火晚会上，她们对一些流行歌曲采用苗语和汉语两种不同的语言表演。以下个案可以说明真实的艺术商品在游客他者化的感受中，被建构成为一个想象的文化符号。

案例1：苗族姑娘谈论参加姊妹节的游客

到这里过节的游客都喜欢趁机买老东西。比如昨天踩鼓的时候，我嫂子戴的一只戒指，明明是新的，只不过被人碰掉了一个坠子，有一个游客就以为是很久以前的旧戒指，用70块钱就买走了。本来我嫂子说不卖的，也和他解释了这不是什么古董，他硬要花100块钱买。嫂子说，你真的想要的话就70块钱拿走吧。[①]

三、从姊妹节透视苗族社会的性别文化脉络

（一）传统社会中的两性劳动分工

施洞消费很高，当地人对此多有议论，或许因为施洞的地图形状像一个填不满的“巨大的胃”。2017年，凯里市一斤猪肉的价格只有13～16块钱，而施洞的物价却比城市还高。不仅猪肉比凯里贵，而且蔬菜也是如此。然而，作为小老百姓的施洞大部分苗族却可以自给自足。姊妹节过后，他们便开始插秧，并且很多人开始准备小苗。如今施洞很多年轻人都丢下家里的田往外跑，他们觉得种田没有多大收入。现在留守在家种田的都是40岁以上的中老年人，40岁以下的青壮年大都到外地打工去了。在这些年轻人看来，在家每年收入只有几千块钱，日子捉襟见肘，而出去打工一个月就能把一年的收入赚回来。

① 访谈人：蓝咏石；访谈对象：石家寨村SYH，女，苗族，1997年生；访谈时间：2015年。笔者依据访谈录音整理而成。

外地人如果到坡上走一圈,便会发现很少有人做农活。施洞的苗族女性据说是出了名的"懒",即便家里有些田地,一到插秧、打谷子的季节就会雇人来帮忙。每年农忙的时候,报效、革一那边的"高坡苗"会一批又一批地来到施洞挨家挨户地敲门询问:"你家要做活路吗?""要请人打谷子没?"因为他们知道施洞的妇女很少干农活。这片地区还流传这样的说法——"不想做活路就嫁去施洞",而施洞人则会很自豪地说"别个地方的姑娘好喜欢嫁来我们施洞"。比如,住在柏枝坪村的吴阿姨原来不是该村人,2012 年从黄平迁过来,在柏枝坪村买地盖房子,据她说是因为"那边地方太乡下,做活路太累了"。

事实上,施洞妇女并非不做"活路"。传统上方南苗族原来世代农耕,与苗族男性在农田并肩劳动。他们有明确的劳动分工,妇女负责挑水、种麻、舂米、种蓝靛、染布、绣花、捶布、烤酒等,男性负责犁田、修砌田坎、插秧、播谷种、砍柴、放排、建房子等。两性之间的劳动不能相互干预,特别是女子不能犁田,否则族人会说男性没用。在家庭内部,苗族妇女则是一家之主,男性主要把精力放在农业生产和与外界周旋的事情上,除了会操心经济支出以外,几乎不过问其他事情。施洞人受汉商影响以后,很多人做起了桐油、打银子、苗绣、卖亮布等生意,从最初的开荒种地发展成为个体专业户。比起男性,离土不离寨的妇女找"活路"的口径要宽得多。

案例 2:做苗绣生意的苗族妇女

杨家寨 75 岁的杨奶奶是最早进入苗绣市场的那批施洞妇女,她早在 20 世纪 90 年代初就从乡下收购苗绣拿到凯里老卫校旁的老绣市场上贩卖。她在凯里租了每个月 200 元的单间,定期来老绣市场摆摊。只有两个篮球场大的地盘云集了世界各地做老绣生意的人,有来自泰国的、东南亚的、法国的,其中施洞人比较多,甚至还有外地人直接拉着箱子过来贩卖。它相当于一手市场,也有一小部分二手贩子。杨奶奶自己买丝线和布料请妇女帮忙绣,一块含有破线绣和锁边的绣布除去 7000 多元成本和人工,净利润可达两三千。这里贩卖的苗绣基本都以施洞当季流行的款式为主导,比如今年施洞流行橘红色的丝线,原来的衣服就会马上全部淘汰,如果谁胆子大穿上淘汰过的衣服出去踩鼓或跳芦笙,整个镇的人都会议论纷纷,如"哎哟,她把死人的衣服拿来穿"

“她穿这件衣服有没有病哦”“这是多久的衣服啊”之类。①

从杨奶奶的例子我们看到，施洞苗族妇女从小参加各种农务劳动，早就掌握一身本领，她们找“活路”的机会比任何时候都多。在生产劳动和家庭生活中，她们起的作用越来越大。她们能独立谋生，既能生产，又会经商，离土不离乡。在这种农村剩余劳动力向城市流动的浪潮中，苗族妇女和男性一样都在寻找机遇，性别之间的差异在缩小，妇女的交往空间正在慢慢扩大。

（二）生命成长过程中的性别角色培养

无论是男人（Dat Deik）还是女人（Dat Ghaif），从出生到死亡一般大体上分为四个阶段：婴儿（Nied）、小孩（Jid Dat，从学会走路到十四五岁）、年轻人（Dak Vangx，十四五岁到结婚生子之前）和老人（Naik Lok，男女有了第一胎一直到老）。生儿育女，是苗族人生的头等大事。施洞苗族的生育观是追求“儿女双全”，并且视之为婚姻家庭幸福的第一标准。

单就家庭而言，对所生子女的性别，苗族一般采取顺其自然的态度，无论是男婴还是女婴，父母与家人均能接受并给予相同的待遇，不存在重男轻女的观念。苗族人的孕产禁忌比较多，比如孕妇不能靠近酒缸、不能碰龙船、不能参加丧事、不能探望病人等等。在孕期里，同性长辈起到非常重要的作用，孕妇的母亲或婆婆会主动传授生育经验，早早地找好助产婆。传统社会中此时丈夫往往是缺席的。苗族人将刚出生的婴儿和产妇的衣物、尿布甚至影子归为“污秽”之列，不能随便进入别人的家屋。否则轻则诸事不顺，重则致人病亡。一旦发生这类不幸，就需要杀猪做仪式以祭拜祖先。

婴儿刚出生时要送银背心、银帽子、银项圈、银镯子，如果女儿不是第一胎且家里女儿比较多，银背心不必送，只送成衣。生孩子一两天过后，外婆就会带着舅妈提着一只母鸡过来看望，商量她们哪天一起挑选礼物过来。满月酒苗语叫“baid lil niak”，一般不会等到满月，孩子出生后的30天之内，舅家就会把东西准备好：一头猪，一挑糯米、鸡、鸡蛋，小孩子的衣服、被子，

---

① 访谈人：蓝咏石；访谈对象：杨家寨村杨某，女，苗族，1945年生；访谈时间：2015年。笔者依据访谈录音整理而成。

外婆做的背带和帽子。现在经济条件好了,舅舅还会准备婴儿车。

刚出生的婴儿处于性别模糊的时期。到了三四岁,性别的社会塑造才刚开始,主要表现在外在的身体标志,特别是银饰的佩戴慢慢地转向了女孩。男孩不兴戴银子,也不讲究。在四五岁的时候,家里会给男孩置办一条银腰带,如果他再多穿银饰品,就有羞耻感。小姑娘这时候要开始打耳洞,也尝试着学大人打"苗揪揪"。

在施洞地区,只要家里有女儿,不管家里有多穷,都会给她们置办一套衣服。虽然还是有贫富差距,但是从衣服上分不出来。衣服不是一次全都做完,而是在男女性别开始有区分之后,家人才会开始一件件地攒银衣,母亲也慢慢地为女儿绣花。

传统上,施洞的苗族母亲一般会在女儿六七岁的时候教她们敲鼓、绣花、唱苗歌。早年的生活条件差,只允许男孩子上学,女孩子留在家里干活。在农闲时,母亲会买小鼓让她们学着敲,但是一到三月份的时候就不准她们敲,怕影响插秧。家里要求女儿学绣花,有衣服穿才能去看热闹。男孩子到了七八岁就接触到两性的社交活动,学会用各种招数接近女孩子,但不是毫无拘束,需要遵守规矩。

苗族没有成人礼,他们十二三岁就开始了解游方,甚至一起参与。在施洞,姑娘通常在15~20岁之间的时候便开始嫁人、结婚、生子。从十六七岁开始,家里人就会开始和女儿讨论谈婚论嫁的问题,周边的村子也会打听待出嫁姑娘的信息,过年的时候便陆续有人上门提亲。父母对女孩的期望就是嫁个好人家,怕嫁了不该嫁的人,希望女儿将来做一个幸福的女人,这表明苗族人非常重视女性的生养功能。

(三)婚恋习俗中的异性交往规则

传统的苗族社会有游方的习俗,用苗语话叫作"Iut Fangb",汉人称之为"摇马郎"。参加游方的人主要是"年轻人"(Dak Vangx),包括未婚的、已婚尚未生育以及离婚的男女,与生理年龄无关,而与婚育状况有关。女方婚后一旦有身孕,就意味着游方的结束,不能再与青年男子对歌、玩耍,这体现出明显的性别隔离意识。

每个村寨通常都会有游方坡,由于同一村寨不能开亲,同一村寨的青年男女一般不允许游方，通常是一个村寨的一群青年男性找另一个村寨的一群青年女性到后者的游方坡上游方。游方时间一般在晚上，也可以在节日期间，但必须在公开的、别人都能见到的地方上进行，如操场、河坝、田埂。游方时同宗同姓的男女要回避。游方是婚姻的前奏，口才好、会喝酒的青年男性都能在游方时找到自己的"老庚"，勤快漂亮、会唱歌的青年女性也更容易通过游方找到心上人。在游方时，男性必须主动，由他们主动到女方寨上的游方场上，三五成群地用口哨、木叶等呼唤女方。虽然男性通常是主动者，但许婚与否完全看女方及其父母兄弟的意愿。传统社会中施洞的苗族一般不会通过游方式的自由恋爱找到结婚对象，而是通过家里安排相亲，所以说游方不必然能结成婚姻。

其实，游方是塑造、强化性别气质的机会，也是在公共场合展示形象的机会。然而，如今年轻人游方的方式变了，变得现代化了，大多数人已经不会唱苗歌了。男生小时候都会和他们哥哥去别的寨子游方，在女孩家下面打口哨。只要认识某个村子的姑娘，那个姑娘就会带村子的几个姑娘出来，吃宵夜喝酒。

谈到婚姻，当地人把结婚叫作"Dax Niangb"，汉话叫作"接媳妇"。方南苗族主要以施洞、老屯两个乡镇以及马号、双井清水江沿岸部分寨子为主要聚居区。虽然马号和双井属于施秉，但他们与施洞都属于一个服饰圈和婚姻圈，可以相互开亲，不同支系之间一般不会开亲。

施洞苗族的婚姻缔结一般经过三个阶段：选择配偶、举行订婚和结婚仪式、由不落夫家到长住夫家。一般来说，苗族人同姓不婚，在杂居的村寨，这种限制就不甚严格，因为这个姓是汉姓，加上祖宗的名字不相同的话，就没有同姓不婚的限制。旧时施洞盛行姑舅表婚，苗语又称"还娘头"，即姑舅表兄弟姊妹有优先婚配的权利，姨表兄弟姐妹之间禁止通婚。女性在固定的家庭 A 和家庭 B 之间交换，形成一种有来有往的平衡。当地人选女婿，要看亲戚关系，首先选舅家，其次姑妈家。对个人条件而言，苗族人不看外貌，只看对方的人品。苗语没有"高攀"这个词，但是现在慢慢开始有了。如果对方家客大一点，你家客小一点，也不同意结婚，特别是对家里有"蛊"和"酿鬼"的绝对排斥。

从婚礼仪式上看，男方家给女方家的聘礼并不贵重，都不含有对新娘身价评估之意，更主要是依据男方家境而定。因此，在订婚和结婚时，女方家一般都会叫男方送诸如小猪、鸡、鸭、糯米饭、饮料等平常物，女方家也以相应的礼品回赠。从男方家送的彩礼和女方家的回礼及嫁妆来看，男女双方力求在婚姻中达到一种平衡。苗族人在外面打工比较辛苦，总会有乡愁，老乡概念比较强。施洞一些比较大的家族，几乎都不将女儿嫁到外面，或者让儿子娶外来媳妇。苗族不爱老大，只爱幺儿，并且一定要为幺儿娶一个特别持家的媳妇。

施洞苗族的“不落夫家”习俗有很多禁忌和规约。如果婚后即孕，不落夫家的时间很短，就会被族人讥笑和讽刺，因此，婚后两三年才怀孕的姑娘比较多。但是连续三年不孕，姑娘必须举行长住夫家的仪式，到丈夫家与其同住，成为夫家的一员。此后，她就不能像往常坐家时一样自由参加游方。柏枝坪村妇女主任 GM 给笔者分享了她曾经不落夫家的经历。

案例 3：施洞苗族的不落夫家

GM 初嫁到塘龙村丈夫家，前三年时一年只能来一次，丈夫家来人请了无数次后，才可以在丈夫家住三夜、五夜或七夜，都是单数。每当该去丈夫家住的时候，丈夫家的人就会打糍粑，让 GM 穿新衣服，让她娘家柏枝坪村的亲戚热热闹闹地欢送她去塘龙住。每次丈夫家挑三挑糍粑过来，GM 家就会送一挑粑粑回赠他们家的姑妈。九月，GM 去丈夫家住一次，腊月，丈夫家又来人喊，这次不是姑妈她们喊，而是鬼师过来喊，他们还要唱歌。寨上一家家搞大圆桌接鬼师吃酒。过了腊月，五月又喊一次，丈夫家又包大糍粑送过去。三次之后就可以随便回来了，这意味着她的身份和地位被丈夫家庭真正承认。然而，之后姑妈都是喊了几次她才好意思过去，每次送去都挑一篮篮糯米饭和糍粑。她和丈夫两个人在赶场时撞见都还跑开，像见老虎一样，是一种既害怕又期待的心理。她和笔者说道：“当时我嫁来塘龙后，三年不回他家，回娘家去住了三年，他们就问我是不是离婚了。我那时候还不到 15 岁，我家妈妈那头就不送来，他家又不好意思去喊。结婚了还是不敢和他同住，人家就讲肯定是离婚了。姨爹比我大六岁。我们都很传统，他害羞，我也害羞得很。结婚了，去赶场看热闹，看到对方时都怕得很，他跑他的，我跑我的。姨爹原来是道班养路工人。[①]

离婚在苗语里叫“Xenb”，就是分开，“你不要我了”的意思。对男生是“我不要了”，女生是“我不跟了”。如果有一个被离婚的，大家就会得传很快，苗语也有跟汉语“好事不出门，坏事传千里”一样的谚语。在苗族传统社会里，结婚置办东西至少需要半个月。离婚时也要按寨子里的规矩，也需要时间。施洞这边离婚不但涉及财产，也会涉及面子，毕竟生活在熟人社会，夫妻都要顾及面子。

（四）姻亲“串”宗亲的互惠性社会网络

苗族人注重姻亲关系的构建和维系，也重视男女性别的均衡，男女双全的家庭，因为有女儿的存在，亲戚关系网才会走得更远。因为要娶进来也要嫁出去，姻亲关系才是齐全的，社会地位才更加牢固，由此社会关系才会越来越强大。当地苗族古歌里面唱道：苗族人的愿望就是“我想有九个男孩，七个女孩”。

案例4：姑妈对舅舅的想念

我爷爷去世很早，姑娘都嫁出去了很少走动，我爸爸赡养的爷爷只有姑娘，但这个姑娘已经出来工作了，她好像对这层关系很淡。但是和我爸爸亲近的几个姐妹对我和我爸比较亲。有两年我们搬到县城住，和她失散了，她都会千方百计地打听我家住哪里了。我爸妈年龄都很大了，也还能走动。去寨子看那个姑妈的时候年龄也很大了，也是70多岁了，她老泪纵横地对所有人说：“你们说我没有舅妈，这是我亲亲的舅妈，我舅舅、舅妈都还在。”[②]

所以笔者认为，一方面，苗族社会并非存在重男轻女问题，产生上述案例现象的原因主要是姻亲关系——对于嫁出去的姑妈一个“根”的保障问题，这不仅意味着一方亲戚的拥有，更为重要的是女人的权利有保障、维护。在外人看来，苗族希望生男孩，重男轻女，但是这还是为了有舅舅这个角色

① 访谈人：蓝咏石；访谈对象：柏枝坪村妇女主任GM，女，苗族，1961年生；访谈时间：2015年。笔者依据访谈录音整理而成。

② 访谈人：蓝咏石；访谈对象：柏枝坪村SFZ，女，苗族，1982年生；访谈时间：2015年。笔者依据访谈录音整理而成。

的存在。拥有舅舅对姑妈来说非常重要，因为这意味着姑妈在夫家拥有一定的地位，而这种社会关系和社会结构恰恰又表现在苗族日常生活中的方方面面。

另一方面，有女儿的家庭，还能够为下一代优先获取女人提供基础。20世纪50年代，吴泽霖先生在清水江流域调查时发现，这里的苗族妇女地位并不低。施洞很多重大的节日都会“分段”过节，其中最重要的原因是为了维系和促进姻亲关系。“走客”是当地节日中最频繁最重要的社交活动，在施洞走客的过程中，姑妈这个角色发挥着重要的作用。男女通常要分开走客，聚会吃饭也是男女分开，但也会同时饮宴，毫无拘束。施洞苗族是一个十分注重公共事务的群体，每种公共事务在哪里进行、如何进行，都有严格性别的分工。柏枝坪村前的操场和活动室就成了寨上最大的公共空间，他们婚丧嫁娶等人生大事的宴请都在这里举行。姊妹节过后不久，柏枝坪村一位老人去世，寨上的人都会喊“去他家帮忙”，男人来指挥和安排记账、杀牛、杀猪、陪主家打牌守丧，妇女负责打理配菜、洗碗、接客。两性分工明确，体现出平衡协作的意识。上山埋葬的时候只能家族男性陪同，妇女被隔离在路边不能上山。上山的第二天，姑妈、舅妈包糯米饭，妇女就端着一盘盘菜陪客。大家一伙一伙地聚在一起，看似混乱，实则分属清晰：姑娘和姑娘在一起，媳妇和媳妇在一起，男人和男人在一起……正如费孝通先生所言：“乡下，有说有笑，有情有意的是在同性和同年龄的集中，男的和男的在一起，女的和女的在一起，孩子们又在一起，除了工作和生育事务上，性别和年龄组间保持着很大的距离。”[①]柏枝坪丧礼过后，姑妈和舅妈一起饮酒高歌，唱到动情处双方都高兴得难以自已。

姑妈唱：

Mais mais bib seix wangl	我们同父亲，
Bak bak bib seix wangl	咱们共母亲，
Jus dlaif dob nox ghol	一绿带背大，
Jus gangf eb nix yal	同盆水洗脸，
Gangb ait deis niox wangl	虫儿怎把水弄浑？

① 费孝通：《乡土中国》，北京出版社2005年版，第59页。

Naib ait deis niox wal　　父母怎把咱带走？

舅妈唱：

Fangb maix laib jiet lil　　方有一礼俗，

Laib gux fangb ait lol　　古时流传来，

Dios jiox mongl nof mongl　　该走总要走，

Dot dios jiox niangb dlangl　　不该妮[①]承屋，

Dot kab lix yis nail　　不是妮犁田，

Dot yis lix naib lul　　不该妮养老。

2016 年的吃新节，台江的姑妈们请了 12 辆车到柏枝坪接 90 多位舅妈们，到了台江，姑妈们在路的两头迎接舅妈们的到来。舅妈们每个人出 200 元，再加上平时去别的寨子踩鼓、跳舞攒下来的集体资金，舅妈们总共送给姑妈们 5200 元的礼金，烧烤、拔河、唱歌一共玩了两天一夜。最后姑妈们又给舅妈们 6200 元的回礼，每个人还送了一张录像碟子。这就是苗族社会里姻亲与宗亲之间的互惠交往模式的典型体现。

四、姊妹节的社会性别表述

不同民族（族群）对性别有不同的认知，体现出文化分类与价值观的差别。人类学家玛格丽特·米德认为，性别具有相当大的可塑性。性别建构反映了不同文化体系对两性分工与社会地位的规范，由此衍生的性别隐喻则体现了不同文化实践与建构的差别。方南苗族姊妹节对女性角色和地位的突出呈现，为我们研究女性性别建构提供了一个独特而难得的个案。上文已从劳动分工、生命成长、婚恋规则、姻亲关系等多元维度，来考察姊妹节中体现出的女性性别建构问题，并将其置放在整体文化脉络中了解与把握，拓展了性别问题的研究空间。

社会发展的不平衡性和群体亚文化的多样性，是苗族的一大特色。在苗族的传统社会，方南、方翁、方你和方黎四种支系各自的姊妹节不会同时一起过，但是地方政府介入后，节俗活动的时间便统一了。对苗族来说，超

① 妮，指女性。

出他们的认知范围，他们就会拒绝承认是我支系之人，即不承认对方是苗族，甚至会称对方为 Gub（侗族）。比如，笔者跟随柏子坪村的妇女们去黄平吃酒，她们就叫对方 Gub，颇有嫌弃之意。

“姊妹节”这个名字在苗语里并不存在，台江县方召乡的苗族吃姊妹饭就是大家一起搭伙饭，女孩做饭给男孩吃，然后一起唱歌游方，散伙后男孩会送给女孩诸如首饰之类的礼物。在笔者看来，方召作为“高坡苗”的一支，他们把姊妹节的原初状态“冻结”住了。同时，他们身穿黑色服饰，以前施洞苗族的衣服也基本如此，直至近一两百年才演变成现在这个样子。有一次，笔者去塘龙村淘施洞传统的大耳环，现在剑河都还有人戴，她们也还在绑腿，可是这些传统习俗在施洞都消失了。“高坡苗”排斥了山区之外文明的潮流，被大山“冰冻”成了最“原始”的状态；而施洞苗族作为“河边苗”的代表，在与外界密切的交流中融入了现代化的浪潮，先行把吃姊妹饭的习俗固定成一个盛大的节日，这与妇女的社会角色发生新的变化密不可分。

苗族社会以家庭为单位，将文化规范以各种方式对个人进行濡化。社会性别制度借助家庭这一基本单位，从男女甫一出生就以多种多样的途径与方式建构社会性别文化。家庭日常生活是最基本、最持续的建构途径。施洞苗族社会是以“家庭”为核心的父系继嗣群，不仅强调父系家户的传承，而且重视以家族为单位的血缘集团。因此，一家之主自然由男人来承担，女性的婚姻大事也是由男子为家长的家庭做主。在日常生活中，方南苗族和其他苗族妇女一样，从生产劳动、盖房、做仪式、丧葬到结婚、生子等等，都有不少禁忌。在这些社会活动中，男性仍然是执行者和操纵者。但是为什么姊妹节中的女性却如此“张扬”？其缘由大致有如下三方面：

首先，通过节日的欢娱来消解日常积累在心中的矛盾。由于婚姻上没有自主权，那么姊妹节刚好为她们提供这样一个建构自己的身份需求、实现自己话语权的机会。苗族青年女性在姊妹饭中夹藏各种信物，在节日游方中变成主动邀请者，从表面上看她们以委婉的方式表达自己对男性的个人情感——喜欢、接受、拒绝或反对，但从本质上看，这是苗族女性用特有的方式传达出她们对父母包办婚姻的反感情绪。正如民间传说中的金丹与窝久，他们也面临姑舅表婚制的约束以及同宗不婚的障碍。这个传说告诉我们，苗族女性勇于为自己的个人情感付出行动，与“还娘头”、父母包办婚姻等现象作斗争，争取被男性社会认同。

其次，女性是显示家底、拓展姻亲关系的工具。苗族有句谚语叫作“不做不合方”，意思是“不这样做不像这个地方的人”，银饰多才能代表家庭富裕，银饰少穿盛装反而是不如人的。女性的父母通过姊妹节，把自己的家底呈现给外界，以便找到一个门当户对的女婿。苗族女性在婚姻中往往处于被选择、被欣赏的地位，而姊妹节中的未婚青年男性却变成女性选择、支配的对象。另外，姊妹饭、绣花也是展现苗族女性心灵手巧的媒质。因此，为了找到称心如意的女婿，父母非常支持她们参加姊妹节，这次施洞镇上就有不少在外地读书的苗族女孩特意请假回家过节。她们在姊妹节上的表现越是引人注目，那么她们在婚姻事务上就越占据主动优势。

再次，苗族女性天然的美也使她们有在姊妹节上炫耀的资本。既然在日常生活中她们缺乏展示自我的机会，那么在姊妹节上吸引外人的眼球、张扬一下也无可厚非。处在父系社会中的施洞苗族女性也许在某些方面比“高坡苗”的女性地位高一些，但是个人与社会之间千丝万缕的关系仍使她们脱离不了束缚的窠臼。不仅在节日活动中，而且在政府的宣传画册封面和各种媒体和画册中，苗族女性实也成为主角，那么这是否意味着作为姊妹节主角的苗族女性实际上在社会中是被支配的？

笔者在施洞调查中发现，苗族的生活方式都逐步向主流生活方式靠近，两性观念也不断发生变化。很少有歧视女性的现象出现，人们也越来越发现女性在家庭生活中的重要性。在柏枝坪、芳寨、天堂、偏寨、杨家寨、石家寨等村寨，人们越来越看重两性的共同努力给家庭带来的好处。不论在家庭内部，还是在公共生活中，施洞苗族在两性交往空间方面比“高坡苗”要自由开放一些。女性可以和家人一起上桌吃饭，也可以像男性一样外出经商；女性走亲戚、串邻居的自由度相对较高，也不用专人陪伴或监督。而“高坡苗”地区仍然存在严格的性别界限。比如，家里人吃饭时，长辈男性在堂屋里吃，女性尤其是儿媳妇在厨房吃，或者是等客人、男主人吃完之后，女主人才可以吃等等。这样的性别区隔特点使得“高坡苗”女性群体在整体社会生活中处于比较边缘的位置，她们很少出现在公共领域，只能长期固守在私人领域，其社会价值和社会贡献很难被量化和重视。

此外，在特定的社会场景中，施洞的苗族女性相对于苗族男性来说，反而具有更多的优势和资源，因此更适应市场化和文化利用带来的冲击，给自身、家庭、村寨甚至族群带来更多的利益，这在走亲访友、赶集等社会交往方面表现得更为突出。以施洞镇柏枝坪村的妇女为例，她们通过踩鼓、"抬姑妈"等女性专属活动积攒集体资金，一旦积攒达一两万元，每个人再"兜"[①]点钱，便集体外出旅游。旅游对于她们来说并不仅仅是休闲娱乐而已，也是她们建立、维持人际关系、见世面、开眼界的重要方式。2016 年，村里 90 多位妇女一起去了海南、湖南韶山，姊妹节过后还去了贵阳龙宫。柏枝坪的男人不得不感叹："这辈子还是你们享福，我们男的就可怜了！"

在日常生活的仪式中，女性往往不在场或者只是作为陪衬，一些公共场合中缺失女性符号和女性词汇。而在节日中，女性既主内，又主外，不仅要分担家务，联络亲朋好友，进行熟人圈子的情感公关活动，还要参加公共场合的活动。姊妹节的张扬恰恰平衡了女性在社会生活和公共事务中的失语。施洞苗族妇女的生活实践表明，个人的行动不是文化观念或结构位置的必然产物，它既受后者制约，又重新塑造后者。

不难看出，苗族女性性别建构的过程既包括个体对性别文化的主动内化，也包括外界因素对个体行为的被动建构。这两个过程相互依存、不可分割，两者互相结合、互相促进使得性别文化的建构成为一个连续不断的过程，拥有自我复制、自我强化、自我更新的机制。在社会性别被建构的过程中，文化层面的含义不断调动起来，苗族女性在实践中根据自己的角色和位置，在不破坏规则的前提下，积极地采用相应的符号、象征资本（如舅家）与策略（如在"面子上"尊重丈夫）示范、巩固、奖励和惩罚个体行为，完成性别文化的建构。改革开放后，更多的施洞苗族女性走进学校、走进城市，在外界文化的刺激和比较中，她们看到了自己的优势，培养起对苗族文化的自尊、自强、自信和自豪感。姊妹节的开发带给她们的这种自信和自豪感尤为显著，笔者的访谈对象 SYH 就是最好的例证。

案例 5：苗族姑娘在姊妹节表现出的文化自信

别人跟我说话，对我笑，我也会点头回应。不知道从什么时候开始的，我就养成这种习惯。去年姊妹节，有很多外国人，虽然我长得不漂

① "兜"，当地口语习惯用语，大家自愿凑钱的意思。

亮，他们不爱拍我，有一个外国人对我笑了，我就回应地点一下头，也对人家笑一下。我觉得这是我基本的礼仪，代表我对对方的热情。每次回家我都会从村头喊到村尾，虽然有些名字喊错了，但是他们都跟我爸妈夸我很懂礼貌。有些外面的人想过来了解一下我们苗族，但是他们选择的对象都是那些追求时尚、赶潮流的女孩子，都不会去了解像我这类内向的女孩子。要是别人看不起的话，我们都会很安静。看得起的话，我们都会以微笑面对他们，虽然不是很美。打扮并不重要，而是你对别人好不好，你给别人的第一印象好不好。上次杨老师说过，每个苗族妈妈都是艺术家，女儿是她们最完美的作品。因为我感觉我就是五个妈妈的作品，是最完美的作品。我以她们为骄傲。①

五、结　语

社会性别文化应该是建立在对族群内部的复杂性、个体之间的差异性的充分理解之上的，只有对现实进行多维度的研究而非仅聚焦于单一的某一方面，才能生发出更多方面的可能性。由于特殊的历史原因，姊妹节在民族学田野作业和相关研究中并不受关注，直到 20 世纪五六十年代，一些学者才开始对“吃姊妹饭”活动进行调查。笔者的田野工作始于 2015 年 7 月初，一共 4 次，前后 4 个多月，见证和参与了施洞苗族女性的姊妹节及其日常生活。

长期生活在城镇的施洞苗族，由于与外界经常接触，两性隔离意识逐渐淡化。施洞苗族受市场化影响，开始接触商业化的生活方式，使他们比“高坡苗”在两性交往方面都要开放一些。很多苗族在施洞镇赶集时都有自己的摊位，女性甚至学会了如何进货、外出联系业务等。这样的以经商为主的生活模式，使得施洞镇的苗族不论男女都要跟陌生人打交道，自然打破了固有的性别区隔空间。这种情况使得施洞苗族女性在自身发展方面居于优势，与男性相比，她们的自我价值也更容易实现。而且，在一个家庭当中，因

① 访谈人：蓝咏石；访谈对象：柏枝坪村 SFH，女，苗族，1997 年生；访谈时间：2015 年。笔者依据访谈录音整理而成。

为同样的目标与任务，夫妻之间也有了更多合作交流的机会。基于此，传统社会中父系色彩显著的方南苗族才有可能形成一个独特的女性节日空间——姊妹节，并且女性的角色在节日中得到突出呈现。借助姊妹节，女性建立了主体意识并赢得了话语权，在一定程度上获得了男性的尊重，似乎实现了有别于西方女性主义的性别平等模式。然而，就实质而言，苗族社会的核心价值体系[①]与以自由主义为哲学根基的西方女性主义诉求还存在着较大之别。因此，我们不能简单地讨论苗族社会性别的平等，是否平等，是否突出了女性地位等相关问题。

虽然在某些社会活动中，男性还是执行者和操纵者，但是施洞苗族社会仍然在追寻一种两性的“平衡”，女性通常在制度框架内利用各种关系资源和策略积极地构建性别认同、获取权威。这种性别文化的主题——平衡，在强调两性在互惠中相依存的同时，也凸显着二者的差异性，这与西方工业社会对性别平等的强调大相径庭。在方南苗族社会的性别文化中，男女构成两个社会范畴，属性不同且角色各异，但价值相当。同时，社会性别关系的特征是合作与互惠，而非竞争与对立。虽然苗族的日常生活和社会制度都显示出鲜明的两性差异，但是姊妹节却以一种集体生活的方式，在维护和延续社会两性平衡体系中发挥关键作用。

方南苗族社会的性别文化与其特殊的历史、社会文化和生态脉络密切相关，构成了方南苗族本土文化不可分割的整体。即使有关方南苗族史料记载很有限，其社会性别体系的渊源仍在相关资料中有所体现。如苗族古歌反映了苗族漫长的迁徙史，而其游耕的生计模式与性别文化之间往往存在着跨文化的关联性。

总之，如果脱离了苗族日常的社会生活和两性关系，姊妹节则会成为一种随意去解读的文化——所谓的“最古老的东方情人节”，这种命名不过是对姊妹节的孤立而随意的“他者想象”。在方南苗族社会生活中，由于特殊的历史条件，姊妹节的产生或许有一定的偶然性。当地苗族可能是在面对追求真挚热烈的男女私情与家庭责任、社会伦理道德之间难以避免

---

① 在苗族人的现实世界里，繁衍子嗣、多子多孙、富足多绕以及寿终正寝是人生的基本追求，而进入“鼓笙之地”（Dangx Gix Dangx Niel）与祖先相聚、共享永生则是人生的终极目标。

的矛盾冲突时，寻求到姊妹节这种两全其美的文化调和机制。可以说，节日的集体生活一方面承认男女私情这种“隐私”的不可避免及其对个体情感精神健康的重要性，另一方面又维护了伦理道德的严肃性和婚姻家庭的稳定性。

闽西客家春耕习俗的展演与记忆

张凤英*

摘　要

"耕读传家"是客家人最重要的生存哲学,它与客家传统乡村社会的时间秩序、社会结构的关系密切。随着时代变迁,客家人的生计模式发生改变,"耕读传家"已经不一定跟现代客家人的生活实践和个人记忆有着直接关系,附着于农耕活动之上的客家节庆民俗在时间、空间、记忆手段上也都发生了变化。

关键词

客家　春耕　民俗

客家研究发端于19世纪末,自20世纪80年代以后,客家研究在经历了一段沉寂之后重新兴盛,并成为一时显学,其研究成果从学界延伸出来并影响着政府政策与民间社会。在争议与反思中,客家研究取得了长足进步,但仍有值得继续探讨和突破的空间。在民俗与方言学界,客家往往被看成不需要讨论

---

* 作者简介:张凤英,龙岩学院闽台客家研究院讲师(福建龙岩 364012)。

基金项目:本文系2016年度国家社科基金特别委托项目《中国节日志》子课题"龙岩客家春耕节"(YXZ2016027)、福建省社科基金项目"闽台客家乡村建设与社区营造比较研究"(FJ2016C076)的阶段性成果。本文曾提交2018年5月14~18日在山东大学举办的"节日传统与社区生活"田野工作坊(中国人类学民族学研究会民族节庆专业委员会,山东大学文化遗产研究院、儒学高等研究院主办),得到与会专家们的点评与启发,在此一并致谢!

的先验概念，具体的文化事象和方言分化系统只是作为其注脚存在。

客家人从迁徙到定居，通过力田奠定家业，督促子孙读书以光耀门楣，宗族通过学田等方式赞助和奖掖家族中的“读书种子”，从而提升个人、家庭乃至整个宗族的经济地位和社会地位，这是客家人历史发展的典型叙事。“耕读传家”这一生存原则，尤其为客家人所重视，成为超越客家地区内部地方差异的共有的客家精神而被客家人反复宣传。

在具体的客家传统乡村社会中，“耕读传家”突出的是客家人在“读”方面的努力，“耕”更像是进可攻、退可守的生活哲学。然而，随着时代变迁，客家传统乡村社会以农业为基底的生活发生了前所未有的改变，“耕读传家”已经不一定跟现代客家人的生活实践和个人记忆有着直接和密切的关系，客家人生活实践和历史记忆逐渐转变为客家文化的精神象征。附着在“耕读传家”之上的农耕习俗与节庆活动，反映出地方社会文化和传统社会的变迁，具体的民俗事象在客家社区中的展演时间、空间都发生了改变。本文以闽西龙岩客家地区的春耕习俗为例，追问：当客家文化离开农耕的基底，客家春耕民俗在具体的客家社区如何被展演、陈列和记忆？如何重新审视被客家人视为核心意象的农耕文化？

一、客家的经济模式与农耕节庆

本文所说的闽西客家地区，是指历史上隶属于汀州府的八县（包括现隶属于三明市的明溪、清流、宁化；隶属于龙岩市的长汀、上杭、永定、武平、连城）。闽西是客家大本营的核心区，地处闽、粤、赣三省边区结合带，属于武夷山脉丘陵地区，山峦连绵起伏，受亚热带海洋性季风气候影响，冬暖夏凉，四季常青。从经济分区上来说，它处于施坚雅的区域体系理论中几个大流域的分水岭之间，即不同大区的边缘地带。[①] 明清以后，客家地区形成了一种以山区地区为基础，由人口流动、族群互动和文化认同形成的区域概念。[②]

在历史上，闽西客家传统乡村社会的经济以农业为主，即以种植水稻为

① 参见［澳］梁肇庭：《中国历史上的移民与族群性：客家人、棚民及其邻居》，冷剑波、周云水译，社会科学文献出版社2013年版，第4页。

② 参见刘志伟：《南岭与客家：从客家历史看山地区域的整合》，《客家研究辑刊》2016年第1期。

主,兼种番薯、茶叶、烟草等经济作物,由此形成了以农业为主、林业为辅、工商业与农业密切联系的经济模式。本文以闽西客家的春耕习俗与春耕节庆为研究对象,调查的具体习俗事象分别为:(1)长汀县濯田镇升平村百壶宴(当地人称之为"保苗节"),时间为农历二月初二,以百壶宴和斗轿为主要特色,祭祀五谷真仙与闽西客家重要的地方神——三太祖师;(2)连城县新泉镇犁春牛,时间在立春前后;(3)连城县北团镇上江村游大粽,时间为农历二月初六至二月十三,祭祀五谷真仙与客家重要地方神——公王;(4)长汀县童坊镇举河村闹春田(当地人称为"甩泥佛"),时间为农历正月十三,祭祀关帝。客家春耕节庆是农耕文明的典型表现形式,是客家传统社会重要的节日形态,其中保苗祭、犁春牛和闹春田已经以"闽西客家春耕习俗"为名,合并列入了福建省非物质文化遗产名录。

按时间先后,客家地区的节日有:开耕节,日期各地不同,有的是在春分或稍后,或是在立春后第五个戊日,又称为"春社";更多的是在二月初二,名"谷神诞",又名"土地诞"或"田伯公生日",祭祀土地与五谷,祈祷风调雨顺、五谷丰登。"四月八",传说是祈求甘雨,保佑丰收;农历六月"食新"(或"尝新米")活动一般在小暑之后举行,农户以新收的稻谷做成米饭,祭祀五谷与祖先。客家地区种植双季稻,农历六月是农民最忙碌的季节,早稻收割后要立即插晚稻。立秋后第五个戊日为秋社,祭祀土地、五谷,感恩收获。粤东松源"扛公王"活动,从立秋之日起,一直持续到农历九月底,各村轮流"扛公王",成为村民娱神的主要休闲活动。耕牛会,各地时间不同,如宁化县的耕牛会在农历七月,除了祭祀地方信仰之外,将会举行耕牛的交易,有的地区则选择在"十月朝"(农历十月初一)为耕牛生日节,用糯米做成五个"水煮圆",象征着五谷丰登,分别用青菜包着给牛吃,并在牛的额头、腰背上各贴一块米(有的还在牛头上披挂红布条)等。

贯穿客家人生活周期的这些民俗活动形态各异,有独特的地方特色。但是,由于地方经济结构转型、农耕在地方经济结构中的比重下降,上述所列的多数节日已面临维系困境,或影响力急剧缩小,如春社、秋社等节日在当下的客家乡村地区甚至已经湮没无闻。

以本文所调查的春耕习俗来看,客家传统乡村社会的农耕节庆有以下特征:

第一,与农事相关的习俗与信仰多。客家传统乡村社会是多神信仰社会,在农耕生产活动中,客家农民信奉的神明比较典型的有土地伯公、五谷真仙等。农事节日多,节庆的核心内容往往是兼具表演性和娱乐性的娱神活动,有岁时节令、祈愿禳灾、感恩酬神三种类型,因此,节庆活动往往结合打醮等活动。如连城县北团上江坊游大粽"建醮榜文"称:

以上通乡醮中合众人等即日诚心焚香叩首百拜

洪造具意言念众等,国以农为本,民以食为先,自以春耕夏种之劳,必望秋收之美,是岁今季以来,农务当兴之际,六种下地,秧苗秀茂,上托天时,下因地利,恐雨赐而少顺,虑驱耗以侵苗,不预保之功,荷得丰登之兆,启建平安之醮。

谨取二月十三日福信众等诚心恭迎①

"游大粽"为祭祀五谷真仙而举行,具体的活动形式是打醮,打醮的目的除了祈祷农耕活动的顺遂以外,更重要的是为了社区的平安吉庆。在"闹春田""百壶宴"等民俗活动中,打醮以求社区清吉也是最重要的活动之一。

第二,农耕习俗反映出不同的地方社会的组织结构,习俗的定期展演有节律地重复了这一关系。

长汀县濯田镇升平村的保苗节是以"乡"为单位进行组织的,"乡"是历史时期保甲制度的痕迹,现在仍然是地方性的地理认知。升平的10余个自然村分为4个"乡",每"乡"的人口数不同,内部也不一定为同一姓氏宗族。以年为单位,保苗节打醮活动由四乡轮值,四乡在民俗活动中享有均等的参与权。各乡之内又分为"棚"(在民间文献中有时又简化写为"朋"),如2017年,长汀县"保苗祭"轮值乡为土罗乡(现升平村土罗自然村),土罗的熊、谢、刘三姓分为四棚②,其中熊氏1棚、刘氏2棚、谢氏1棚,整个活动各棚共同出资、通力合作以共同完成。长汀县童坊镇举河村的"闹春田"同样由"棚"组织实施,村内6个姓氏分为4棚,每棚有福首40~60余人不等。"闹春田"时为关帝进行的打醮在四棚之间轮值,主事称为"大福首",其他称为"小福首","大福首"在同一棚内轮值,2017年轮值大福首为第四棚的黄永杰。按大福首轮值制度,再次轮到他将在200余年之后。③ 闹春田活动当

① 福建省连城县北团镇上江坊2017年春游大粽建醮《榜文》。

② 参见福建省长汀县濯田镇升平村土罗刘氏《土罗乡保苗醮轮流簿》。

③ 参见福建省长汀县童坊镇举河村2017年闹春田建醮《举河村第四棚名单》。

日，必须在各姓氏的祠堂或香火厅中举行祭祀仪式，之后由各姓氏的青壮年抬着关帝在每个姓氏选出的田块中分别展演一次甩泥佛活动。

客家传统村落通过农耕习俗活动再次解释了各姓氏之间的关系并重申村落的边界，特别是与客家土地神祇之间的关联。新泉“犁春牛”的巡游队伍游到有“土地神”的地点，领队者要给“土地神”烧香、鸣炮。从上江坊游大粽的祭文中，我们看到地方神之间的关系：

祭兴隆庙五谷真仙十二公王尊神文

公元二零一七年岁次丁酉二月十三日　主祭弟子江道基、伍宗尧等

谨以香帛斋果之仪　恭祭于　兴隆庙　五谷真仙　十二公王　尊神位前

恭维

真仙农中之帝　圣中之王　权司五谷　号称三皇　播嘉种而粒食有赖　尝百草而医道有方御灾捍患　赐福降祥

公王文经武纬　保障一方　八节四时　咸赐百家福祉　五行八政分司　万户贞祥　道基、宗尧均叨庇佑寤寐难忘　兹当仲春游神之告　敬献斋果之浆　伏愿五风十雨　大尉有愁之望　人寿年丰　更祈六畜蕃昌

谨祝　尚享

北团的榜文提到的十二部公王是与五谷真仙共同祀奉的地方神，公王是闽西客家地区的重要土地神信仰。[①] 上江坊的五谷真仙是从清流县的林畲分香而来，打醮开始前，上江坊需要返回林畲迎香，返回之时，迎神队伍在经过伯公土地之时都需要念诵祭祀榜文，由此重申了上江村的村落边界。

二、时间与空间：春耕习俗在社区的展演

Bloch 认为，人类时间可被分为两种不同性质的类别：一类建立在实际日常生活及自然界的韵律节奏上，另一类则建立在个别社会文化的独特仪

① 参见巫能昌：《闽西客家地区的伯公、社公和公王崇拜》，《世界宗教研究》2014 年第 1 期。

式活动上。两类时间涉及不同的认知体系，前者往往会发展出认知上的普同概念，后者则通常会凸显异文化的特殊性。① 客家传统乡村社会中的时间与空间概念，改变了乡村社会的生活节奏。

第一，客家农耕习俗中的时间错位。前现代社会中的时间往往与空间联系在一起，每个社会都有其独特的时间秩序与生活脉络。工业化时间，不能说完全打破了这种时间秩序，至少给它造成了巨大的困扰。地方性时间的现代变迁，在闽西客家社会中表现为客家传统岁时节庆礼俗在生活中重要性的变化，随着农业生产在客家社会中地位的下降，与农耕相关联的时间顺序与生活节奏被稳定的现代工业时间所取代。

农业时间在客家文化传承的弱势，首先体现为节庆时间的不确定性。以农历来计算的客家岁时节庆，由于每年的时间往往不尽相同，它与现代客家人的日常生活产生背离，也就是说，已经脱离了农业社会的客家人必须面临时间的取舍（是上班还是回乡参加仪式），甚至打破他们所习惯的现代时间序列，来实现他们参与客家农耕民俗展演的目的。现代的农耕时间与客家人生活周期之间存在交错的情况，必然造成原有的节庆习俗在当代客家人的生命体验中的重要性被日益缩减，这具体表现在参与者数量的下降上。因此，农耕相关节庆礼俗如果不能附着于现代工业时间，那可能只剩下简单的祭祀行为作为其存在的表征。客家地区已经很少见到春社，春社时间在立春后第五个戊日，活动参与者多为老者，这景象已经是客家社会习俗展演中的普遍现象。②

客家农耕节庆的社会组织功能是否弱化？现代的高流动性社会，将人际关系的建构压缩在有限的节日中进行，但国庆、五一、春节等假期，尚不足以安顿客家社会中的主要社会关系，而农耕习俗作为节庆的一部分，为社会所接纳，它的性质经过现代文化的改造和整合，分裂为两个部分，一部分变成具有可塑性的现代节日的一部分，它本身具有可开发的经济价值，因此，成为政府和多数人经常会利用的部分。由于现代生活需要，它的展演时间

---

① 参见黄应贵主编：《历史、文化与记忆》，（台北）“中央研究院”民族学研究所 1999 年版，第 24 页。

② 参见独立纪录片《春社谣》，导演：鬼叔中。该片记录了闽西客家宁化县 2015 年的一场春社。

被压缩。另一方面，它所具有的原始的部分，被视为部分人的“习惯”，不再被强调。

新泉镇“犁春牛”活动时间为正月初一、初五、初七、十四、十五，然而如此长的活动周期显然不适合现代人的生活节奏，“犁春牛”组织者张氏理事会“经过一番讨论之后，比较组织不起来，后来就以初一、初七、十五来出春牛”，从时间和经济成本上压缩了民俗活动的展演。[①]

第二，春耕习俗的源流述说。春耕习俗与实际农耕活动的弱化，如何解释春耕习俗的来源及其对地方社会的影响。

新泉镇新泉村是以张氏为主的村落，犁春牛活动由理事会组织。新泉张氏自宋入住，分为六房。新泉村目前人口4000余人，仅500人左右是外姓，张氏从一世祖排下来就有四五十个宗祠。从目前可以收集到的清代新泉张氏族谱和连城地方志来看，新泉犁春牛的历史渊源已难于追寻。牛与立春的联系，可能起源于傩仪[②]，它曾经在官方的祭祀体系中占有一席之地，“鞭春”为劝农，是官员号令百姓开始春耕生产的一种仪式。

但新泉的犁春牛习俗无法追溯到官府的行为，在清初地方志和清代的新泉张氏族谱中也未见该民俗的踪迹。2006年9月13日，台湾高雄县仁武乡的“犁牛阵”民俗来大陆溯源，认定新泉镇“犁春牛”习俗与其同源[③]，但显然台湾“犁牛阵”与“犁春牛”活动在表现形式上大不相同。新泉张氏将“犁春牛”作为地方重要的民俗活动写入族谱，口传历史形成了“犁春牛”来源的权威解释：

> 每年立春前后，新泉一带流行着一种古老而隆重的民俗活动，叫“犁春牛”。这项活动大约产生于明代中期。传说古时盛暑的一天中午，一位犁田的农夫，在村外路亭内歇午吃中饭。这时，一位头缠围巾者，大汗淋淋地进入亭内，向农夫讨酒解渴。农夫爽快地斟了一碗给他，喝后大为高兴，便再要一碗，壶中已空。农夫说，对不起，舍下离此不远，请移驾茅屋。客从之，到家后，农夫将窖存多年的陈酿端出一壶给客人畅饮，不觉喝得酩酊大醉。酒醒后，感激主人的爽直盛情，告曰：

① 参见笔者2017年2月4日对新泉张氏理事会会长张鸿(1981年生)的访谈资料。

② 参见黎国韬、邱洁娴:《春牛舞与立春仪考》,《文化遗产》2012年第1期。

③ 参见钟德彪:《原乡的风》,人民日报出版社2014年版,第75页。

我牛神也。今日萍水相逢，蒙赐佳酿，无以为报，现有一事相告，明春，这里方圆几十里地，牛将得瘟疫，农夫听后大惊，问有何法子消灾？牛神说，可于“立春”时点燃松明火把，将牛牵到村街上犁几遍，我即知之。可保君所养耕牛平安。于是“犁春牛”这一活动从一家到多家，从一个村到附近几个村，渐渐开展起来。“犁春牛”的队伍和内容，最初每头春牛队伍由几个人组成，后来，春牛队的活动内容逐渐增加，人数也相对增多，一般每队二十四五人左右，多则三四十人。春牛队出游时，一般由五人的锣鼓队开路，接着是由二至四人抬着写有“风调雨顺”“国泰民安”“五谷丰登”“六畜兴旺”等吉祥语的牌匾。随后是牵牛的农夫（妇），牛的两角间挂上红色的彩球。犁牛者头戴笠麻，光着脚丫，背上蓑衣，跟在春牛后面的是挑着草笼和饭甑、头扎红绳、腰系客家人特有的围裙的村姑以及抬着锄头、铁匝和挑着装有稻谷箩筐的农妇，接着是历史故事或神话中人物的化妆队伍，内容有“桃园三结义”“八仙过海”“梁山好汉武松、鲁智深、李逵”“唐僧取经”等，此外还有反映农村道德风貌的渔樵商读以及装饰华丽的“古事”，最后是“十番音乐”演奏队和松明火把。牵牛和掌犁者，男的缠腰，叼着旱烟管，女的头戴凉笠，身系围裙，边走边吆喝。化妆历史人物的，则根据所扮人物的特点，表演一些符合人物性格特征的动作。扮演上山挑柴的男女，一边走，一边对唱当地山歌，内容多反映劳动生活和男女爱情。春牛队，展示了一幅农村春早人勤、热闹欢快的劳动场景。出春牛一般以自然村或房族为单位。春牛队经过村民的家门或商店门前，主人都会点燃鞭炮，表示迎春接福。有的农户或商店主人还特意将春牛接到家中或店内，使地灵长旺，财源广进。①

“犁春牛”的展演方式本身也体现了历史变迁。“新中国成立后，变革了封建时代男耕女织的习俗，客家妹子同男子一样也能操犁掌耙，加入了犁春牛的主角行列。”②这显然与学界对客家女性的研究结论有差异，客家女性长期是客家经济生活中的主要力量，在《张氏族谱》中“犁春牛”也没有明确说

① 2009年连城新泉《张氏族谱》。

② 《中华舞蹈志》编辑委员会编：《中华舞蹈志·福建卷》，学林出版社2014年版，第134页。

出的是，在新泉“犁春牛”的活动中，男女性反串演出，由女性装扮成的农夫为最主要的角色。

面临着来源解释困惑的不仅新泉镇一例。长汀县“闹春田”习俗的来源，现在由官方给出了解释：

> “闹春田”起源于何时，没有史料记载，只能从它发源地的老人们，一代代传说下来讲：在乾隆年间戊子年(1768)时，举河、举林原本为一个村，叫作“霞塘口村”，那年村中发生鼠疫，死了很多人，全村人十分恐慌，束手无策，恰逢一道人来到村中，见此情景就对村民说：“要消除瘟疫，驱除邪魔，必须在村口建一寺庙，供奉关圣帝君就可解除魔难，逢凶化吉。”村众人听后各姓氏同心共济，筹集钱粮，建成一座庙宇叫“回龙庵”，并塑好一尊“关公神像”，神像要登殿前必须举行“开光”仪式后才有灵验。于是村民选择了吉日良辰的一个晚上将关公塑像用轿子抬到举河村西边的一个深山老林叫“石溪坑”的地方进行“开光”仪式。完后已是凌晨丑时光景，村民抬着神像回村，在经过一个叫“长坵排”的地方，有一坵水田，晚上进山经过时，水田里清澈如镜。现在回来时只见水田浑浊，月色蒙蒙中见水田上空有一身体魁梧，手持大刀的人在挥赶什么？水田中似有许多人在奔跑，溅起着水花。霎时后，这些现象突然消失了。当村民抬着神像回到庙中发现神像全身都是湿漉漉的，村民的衣服上也溅着泥浆，村民顿感奇怪！后一老人说可能是关公显灵了，带领士兵在水田中追赶邪魔。此后，村里的瘟疫消失了。人们对“关公”更加崇拜敬重了。每年在正月十二日这天都举行祭拜活动，并抬着“关公神像”在水田中奔跑以驱除邪恶，保佑全村风调雨顺、五谷丰登、人畜兴旺。从此，这种民俗活动就一代代流传至今，形成了“闹春田”这一奇特的民俗活动了。还有一种传说，说“关公”是泥鳅转世，喜欢在泥田里翻滚嬉戏，故而人们将“关公神像”抬在水田中戏耍，菩萨就会喜欢，他就会保佑田中禾苗生旺盛，不受虫害得到丰收，人民健康平安。①

在这个官方所发布并在民俗活动开展地点公开展示的宣传榜中，小心翼翼地将两个毫无相关的传说故事融合在一起，但关帝由泥鳅转世的说法

① 福建省长汀县童坊镇举河村政府制2017年闹春田宣传板。

在村民中并不广为接受。

第三，农耕文化民俗活动的空间变化。人类学、民俗学领域已经运用个案对节日进行的讨论，证明地方性节日和仪式具有传递地方性观念与价值的功能。[①] 农业社会的时间往往与空间紧密联系，它必须在特定的地方以特定的方式展演，经由一次次地重复演出，完成地方文化的传承。

农耕习俗的展演需要有具体的地点，重要节日时，流动到其他地方的农民重新回到乡村，实现了人口的短暂回流和再次集结。这种回流，是否就能够证明城镇化背景之下，现代客家人（尤其是从农村迁徙出去的客家人）与农村的生活空间依然存在着某种紧密的联结？实际上，返乡人口在农耕民俗活动展演中扮演两种角色：参与者或旁观者，或两者兼是。参与者重新承担起他在乡村社会关系中的责任，这种集体性的活动增强了乡村的凝聚力以及返乡参与者个人对于乡村价值的认同感。返乡的观察者，他们或者对仍然留在乡村中的家庭负有责任，或仅是作为"客人"身份再次复习与他有祖缘关系的乡村社会的文化。经由亲身体会，客家农耕民俗被与之相关的客家人内化并承认，成为他自身文化建构和文化认同的重要部分。

客家农耕文化的展演是否在这一民俗发生的地方才能实现？有没有其他的表达空间？随着农耕文化的衰弱，有识之士开始关注农耕习俗及其表现形式。目前，在我国现有的专门的农耕博物馆有位于浙江德清"中国农耕博物园"、位于宁夏固原的西北农耕博物馆等。除了专门的农耕博物馆之外，数量更多的是散落在各地区博物馆之中的生产生活部分，往往都会陈列当地的农耕器具、介绍农耕模式。

闽西客家地区虽然没有专门的农耕博物馆，但在大多数县级博物馆都有农耕文化的专门展示区，集中展示从当地收集而来的农耕物品（多为农具）。部分农耕习俗活动，则通过播放纪录片、宣传片等方式，在博物馆的民俗部分进行陈列与展示。农耕文化的博物馆展示，是博物馆自身功能在民俗领域内的基本而直接的延伸。但是，农耕文化在博物馆的展示处于尴尬的境地。首先，限于场地与技术，博物馆的农耕习俗展示以静态展示为最重

① 如高丙中：《作为一个过渡礼仪的两个庆典——对元宵与春节关系的表述》，《中国人民大学学报》2007 年第 1 期；马明奎：《元宵节的生态文化价值研究》，《鄱阳湖学刊》2013 年第 2 期，等等。

要的呈现方式，缺乏与参观者的互动关系，仅通过农具的陈列与介绍，寄希望于参观者自行摸索、思考和解读农耕用具的功能与意涵。其次，农耕习俗活动的展示，切断了农具与参观者之间的直接联系以及蕴含着物件自我的生命史与社群的社会文化意义。这无法介绍好农耕生活，更无法说明农耕文化的生存状态。

第四，农耕习俗的记录手段变化。不同的传统社会都各有其集体记忆，社会创造它，并依赖它来维系自身文化传承与发展。[①] 现代化为记录带来新的技术与新的角度，使每个人都成为潜在的记录者，新技术的介入对于农耕文化的影响，使得记忆的记录者人数变多，且具有强烈的主体意识。

闽西客家春耕习俗的记录者中，第一类都是不自觉的记录者，每个在现场举着手机的人都可能是潜在的记录者和传播者。他们往往关注的是与自身密切相关的或者他们认为在仪式展演中最精彩的部分，随机性大，目的性弱。第二类是自觉的记录者，包括电视台及各类带着项目下乡观察、记录、分享农耕习俗的参与观察者。另一方面，新的传播手段进入"现场"之后，它通过虚拟空间的传递，产生"天涯若比邻"的感受，但它是片段性和碎片化的，拍摄者的无意识状态进入和记录"现场"，所能带来的心理感受是瞬时性的。

在此，视觉人类学的角度似可以纳入讨论。视觉人类学是国际人类学体系之中方兴未艾且交叉广泛的一门分支学科。它既通过视觉载体记录与描述人类社会的文化变迁，也对浩瀚丰厚的人类学视觉作品进行学理研究与文化阐释。近年来，中国视觉影像人类学发展态势日趋活跃，学术气氛逐渐浓厚，学科建设蓬勃发展，中国人类学民族学研究会民族影像与影视人类学专业委员会亦应运而生。随着视觉人类学在民俗活动特别是非遗活动中的位置提升，他们承担或希望承担更大的责任，它通过强调内容的客观性和真实性，希望留住可信度很高的视觉档案与调查报告。客家传统社会的农耕习俗也应当引入这一方法，为集体记忆的保存提供帮助。

基于以上的时间、空间、技术的变化，闽西客家传统乡村社会中的农耕

---

① 李虎：《仪式展演·集体记忆·他者表述——基于一个客家村落"会期"仪式之思考》，《民俗研究》2011 年第 4 期。

习俗也在发生变化与再生产。

第一，农耕习俗作为集体记忆的再生产。

笔者通过田野调查发现，很多农耕民俗活动，特别是与民间信仰密切相关联的民俗活动，都在中华人民共和国成立后一段时期内经历过断层。但是，传统民俗在革命浪潮中并没有真正消失，而只是不可见，或者说不继续在公共空间内展演，因此，文化变迁包含的意义包括了重新出现与重新正当化，民俗复兴是地方的社会结构变化而出现的新历史现象。

新泉同时是龙岩市最为著名的牛肉生产地和牛肉美食代表村镇，新泉街道中心的桥，两排分布十数家现宰牛肉商铺，据称每天都有数十头牛被宰杀并出售，周末附县市区驱车前来品尝新泉美食的民众络绎不绝。牛作为“犁春牛”活动的民俗象征物，敬牛与杀牛的冲突被消解了，敬牛所代表的节庆礼俗与杀牛所代表的日常生活，并没有引起地方性的疑问。“犁春牛”队伍在所到商铺的门前，游行队伍均要进行表演，它在现代化的酒店大堂中表演出犁田的动作，这一举动也没有引起地方人士的阐释困境。此时，“犁春牛”活动已经脱离了原本的农耕文化场域，成为地方公众庆典，活动本身所蕴含的意义从保佑五谷丰登扩展为保佑国泰民安和万事如意。这个被地方民众默默接受的改变，也成为当地人引以为豪的传统。当然，在这个过程中，节庆礼俗用以强化人际关系的作用，反而因为其开拓性而增强了。如前所述，田野中所见的《张氏族谱》，其“光绪谱”对于“犁春牛”并未着墨，而在20世纪90年代新修族谱中，新泉张氏作为“犁春牛”活动最重要的组织者，已将“犁春牛”活动的来源、意义、组织方式等信息明确写入族谱中，宣示了张氏对这一活动的所有权和解释权，它也反映出了文化再生产之后对地方社会组织的影响。

第二，主体变迁与主体意识强弱。

参与主体的变化使得主体活动所呈现的状态不同。以本文所举的几项农耕民俗为例，原本的核心内容“打醮”活动变成次要环节，娱乐性、普及性的活动成为主角。记录主体的变化，可能带来变化语言系统的改变。特别是在对外宣传的途径上，当地宣传的侧重点与内容都不尽相同。如长汀县升平村百壶宴，当地村民称为“保苗”，是建立在“保苗打醮”仪式之上的名称。名字的差异体现出记录主体的不同，“保苗”这一称谓直接与地方社会的历史相关，是地方社会经济模式的反映，而“百壶宴”这一说法，由知识分子发起，最后被官方所接受，此后频频出现在地方文化宣传中，它通过“壶”与“福”的谐音，改变了这个节庆的基本属性，它被广泛接受之后，又反过来影响当地民众，变成他们语言系统的一部分。同样的情况出现在童坊镇举河村的闹春田习俗中，“甩泥佛”这一名字逐渐被更为文雅的“闹春田”所取代。地方文化的语言系统变化，正是文化再生产的一种表现。

新的节日叠加在旧节日之上，新的民俗叠加在旧民俗之上，典型例子是龙岩市连城县培田春耕节。培田春耕节是在知识分子的推动下进行的，政府为了配合而作出相应的改修。在现有的以旅游发展为目标的地方性活动中，活动的主题与介入者的身份（知识分子、城市精英、地方政府、地方民众）等密切相关。2017 年 4 月 8 日，由新罗区人民政府、九龙江源慢生活圈西片区指挥部主办，新罗区小池镇人民政府、新罗区旅游局、新罗区农业局承办的“慢游小池 · 乐享农耕——九龙江源慢生活圈农耕文旅节”，其主要活动包括“农耕祭”“农耕器具文化展示”“亲子活动”等。培田春耕节迄今已经 4 届，该年“春耕节”以亲子教育为核心，以体验式教育为主线，以“武状元去打擂，文状元来踢馆”为主题。在这样的新旧交替过程中，农耕民俗与实际生活差距甚大，它浓缩了农耕文化的精华部分，突出农耕活动中轻松愉快的部分。然而，在访谈中也可知，春耕节与地方民众之间的关联值得再观察，在当地民众中甚至出现“热闹是他们的”这种活动感受。

三、结　语

客家节庆民俗，是客家人维系社会关系、展现客家精神的重要场域，与农事相关的习俗贯穿着客家传统乡村社会的生活周期，它具有高度的参与性与影响力，是地方传统乡村社会中重要的文化事象。现代化改变了客家传统社会的乡土景观和社会版图，农耕习俗正艰难地适应工业时间的时间叙事，试图在其中寻找到可以表达的空间，同时又通过博物馆和景区的静态展演，希望达成在另一时空下的记忆传承。博物馆是强化客家认同的场所，他们对于客家民俗的“复述”是建构客家认同，其意义可以商榷。承载客家农耕文化集体记忆的主体是客家普通人，农耕习俗已经与他们中的大多数的日常生活不再关联，而通过返乡参与或观察农耕民俗活动这一举措，他们不断地增强自身对于乡土社会的认同感，明确自身的文化定位。

一个仪式的两次节庆

——哈尼族“阿倮欧滨”祭祀的节庆再造

张　多*

摘　要

云南省绿春县哈尼族的“阿倮欧滨”是一个由春季祭祀寨神林仪式发展而来的地方性祭祀节日。由13个村落联合祭祀的“阿倮欧滨”神树林已经成为一个区域性的公共圣地,并且祭祀非常隐秘,罕有人能接近神树林。为了发展旅游,绿春哈尼人在每年冬季“十月年”的新年节庆活动中加入了象征性公开祭祀“阿倮欧滨”的仪式。伴随着“红河哈尼梯田文化景观”列入世界遗产以及“祭寨神林”列入国家级非物质文化遗产,“阿倮欧滨”成为遗产旅游活动的重要吸引物。由此,每年“隐秘的”和“公开的”阿倮欧滨并行不悖,这成为哈尼人社区在遗产化运动中的应对之道,也是探讨遗产社区创新发展的典型事件。

关键词

哈尼族　阿倮欧滨　节庆再造　文化遗产　社区

---

* 作者简介:张多,中国社会科学院民族文学研究所博士后(北京 100732)。

基金项目:第64批中国博士后基金项目“遗产化进程中西南民族活态神话存续力研究”阶段性成果。

2015年11月下旬,我回到哀牢山做田野调查。30号这天,绿春县要举行“十月年”的盛大节庆活动。早在10月,我就从手机社交软件上收到绿春方面发布的节庆公告,看得出这次“十月年”的媒体宣传明显比往年做得细致。

在昆明长水国际机场的航站楼,“寸土寸金”的到达出口走廊被“中国·绿春哈尼十月年长街古宴文化旅游节”的巨幅广告占据。红河哈尼梯田文化景观于2013年被列入联合国教育、科学、文化组织(以下简称“UNESCO”)世界遗产名录,绿春正是遗产地核心区。绿春的巨幅旅游广告延伸到10小时车程之外的昆明机场,可见这个高山上的小县城正借助“遗产化”(heritagization)①契机快速对接山外的现代化市场。当然,哈尼梯田的特殊性还在于,其拥有世界遗产、全球农业遗产、非遗、湿地公园、文物保护单位等若干遗产化身份。

对遗产地来说,发展遗产旅游是世界上通常的做法,哈尼梯田也不例外。绿春县早在2004年就把“哈尼十月年长街宴”作为一个地方节庆来举办,但影响力主要局限于红河州内部。在2013年“申遗”成功后,绿春县的“十月年”被红河州作为遗产旅游节庆重点打造,于是就出现了昆明国际机场的大规模广告。而“阿倮欧滨”祭祀正是隐身于这个盛大节庆背后的核心吸引物之一。

一、田野发现:十月年节庆中的“阿倮欧滨”祭祀

“阿倮欧滨”(Aqloelbyul)②是位于绿春县与元阳县交界处东仰山头的一片水源林。这里森林茂密,泉眼遍布,是整个东仰山一带数十个村落、数条河流的重要水源地。东仰山一带由大寨村分出了12个子寨。这13个村落每年都要联合祭祀“阿倮欧滨”的神树林,形成一个祭祀圈。祭祀圈即以主

---

① 有关哈尼梯田遗产化的情形以及“遗产化”概念,参见张多:《遗产化与神话重述——红河哈尼梯田遗产地的神话重述》,《民俗研究》2017年第6期。

② 哈尼语汉译词汇的括号内原文均为哈尼文,拼音方案以1994年中国政府批准的“哈尼文方案”为准。这套拼音方案的标准音,正是绿春县大寨村的哈尼语语音。

神为经、以宗教活动为纬建立在地域组织上的模式。① 在祭祀圈的基础上，"阿倮欧滨"逐渐发展成盛大的地域性节日。因此，"阿倮欧滨"一词除了指代地名，也指对神树林的祭祀活动及其组织。

要理解"阿倮欧滨"须先理解哈尼族的传统节日体系。哈尼族在一年里有数十项祭祀活动，其中 3 项发展成为全民性的三大节日，即新年"十月年"（Zalteilteil）、春祭"昂玛突"（Hhaqmatul）、夏节"苦扎扎"（Kuqzalzal）。其中，"昂玛突节"是围绕着祭祀神树、寨神林进行的节日，一般以村落为单位。"昂玛突"节日中有村民在寨神林中享用圣宴的传统，由此发展出在村落道路上的露天宴席，通常被称为"长街宴"。2011 年，哈尼族"祭寨神林"（昂玛突）被列入第三批国家级非物质文化遗产名录。"阿倮欧滨"实质上就是区域性的大型"昂玛突"。传统的祭祀"阿倮欧滨"的日期正是在春季"昂玛突"节期间，一般在 13 个村落祭祀完各自的寨神林之后举行。

在今天哀牢山哈尼族社会，村落和宗族的寨神林、神树很常见，几乎每个自然村都有，因为选定神树是建寨的必要条件。在古代哀牢山社会中，也会有若干同源村落联合祭祀母寨神林的"昂玛突"，但是今天这种跨村落的总神林已经非常罕见。目前哀牢山区保留的地域性大型总神林以"阿倮欧滨"最为典型。"阿倮欧滨"得以存续的社会文化基础，主要是哈尼族社会中超越村落单位的血缘亲族观念，这种观念以父子连名谱牒为纽带，建立起地域性的"村落—亲族"社会结构。② 我这次调查中的最大疑问是，"十月年"是在冬季，原本要在春季举行的"阿倮欧滨"现在为什么会提前到"十月年"举行。

2015 年 11 月 30 日，我抵达绿春县大兴镇参加"中国·绿春哈尼十月年长街古宴"文化旅游节。2015 年的"十月年"宣传阵势比往年大，整个节庆的核心仪式有三个部分：巡游、祭神树、长街宴。此外，还有各种游艺、商贸、观光、歌舞活动。这天早晨，县城主街道已经摆满了下午长街宴要用的竹篾桌子。我数了一下编号，今年长街宴摆出了 3700 多桌，超过往年。长街宴每

---

① 施振民：《祭祀圈与社会组织——彰化平原聚落发展模式的探讨》，《中央研究院民族学研究所集刊》1973 年第 36 期。

② 有关绿春哈尼族村落社会结构的研究，参见白永芳：《哈尼族服饰文化中的历史记忆——以云南省绿春县"窝拖布玛"为例》，云南人民出版社 2013 年版，第 25 ~ 54 页。

桌客人 3～4 名，主人 1 名，主人负责敬酒劝菜。通常每户村民负责 2 桌宴席，每两桌另有后勤服务人员 1～2 名。

按照绿春县官方的公告，旅游节的重头戏是“礼俗祭祀活动及文艺表演活动”，具体内容为：“大咪谷（龙头）坐牛车带领阿倮欧滨所属哈尼村寨咪谷及 26 支（大兴镇 18 支文艺队，8 支乡文艺队）民族歌舞文艺队沿街游行至神树祭祀。”[①]咪谷（Milguq）是哈尼族村落公共祭祀的祭司。这里的大咪谷是大寨村的 A 咪谷[②]，事实上，他不仅是大寨的大咪谷，也是整个 13 个村落祭“阿倮欧滨”的总祭司。因为大寨是母寨，他家为世袭的咪谷家族，因此享有极高地位。可见，原本在春季举行的祭祀神树仪式已经成为冬季十月年旅游节的核心仪式，并且这种变化得到了世袭总祭司的认可。

11 月 30 日上午 9 点，巡游队伍从县城西边的大寨村出发，大咪谷 A 咪谷端坐在黄牛牵引的花车上，后面跟随各村的大、小咪谷和摩批[③]。有一名摩批歌手专门跟随队伍行进唱哈巴。哈巴（Habaq）是哈尼族重大仪式上吟唱的口头传统，主要包含创世神话、宗教祭词等。祭司方阵后面是祭品方队和各村的文艺队。长达数百米的巡游队伍，一边跳着扇子舞、同尼尼、罗作舞、棕扇舞、打跳等舞蹈一边行进。因为绿春县尚有傣族、瑶族、苗族、彝族等民族，文艺方阵中也安排了这些民族的舞蹈方队。队伍一直行进到县城东边的民族风情广场，然后才开始祭“阿倮欧滨”。广场边一棵绿化树木被临时作为神树的替代。

祭祀的基本程序与“昂玛突”类似，但省掉了生祭的环节，只有熟祭。因为各项流程衔接紧凑，没有时间当场杀猪，因此杀猪分圣肉的环节另找时间开展。[④] 在近万名哈尼族民众、各地游客的瞩目下，大咪谷带领一众咪谷对神树叩首祭拜。祭台上还有一名司仪，用扩音话筒照着文稿宣布各项流程。祭台下四周已经围满了各种镜头，包括各类新闻媒体、游客以及我这样的“专家学者”。整个祭祀仪式的氛围与 21 世纪中国各地兴起的公祭人文始

---

① 引自张多在绿春县田野调查所获得的当地宣传资料，2015 年 11 月 30 日。

② 为遵循民俗学田野伦理，此处采用化名。

③ 摩批和咪谷是哈尼族社会中重要的两种祭司：摩批主要司掌与家族和血缘亲族有关的仪式，并掌握父子连名谱牒；咪谷主要司掌村落公共性仪式。

④ 分圣肉原本是公开的仪式，这里没有当即举行该仪式，一则因为整体活动流程时间很紧张，二则考虑到现场人数太多，分圣肉和圣骨极易引发哄抢事故。

祖的仪式非常相类,都带有半官方、半民间,司仪主导、嘉宾参与、游客围观,附带节庆活动的特点。

除了"十月年"旅游节上的神树祭祀,每年春季也要再举行一次传统的"阿倮欧滨",也即在原本的泉眼神树林的祭祀。之前我也一直以为"十月年"旅游节上植入的"阿倮欧滨"是一种展示性的文化表演。我比较认同英国文化遗产学者贝拉·迪克斯(Bella Dicks)对这种现象的概括,即文化展示中"可参观性"(visitability)的生产。[①] "阿倮欧滨"在原本的民俗语境中是不公开的,而自"十月年"旅游节上加入文化展示,就能让游客和民众可以体验、参观这种独特风俗。

但是这次调查让我感到问题没有这么简单。如果"十月年"旅游节上的"阿倮欧滨"仅仅是文化展示,那为何大咪谷依然全程参与、主持祭祀?因为在哈尼族信仰文化中,咪谷在仪式上是天神、祖先的代言人,具有非常的神圣性。大咪谷对待"十月年"的"阿倮欧滨"非常严肃,可见"十月年"的祭祀同样是神圣的、合法的。为了解答这个问题,我访问了大咪谷 A 咪谷以及绿春县政府部门,试图理解这种节庆现象背后的动因。

二、"隐秘的祭祀"与"公开的祭祀"

阿倮欧滨的神林是一片神圣之地,除了祭司,任何人不得入内。这在绿春县当地是一条灵验的禁忌,民众绝不会愿冒着触犯禁忌的风险去满足好奇心。也正因为如此,极少有人目睹过春季在寨神林中祭祀"阿倮欧滨"的现场。因此阿倮欧滨也被学者称为"隐秘的祭祀"。[②] 根据咪谷对自己父子连名谱牒测算,"阿倮欧滨"祭祀至少有 700 多年历史,大寨白家一直担任大咪谷。[③]

原本的"隐秘的祭祀"在春季(农历正月第二轮属牛日)各村举行"昂玛

---

① 参见[英]贝拉·迪克斯:《被展示的文化——当代"可参观性"的生产》,冯悦译,北京大学出版社 2012 年版,第 1 ~ 2 页。

② 参见秦臻:《隐秘的祭祀——个哈尼族个案的分析》,《民族艺术》2004 年第 5 期。

③ 访谈人:张多;访谈对象:A 咪谷;访谈时间:2015 年 11 月 30 日;访谈地点:绿春县大寨村咪谷家。

突”之后进行，由大寨村的大咪谷带领各村咪谷联合施行各项准备活动。“阿倮欧滨”的影响力不仅仅在绿春县，周边的元阳县、红河县、江城县、金平县等的哈尼族民众都会赶来参加祭祀，甚至有老挝、越南、缅甸的族胞前来。民众只能参加巡游以及其他庆祝活动，都不能进入阿倮欧滨神树林的范围。越是如此，祭祀的神秘性越强，反而加强了祭祀的灵验性质。祭祀后，按照“昂玛突”的节庆习俗，要宰杀一头猪，分享圣肉“扎赫”（Zalheel）。祭祀的猪骨则被分成上千的小碎片，能分到一片猪骨，对民众来说是莫大的福气。这种猪骨在当地被称为“龙骨”，从笔者对村民的访问来看，绿春当地哈尼族民众对“龙骨”护身的灵验性有普遍且特别的信仰。

根据秦臻和白永芳的田野调查①，阿倮欧滨神林内的祭祀仪式主要是祭神树和简收女神。祭祀现场需保持安静，咪谷在神树前搭祭坛，一共三层。底层象征田地里的农作物，中层象征人类，顶层象征牲畜和财富。祭坛献祭的对象是女神简收，在宰杀黑公猪献祭时还必须念诵“简收”的名号。

简收（Jeiseq）是绿春、元阳县一带哈尼族口头传统中非常重要的民间传说人物。在口头传统的记忆中，简收是哈尼族迁徙历史上一位文化英雄，因逃婚而得到“反叛传统”的评价。简收的民间传说与哈尼族创世神话中遮天大树的叙事粘连，形成了著名的口头演唱文本“索直俄都玛佐”（Soqzyuq Hovqtuv Massaol）。民间歌手的演唱主要叙述了简收四处流浪，一天来到阿倮欧滨泉边，因饮水就把拐杖插在地上，拐杖迅速长成一棵遮天大树，日月无光，人间遭遇灾难。后来人们在神明启示下砍倒遮天树，通过数树枝、树叶发明了历法。今天阿倮欧滨神林就被认为是简收发现泉眼的地方。白永芳认为民间祭祀神树圣泉，形成简收女神叙事，除了强化13个村寨亲缘关系之外，还隐匿着保护水源的根本诉求。②

① 这两位学者的调查非常重要：秦臻是极个别系统访谈过已故前任大咪谷白阿发的学者之一，白永芳是极个别被特许进入阿倮欧滨神林的学者之一。两位的调查成果参见秦臻：《隐秘的祭祀——一个哈尼族个案的分析》，《民族艺术研究》2004年第5期；白永芳：《哈尼族服饰文化中的历史记忆：以云南省绿春县“窝拖布玛”为例》，云南人民出版社2013年版，第48~61页。

② 参见白永芳：《哈尼族服饰文化中的历史记忆：以云南省绿春县“窝拖布玛”为例》，第58~60页。

简收的叙事在绿春、元阳县一带非常流行，民众对她的功过是非有不同评价，简收其人的历史与事迹也非常神秘。但是民众普遍信仰简收女神的力量，认为她对阿倮欧滨水源、神树具有超自然力量，进而可以影响稻谷、牲畜、人丁的生长。在搜集整理的史诗文本《都玛简收》中，简收成为“天神奥玛的女儿”和“地神咪玛的姑娘”。[①] 简收的拐杖成长为遮天大树，给人间带来灾难。因此神树的力量也成为民间信仰中的灵验之力。口头传统是民族文化中古典知识的总汇。可见，简收的民间口头传统是“阿倮欧滨”祭祀被民众信仰的内在原因。简收和遮天大树的叙事进一步强化了“隐秘的祭祀”的灵验性和神圣性。

2003 年前后，绿春县筹划开展旅游业。而阿倮欧滨的民族宗教文化是当地独有的文化资源，但是“阿倮欧滨”在民众心目中具有极强的神圣性，加上它的隐秘性，使得利用这个资源非常困难。绿春政府、大咪谷和当地民众经过充分协商后，想出了一个办法，即在“十月年”利用县城只有一条主道路的地形优势摆长街宴，在长街宴中加入一个“阿倮欧滨”祭祀的表演。表演主要突出民众巡游的环节，使游客可以参与其中。于是，2004 年 11 月22 日，绿春县举办了首届“哈尼十月年旅游节”。这年长街宴摆出了 2041 桌，吸引了大批外地游客。从此之后，旅游节主要突显长街宴的特色，而“阿倮欧滨”则作为“公开的祭祀”，成为一个内含哈尼族神秘宗教文化的旅游吸引物。

唐雪琼团队对哈尼族长街宴的文化调适有过深入研究，他们认为长街宴在主动适应现代旅游的过程中，“基于哈尼族长街宴文化和当地阿倮欧滨文化的‘地方性’想象而重构的新节日——‘绿春哈尼族长街古宴’成为当地的旅游品牌”[②]。唐雪琼团队也发现绿春过去的“十月年”不摆长街宴，长街宴是被嫁接到“十月年”的。而由于他们 2007～2009 年调查的时候，“阿倮欧滨”的公开祭祀尚未形成显著的节庆程序，因而他们未能论及“十月年”节庆中新移植的“阿倮欧滨”祭祀。

在 2011 年“祭寨神林”成为国家级非物质文化遗产，特别是 2013 年“红

---

① 白们普等演唱，卢保和、龙元昌等搜集整理翻译：《都玛简收——哈尼族神话古歌》，云南民族出版社 2004 年版，第 133、135 页。

② 唐雪琼、钱俊希、陈岚雪：《旅游影响下少数民族节日的文化适应与重构——基于哈尼族长街宴演变的分析》，《地理研究》2011 年第 5 期。

河哈尼梯田文化景观”成为世界遗产之后，旅游节越来越重视对“阿倮欧滨”文化的宣扬。不仅长街宴的规模越摆越大，祭祀神树的重要性也越来越突显。我在2015年调查时，绿春县专门在县城东部的民族风情广场选了一棵绿化带中的大榕树，作为阿倮欧滨神树的替身。巡游队伍从西边的大寨一路行进到东边民族风情广场，就在广场上公开祭祀这棵替身神树。

绿春县从此有了两次“阿倮欧滨”祭祀，一次是每年农历正月的“阿倮欧滨”，另一次是每年公历11月的“中国·绿春哈尼十月年长街古宴文化旅游节”。“隐秘”与“公开”的两次祭祀并行不悖，那么旅游节上这一次祭祀具有哈尼族内部文化的合法性吗？

三、节庆再造：一个仪式的两次节庆

虽然“公开的祭祀”是被移植到“十月年”的，但是“十月年”旅游节的“阿倮欧滨”同样具有内部文化合法性。11月30日的祭祀选择了民族风情广场上的一棵大榕树替代神树，接受咪谷团队的祭拜。早在半个月前，大寨村的大咪谷A咪谷就开始精心筹划十月年的“阿倮欧滨”祭祀，他和政府工作人员、各个村的咪谷频繁沟通各项事宜。29日，A咪谷非常担忧巡游用的大黄牛会因为肥胖而走不动。这件事惊动了县领导，他们专门派人前往大寨商议大黄牛的事。最终A咪谷认为这头牛既然被选为每年“阿倮欧滨”巡游的专用牛，它就具有神圣性，因此不能换。

30日上午的巡游，黄牛拉着花车带领巡游队伍一直走到终点，就是广场上那棵替身神树。神树前已经搭建好了祭坛。祭坛其实就是一个钢架舞台，非常宽，台上几张供桌一字排开，上面有香炉、各色祭品。这时候，一名记者为了抢机位，跑到祭坛后面神树下占位。这名记者显然没搞清楚祭祀的核心就是那棵树，就只顾着拍祭祀团队的正脸。祭坛上的司仪看见后很生气，用扩音器对他喊话，让他离开神树：“请你离开那点，听见没有？这是我们哈尼人的神树，等下要祭拜，你受得住就在着！”[①]司仪这番话透露出，这一次祭祀神树并非文化表演，而是同样具有神圣性的祭祀。后来笔者通过

① 张多田野现场的记录。时间：2015年11月30日。地点：绿春县大兴镇民族风情园广场。

对现场民众的随机询问以及对A咪谷的访谈,也证实了这一点。

随后A咪谷带领8名咪谷,念诵祭词,向神树跪拜,献上祭品并带领广场上近万名民众、游客一齐向神树跪拜,场面非常肃穆。祭祀结束后,咪谷团队就在祭坛下面摆开十桌圣宴,象征性享用圣餐。这和所有"昂玛突"的核心仪式程序一致,也和"隐秘的""阿倮欧滨"仪式一致。在圣宴现场,民众争相涌到咪谷桌子前,希望得到咪谷的祝福。咪谷就把桌子上的各色坚果分发给民众。民众但凡得到几粒坚果都非常兴奋,尤其是哈尼族民众更相信这是神明所赐。在"十月年"旅游节举办"阿倮欧滨"之前,民众没有机会如此深度地参与"阿倮欧滨"。

综合这些观察,我认为"公开的祭祀"与"隐秘的祭祀"具有同等的仪式效力,具有合法性与神圣性。基于此,可以说绿春县通过10余年的节庆实践,已经把"阿倮欧滨"再造成为"一个仪式的两次节庆"。这种节庆实践是一种文化调适(culture adaptation)的努力,这一点,在唐雪琼等的论述中也有相似结论。[①]

人类面对社会环境的变迁,总会利用现有的文化资源进行适应性的改变。绿春阿倮欧滨的案例,显示出在面对遗产化的文化变迁时,核心性的节庆充当着文化整合的先锋角色。在现代化社会语境中,文化调适大致有三种表现:结构分化(structural differentiation)、整合机制(integrative mechanism)与传统(tradition)。[②] 整合机制对抗分化的力量,而传统同时在对抗分化与整合力量。通常,面对旅游业,民族主义情绪容易激发出固守传统的观念,强调一成不变。但是绿春通过"公开的阿倮欧滨"的再造,完成了神树林文化对新兴旅游节庆的整合。一个仪式的两次节庆,化解了传统礼仪隐秘性与现代节庆公共性的矛盾。高丙中对现代中国新年"元旦""春节"的两个庆典的研究,[③]也属于通过节庆再造实现文化调适的案例。元旦和春节是针对历法改变进行岁时制度的整合,而"阿倮欧滨"则是针对一项重要的祭祀仪式

---

① 参见唐雪琼、钱俊希、陈岚雪:《旅游影响下少数民族节日的文化适应与重构——基于哈尼族长街宴演变的分析》,《地理研究》2011年第5期。

② 参见[美]威廉·A.哈维兰:《文化人类学》,瞿铁鹏、张钰译,上海社会科学院出版社2006年版,第476页。

③ 参见高丙中:《作为一个过渡礼仪的两个庆典——对元旦与春节关系的表述》,《中国人民大学学报》2007年第1期。

作出调整。这两个案例都表明节庆再造是当代社会文化调适的重要手段。

祭寨神林作为一项国家级非物质文化遗产项目,代表着“民族文化”对国家文化的适应,也即现代国家文化政治对地方群体民俗文化的整合。大咪谷在节庆再造的过程中充当了重要的角色。2003 年,绿春县打算在十月年旅游节当中加入“阿倮欧滨”表演时,首先征求了当时大咪谷白阿发的意见。白阿发是一位睿智的社区精神领袖,他权衡再三,认为一年举行两次“阿倮欧滨”并无不妥,既可以有效保护“隐秘的”“阿倮欧滨”,又可以在新的社会条件下发扬民族文化。在后来的实践中,绿春县官方在如何筹划“阿倮欧滨”方面,始终尊重大咪谷以及各村咪谷的意见。而咪谷实际上也代表着各个村落民众的民意。“公开的”“阿倮欧滨”之所以在十多次实践中,越来越得到民众认可,一个重要原因就是社区参与、社区赋权、社区获益。

2003 年,第 32 届 UNESCO 大会上通过了《保护非物质文化遗产公约》(以下简称《公约》)①。根据《公约》2006 年汉语订正本的界定,“非物质文化遗产”指被各社区、群体,有时是个人,视为其文化遗产组成部分的各种社会实践、观念表述、表现形式、知识、技能以及相关的工具、实物、手工艺品和文化场所。② 在这个定义中,“社区”(communities)是一个十分重要的关键词,巴莫曲布嫫指出:“将非物质文化遗产的价值认定赋权给相关社区和群体,正是许多民俗学者和人类学家在这份国际法律文书的订立过程中苦心谋求的‘保护之道’。可以毫不夸张地说,‘丢掉’社区就等于丢掉了《公约》立足的基石。”③

除了“祭寨神林”列入国家级非物质文化遗产项目之外,绿春县申报的口头史诗《都玛简收》也列入了云南省非物质文化遗产项目。绿春县围绕着祭寨神林和《都玛简收》开展了系列旅游、舞台表演活动,让一个地方性祭祀节日被纳入到大的市场经济网络中,促使其向公共文化转变。

① 汉语是联合国六种官方工作语言之一,汉语文本具有与英语、法语、阿拉伯语、西班牙语、俄语文本同等的法律地位。理解 UNESCO 文化遗产相关档的概念时,汉语词汇具有原始意义。因此本文未引证英文、法文文本。

② 参见 UNESCO:《保护非物质文化遗产公约》,第 2 页。修订版文档编号为:MISC/2003/CLT/CH/14 REV. 1.

③ 巴莫曲布嫫:《从语词层面理解非物质文化遗产——基于〈公约〉“两个中文本”的分析》,《民族艺术》2015 年第 6 期。

2015年1月22日，绿春县出台了《云南省非物质文化遗产名录叙事史诗〈都玛简收〉保护工作实施方案》，其"非遗"保护措施中包括："每年举办中国·绿春哈尼族'十月年'长街古宴活动期间，把叙事史诗《都玛简收》演唱活动纳入县级法定民族节日，加大对哈尼族叙事史诗《都玛简收》的保护，宣传力度，提升绿春民族文化品位。"[①]这份文档中明确提及举办旅游节是一种文化遗产保护措施，而《都玛简收》背后实际上隐含着"阿倮欧滨"祭祀，由此，这个原先作为单纯旅游观光项目的"公开的祭祀"被纳入到"遗产化"的话语框架中，具备了多重的意义。从2011年起，绿春县开始在县城东边建造"阿倮欧滨"原始宗教文化圣地旅游景点，规划中包括一个圣水池和若干文化雕刻，后来又计划建立一个"阿倮欧滨"文化传承中心。

绿春哈尼族社区创造性地发挥了"地方传统"的文化塑造力，再造了"哈尼十月年长街古宴旅游节"这样一个基于传统的新兴节庆。这生动诠释了"遗产是一种在当下求助于过去的文化生产的新方式"[②]，"非遗公约"的前言部分明确提及："承认各社区，尤其是原住民、各群体，有时是个人，在非物质文化遗产的生产、保护、延续和再创造方面发挥着重要作用，从而为丰富文化多样性和人类的创造性做出贡献。"[③]"再创造"这个关键词表明，"文化遗产"保护并不是要做标本，而是要赋予文化遗产第二次生命。

四、讨论：遗产化进程中"社区"的文化选择

霍布斯鲍姆（Eric Hobsbawm）等人主导的有关"传统发明"（the invention of tradition）的讨论认为，那些表面上看起来或者声称是古老的"传统"是"被发明出来"的，其起源的时间往往相当晚近。[④]"传统发明"较好地揭示了当代文化生产中传统化的倾向，但是，在田野研究的现场，"传统"并非一副单

---

① 绿春县非物质文化遗产保护中心：《云南省非物质文化遗产名录叙事史诗〈都玛简收〉保护工作实施方案》，2015年1月22日，绿春县文化体育局。

② Barbara Kirshenblatt-Gimblett, *Destination Culture: Tourism, Museums, and Heritage*, Berkeley, Los Angeles and London: University of California Press, 1998, pp. 149-150.

③ UNESCO：《保护非物质文化遗产公约》，巴黎2003年版，第1页。

④ 参见［英］E. 霍布斯鲍姆、T. 兰格：《传统的发明》，顾抗、庞冠群译，译林出版社2004年版，第1页。

一的面孔，它呈现出文化实践的多样性。德国民俗学家瑞吉娜·本迪克斯（Regina Bendix）认为：

> 传统在现实中是清晰的，其参与者做出界定时并不需要像学者们察觉到的那样，担心一个节庆或艺术片段是“本真”或者“伪造”的问题。他们会达成自己想要达成的表现形式。“传统的发明”不是反常的事情，反而是一种法则。[①]

“公开的祭祀”在绿春哈尼人的文化实践中，并不是那种伪造的民俗（fake lore）[②]，它并不像学者描述的那样，是一种“二手的”民俗。绿春哈尼人通过社区参与，赋予了新兴节庆中“阿倮欧滨”与“隐秘的”“阿倮欧滨”同等的文化意义。事实上，绿春的这种实践，一直伴随着哀牢山区哈尼族社会遗产化的进程。“红河哈尼梯田”从1993年就开始向UNESCO“申遗”。1993～2017年，绿春县、元阳县这一带山区已经获得了数十种从国际组织到地方政府的遗产化身份。尽管深度遗产化给这里带来了剧烈的文化变迁，但是哈尼人也从中实现了自身的发展诉求。

对绿春县来说，“一个仪式的两次节庆”不仅意味着公共文化的发展，更意味着这里的社区充分运用了遗产化的运作机制。他们并不排斥现代商业、消费对“传统”的介入。正如周星所言：“现代社会的民俗文化未必就一定是和商业文明及消费主义水火不容，恰恰相反，民俗文化要在现代社会的日常生活中生根存活，反倒是借助商业消费的路径才较有生机与活力。”[③]面对遗产化的情形，哈尼人自有应对之道。对于这个具有上千年迁徙历史的群体而言，“应变”是其社会常态。文化遗产化的追求并不是固守传统，而是在遗产框架下合理发展既有文化实践。观察哈尼族在遗产化进程中的应变实践，有助于观察遗产化与社区的互动。

当遗产旅游进入哀牢山区时，社区表现出积极的参与诉求。“阿倮欧滨”祭祀的传统终究要面对现代化的社会转型，揭示“传统发明”并不是为了否定“发明”。当人们强调各种民俗传统时，总会不断地在当前的话语、行为

---

① Regina Bendix, “Tourism and Culture Displays: Inventing Traditions for Whom?” *Journal of American Folklore*, 1989, p. 102.

② Richard Mercer Dorson, “Folklore and Fake Lore,” *American Mercury*, 1950, p. 70.

③ 周星：《民俗主义、学科反思与民俗学的实践性》，《民俗研究》2016年第3期。

与过去的话语、行为之间创造关联,以获得文化代言的合法性。① 文化传统有时候并没有想象中那么脆弱。UNESCO 大会在定义文化多样性(cultural diversity)时特别强调,文化多样性不仅体现在文化遗产表现形式的丰富,也体现在借助各种方式和技术进行艺术创造、生产、传播、销售和消费的多样性。② 从"隐秘的祭祀"到"公开的祭祀",当代遗产化话语中的文化多样性观念在幕后悄然发挥着作用。

一个仪式的两次节庆并不是绿春人的独创,但它是当代遗产化话语对这一社区 20 多年持续影响的结果。这种来自国际政府间文化合作的话语,通过各级政府层层渗透到社区中。社区面对这种新的语境,充分将自身的文化诉求体现在遗产的评选、认定、保护和发展中。绿春的个案表明,在当代遗产化的语境中,地方通过节庆再造的实践,找到了参与遗产化进程的可行路径。这对当代全球各地的文化遗产保护实践,有着积极的启示意义。

① 参见康丽:《传统与传统化实践——对中国当代民间文学研究的思考》,《民族文学研究》2010 年第 4 期。

② 参见 UNESCO:《保护和促进文化表现形式多样性公约》,第 4 页。

节日传统与村治的艺术

——论少数民族地区多姓苗族村寨节日的运作与效能

杨春艳*

摘　要

迈向以民众为本位的节日研究，目前已成为民俗学者关注节日的主要路径。本文以少数民族地区多姓苗族村寨的节日为例，展现多姓的苗族村寨在日常生活中的竞争与合作关系，及其通过节日活动的时空场域融会冲突的文化历程。在此基础上，也展现了基层政权组织怎样利用年节达成基层治理模式合作共赢的图景。文章试图以节日观察的经验研究，分析节日活动中"国家""社会""村落"等多元主体协商共建的复杂态式，进而揭示节日在村落治理中的运作与效能。

关键词

节日传统　村治　多姓苗族村寨　运作与效能

当前，迈向以民众为本位的节日研究已成为民俗学者关注节日的主要路径。传统的节日研究或关注的是根据我国传统农业社会以历法为周期形

---

* 作者简介：杨春艳，贵州民族大学民族学与社会学院讲师，北京大学社会学系访问学者（贵州贵阳 550025）。

成的时间制度或文化样式;[①]或关注节日与村落之间的社会组织、权力关系;或关注在我国长期处于经济高速发展状态与全球化语境下,节日文化的传承、保护与变迁议题。还有学者提出观点认为,相当数量的传承性节日是生活在其中的人群基于其生产生活方式而组织社会的一种实践方式,作为一种规训与整合机制,节日传统可以将社会治理与民间自治传统贯通起来,并提醒后学应该将节日作为一种组织现象或对社会建构的参与。[②] 本文以少数民族地区多姓苗族村寨节日的运作为例,分析节日活动中"国家""社会""村落"等多元主体的文化功能,进而论述村级治理中社区传统与民众主体的复杂关系。少数民族地区的传统节日历经封闭时期的感恩自然、祭祀先祖,到民族文化资本化时期的"文化搭台,经济唱戏",再到"乡村振兴战略"下的节日文化再造……可以说,节日传统的内涵意义与时代发展的背景密不可分,而利用传统节日的平台达成村级治理的有效融合,则是基层政府一直在努力的方向。

近年来,通过国家资源自上而下的转移,"国家在场"的符号话语在乡村中已然浸淫广肆。但不乏有学者提出观察与反思,一是国家资源下乡,国家做的好事越多,村民越是变成了"刁民",惠民工程不仅未能收服民心,反而引发种种问题;自上而下的项目资源下乡容易形成"分利秩序",项目下乡的结果是出现了"悬浮政权"的情况。二是项目资源的使用出现了内卷化。在农村人、财、物快速流向城市,农村空心化背景下面,在快速社会变迁的时代背景中,动员村民的村庄政治还有多大的可能?无公德的个人与村庄结构性力量会形成"只讲个人利益,不讲公德"的局面吗?[③]

由此,少数民族地区传统节日的运作模式或许可以提供一些村治的借鉴与启示。在农耕为本的中国乡土性的基层村落,节日是物候到了特定节令举行的庆祝或祭祀活动。贵州黔东南苗族地区的"苗年"就是村民在四季时序中选择的庆祝丰收的活动,涉及亲友团聚、祭祀先祖、村寨互动、政府参

---

① 参见朱振华:《以民众为本位:当代节日志的价值旨归与实践追求——以"传统节庆文化论坛"相关讨论为核心》,《民俗研究》2018 年第 1 期。

② 转引自朱振华:《以民众为本位:当代节日志的价值旨归与实践追求——以"传统节庆文化论坛"相关讨论为核心》,《民俗研究》2018 年第 1 期。

③ 参见贺雪峰:《治村》,北京大学出版社 2017 年版,第 81 页。

与等一系列内容。此前,已有学者对苗年与苗族村落中的社会组织关系作出了详尽的论述。[①] 在少数民族地区农村人、财、物流出的背景下,对于多姓的苗族村落来说,节日为维系、润滑村落社会结构关系方面提供了时空场景,构建了苗族村落里稳定的乡村社会秩序。随着时代的发展,苗族地区传统的村落社会组织结构已然发生了变化。在民族地区的节日传统里,"国家在场"利用传统节日精细化地动员组织村民,村落里的传统组织结构力量依然发挥重要作用。这让我们看到微观的"双轨制"运行模式,如何利用节日传统促进村落社会秩序的良性循环与发展。本文以少数民族地区多姓苗族村寨的节日为例,展现多姓的苗族村寨在日常生活中的竞争与合作关系,及其通过节日活动的时空场域融会冲突的文化历程。在此基础上,基层政权组织怎样利用年节达成基层治理模式合作共赢的图景也包含在内。文章试图以节日观察的经验研究,分析节日活动中"国家""社会""村落"等多元主体协商共建的复杂态式,进而揭示节日在村落治理中的运作与效能。

一、多姓苗族村寨的节日

摆贝苗族村落位于贵州省黔东南地区的月亮山麓,都柳江北岸。现有村民 454 户,2048 人。该村的姓氏格局由杨、潘、刘、姜、向、韦、张、徐、陈等 18 个姓氏构成。据说,最早在摆贝建寨的是刘氏和姜氏的祖先。据摆贝苗寨寨南面的半山的"道光十二年(1832)十月为祭祀先祖苗王而建"的苗王坟[②]推断,摆贝建寨大略有百年余历史。至今,村落家庭的主要经济收入源于外出打工。近两年来,还有一部分中青年人选择返乡创业。除了传统的种植业,摆贝村现在还发展有养殖和生态农业合作社。另外,还有一位矿泉水厂的成功管理者。这些个体工商户与乡镇领导接触多,是优先参与基层

① 参见杨正文:《鼓藏节仪式与苗族社会组织》,《西南民族学院学报》2001 年第 5 期。

② 苗王坟,位于摆贝村寨入口(寨旁)山梁上。苗王名叫杨老老。传说他有三节手臂,长过膝盖,力大无比,勇武强捍,行侠仗义。他在摆贝一带当苗王期间,族人免受欺凌,不少人慕名千里迢迢改姓来投靠,以求保护。苗民按习惯称其为"构老"。构老原是摆贝一带豪强,拥有武装力量,其势力范围达及今八蒙、乌秀、控乃沟等地。苗王曾带领苗民与清朝官兵发生争战。今摆贝村有杨老老之后代,而苗王不仅仅是摆贝杨姓后裔的崇拜对象,其他姓氏后裔也认同苗王的英雄事迹。苗王坟的重修与祭祀群体也显示出苗王是摆贝村落全村人的崇拜对象。

政府和村落治理、乡村建设的精英人物。

雍正年间，清政府“开辟”苗疆，黔东南地区先后经历了雍乾“苗乱”和咸同“苗乱”。黔东南苗族聚居村落在清代遭到严重的损毁。大规模的寨毁人亡，使得这一地区苗族村落在重组过程中，人们为求生存，聚和人气，采取互认兄弟或父子的拟制血亲关系，聚寨而居。[①] 至今在摆贝苗寨发挥人群区分的“认兄弟”观念仍然延续。摆贝苗寨的社会关系大致有三种形式：一是血亲关系，同一姓氏认定的血缘关系，以父系作为继嗣制度和亲属传承的计量单位；二是姻亲关系，由婚姻的缔结所建构起来的亲属关系；三是“兄弟关系”，由既定的“认兄弟”或者“结拜兄弟”所建立的关系。在两个或者两个以上的不同姓氏之间相互视为“兄弟”。村寨里的不同姓氏根据“认兄弟”的方式被分为两个大的关系群：一边是潘、刘、徐诸姓，另一边是杨、姜、韦等诸姓。这种“姓氏+兄弟”的关系结构在当地的民俗活动中得到了巨细无遗的显示。[②] 由于摆贝苗寨非同于一村一寨一姓氏的苗族村寨，其鼓藏节除了具有苗族共有的节日文化寓意外，鼓藏节的“回堂酒”[③]还凸显出凝聚摆贝人群的重要意义。摆贝苗族并非源自一个共同的祖先，村寨中的几个不同姓氏各自有着自己的祖源解释，甚至连族属都不一样。[④] 共同体内部需要有一种制度性力量来建立和维持和平共处的格局。鼓藏节中的“回堂酒”仪式是摆贝苗族这个人群共同体的联盟记忆和缩影。“回堂酒”将三个层次的“兄弟关系”——亲属关系中的兄弟；一个姓氏与另一个姓氏相认、相拜的兄弟，即“义兄弟”；因共同的利益而建立起来的限制性范围的“泛兄弟”——展示得非常清楚。[⑤] 同属一个宗族群体的成员之间结婚不仅得不到亲友的祝福，相反会招致是非议论；在斗牛活动中争斗的两头牛分别来自两个宗族群体，同属一个宗族群体的两头牛则不进行争斗。

摆贝苗寨不同姓氏之间的关系直接决定这个人群共同体的内部结构。换言之，不同姓氏之间的相处方式决定着乡土社会的整体秩序。而从摆贝

① 参见杨正文：《鼓藏节仪式与苗族社会组织》，《西南民族学院学报》2001 年第 5 期。

② 参见彭兆荣：《摆贝：一个西南边地的苗族村寨》，三联书店 2004 年版，第 35 ~ 36 页。

③ 在鼓藏节结束后的第二个年头，摆贝人举行吃回堂酒聚会娱乐活动，两个宗族群体的成员之间相互敬酒，双方各出一人玩“拖腰”比试力气。

④ 参见彭兆荣：《摆贝：一个西南边地的苗族村寨》，第 115 页。

⑤ 参见彭兆荣：《摆贝：一个西南边地的苗族村寨》，第 148 ~ 149 页。

苗寨的地方文脉来看，在村落内部有一套维持相对平衡的机制，即将苗族群体政治概括为平权社会性质。“平权”之意，在于所有“家”“鼓社”“村寨”等都是平等的，通过民主协商和民主决策以及民主程序保障各“家”的平等权。[①] 清水江苗族群体的“开寨始祖崇拜”“姑舅交换婚”“鬼蛊指控”等构成了一个完整的社会分类体系，然而这样的分类体系并不是“等级”的，其实质在于以“差序”的形式维护“平权”并以集体民主决策的议榔制度给予保障。节庆活动中仪式的“阈限”阶段整合了村落秩序。

简言之，在摆贝苗族各姓氏的祖先群体内社会交互表现为一种冲突和合作的相互作用。质言之，多姓合成的摆贝苗寨形成了既竞争又合作的村落社会秩序。村寨各姓氏内部的竞争机理是由于历史境遇及现实条件造成的，而合作的运行机制是通过村寨各姓氏间认兄弟及节庆活动而达成的。

表 1　　摆贝苗寨的姓氏和家族构成

姓氏	白	包	陈	侯	姜	李	刘	龙	罗	欧	潘	向	徐	杨	张	郑	钟	朱	韦
户数	3	2	3	2	45	4	17	5	10	13	141	6	47	121	10	3	10	6	6
家族支系数量	2	1	1	1	1	1	4	1	1	1	3	1	2	4	1	1	1	1	1

二、“传统组织”“国家在场”“乡村能人”多维关系中的节日

明清以来黔东南地区的少数民族在由“生”化“熟”的王朝政治进程中，苗族正是因为民族生存压力的存在，以统合血缘宗族为目的的祖先祭祀鼓藏节祭仪式才逐渐转化为以统合地缘宗族或“拟制性宗族”为目的的祖先祭祀仪式。祖先信仰对村民最为重要，村民在祖先崇拜中赋予有限的人生以无限的意义。[②] 苗族鼓藏节在负载着“血缘”宗族祭祖本质意义的同时，也表述了它超越“血缘”宗族向拟制性宗族和村落地缘共同祖先祭祀转换的含

① 参见曹端波：《“平权”社会的差序：清水江流域苗族群体的政治体系》，《中央民族大学学报》2014 年第 5 期。

② 参见谭同学：《桥村有道》，三联书店 2010 年版，第 377 页。

义。"共食内脏"隐喻着血缘关系的内聚和统合。[①] 苗族村落直至20世纪50年代前始终并存着官民两套社会管理体系。传统的寨老、鼓藏头、活路头等仍是维系苗族乡土社会自治的管理者、象征者。"鼓社""议榔""理老"是苗族传统社会的"三根支柱"[②],加上大寨管理小寨制度,这共同构成了苗族社会管理的一套完整的机制。

通过仪式,确认家族内长幼级序,或突出主干家族(或父母村寨)、始祖家族在"拟制性宗族"和地缘性村落中的仪式占先地位,强化村落社会的伦理秩序,使得因为时间等原因已经冲淡的宗族关系边界进一步明确,避免可能出现的社会冲突。通过鼓藏节仪式一次又一次的内婚禁令重申,让一代又一代的人们明确自己可通婚的圈子。通过对祖先、家族、姻亲关系的确认与强化,苗族社会关系获得了制度化的统合,社会获得了有秩序运行。[③]

在苗族的鼓藏节中,确定为鼓藏头的人选要考虑"开寨始祖"崇拜的因素。在黔东南苗族村落的"自然地方"或村寨内部,普遍遵循尊敬开寨始祖的后裔的原则。由此看来,鼓藏头不仅是"血缘"宗族的象征,而且是地缘神灵与村落联系的象征。在摆贝苗寨,我们访问到的鼓藏头一直由杨家后裔担任,但这与开寨始祖崇拜的原则相违背。究其原因:一是与摆贝苗寨村民认同苗王坟的主人是杨姓有关;二是行政体制下沉到摆贝苗寨之后,其中的杨姓精英人物在任职村党支部书记期间一直也是摆贝苗寨的权威领袖,赢得了"苗王"之称誉。杨姓家族在村寨的地位显著,传承至今。摆贝苗寨在2017年商议举办鼓藏节时,便推选杨金成担任鼓藏头。

表2　　摆贝村历任村支书、村主任名单

村党支部书记	任职时间	村主任(大队长)	任职时间	村委会副主任(统计员)	任职时间
潘志才	1958~1976年	刘老岩	1958~1976年	潘老来	1976~1979年
杨写巴	1976~1989年	杨老生	1976~1979年	徐老搞	1979~1989年
潘正平	1991~1993年	潘正平	1983~1990年	杨金玉	1980~1982年

① 参见杨正文:《鼓藏节仪式与苗族社会组织》,《西南民族学院学报》2001年第5期。

② 参见李廷贵:《简论苗族的社会组织》,《贵州文史丛刊》1999年第4期。

③ 参见杨正文:《鼓藏节仪式与苗族社会组织》,《西南民族学院学报》2001年第5期。

续表

村党支部书记	任职时间	村主任（大队长）	任职时间	村委会副主任（统计员）	任职时间
潘玉明	1994～1996年	姜国兵	1991～1996年	侯渊	1997～2015年
潘志刚	1997～1999年	刘文忠	1997～1999年	杨秀才	2016～2017年9月
杨昌德	2000～2002年	潘秀军	2000～2002年	刘正文	2017年9月至今
潘胜明	2003～2005年	潘玉忠	2003～2005年		
潘志刚	2006～2008年	潘胜明	2006～2008年		
潘胜明	2009～2011年	潘发兵	2009～2011年		
刘文忠	2012～2014年	潘胜明	2012～2014年		
潘胜明	2015～2017年9月	潘玉德	2015年至今		
姜国兵	2017年9月至今				

经过革命话语和阶级意识下的民间活动以及改革开放的现代化进程推进，鼓藏节从过去用以统合社会关系的祭祀仪式，已经逐渐为国家制度一体化的统合力量所取代。仪式渐渐退化为人们用以联系、统合家族、亲友的一种方式。[①] 更为甚者，苗年成为他者与自我的扁平化叙说。如2017年11月8日的苗年节日，兴华乡借民族节日表彰致富带头人，当地苗族群众感恩风调雨顺、感恩党委政府、感恩父母养育，并祈祷来年丰收的节庆典礼。之所以出现这样的认知，是因为他们并未继承传统苗族苗年的内涵，而以现代化的行政管理视角来界定苗年的意义。当然，苗年的意涵在时代的变迁中注入了感恩党委政府的内涵也无可厚非，但此点远非苗族先民在苗年的最初意蕴。

“国家在场”成为少数民族地区节日中的一个组成部分，其中包括国家对乡村符号的征用。2002年，摆贝苗族村被县、乡两级作为民族旅游开发的重点示范村寨，鼓藏节活动由县旅游局出资举办。为了产生社会效益，组织者向社会发放了一些邀请信，同时也组织一些海外旅游团前来。县、乡两级政府要求摆贝村必须组织好这一次活动，完全按照传统的民族民间方式进行，保证做到“原汁原味”。可当时因为天气的原因，日本旅游团迟迟未到，

① 杨正文：《鼓藏节仪式与苗族社会组织》，《西南民族学院学报》2001年第5期。

虽早已过了杀牛祭祖的时间，村委会和寨老却不让进行，因此破坏了老祖宗留下来的规矩。

在乡土社会基层治理的运作中，“国家”是一种真实的存在。税制改革之前，在国家力量下沉有限的情况下，国家对村落的控制和整合依靠村内的非制度性精英来实现；2006 年，农业税取消之后，政府职能发生了转变，村落劳动力的流失外出务工，村落治理主要依靠党的基层组织建设发挥作用。自推进“社会主义新农村”建设工作以来，服务型政府的职能特点愈发显现，干群关系明显改善。随着中国社会城市化进程的推进，特别是 2008 年爆发的国家金融危机，影响了中东部的劳动密集型企业的发展，刺激了部分西部地区的中青年劳动力返乡创业。现在摆贝苗寨的这一批中年劳动力，形成了摆贝村落政治、经济、文化发展的中坚力量，成为村里的“能人”。兹举几例：养殖专业户杨金德、农业合作社带头人张时光、三合天然水矿泉水有限公司董事长刘正文、多光军传媒有限公司负责人徐志才。他们近几年在国家精准扶贫政策的帮扶支持下，利用家乡的自然人文资源，与政府责任链[①]相配合，试图走出一条“精准扶贫 + 旅游 + 民族文化 + N”的路径。随着摆贝苗寨中坚农民力量的兴起，苗年乃至摆贝苗寨的各种节日的组织已远非传统的寨老、鼓藏头所能协调的了。如在 2018 年 3 月 8 日，摆贝苗寨组织了妇女节的拔河比赛，乡政府借此机会给村民送来了象征性的奖品——菜籽油和脸盆。这些现代性的节日得以在摆贝苗寨植入与融合，与摆贝的中坚农民发挥的上联下传的号召影响力密切相关。由此，我们看到的“国家——社会——个体”在节日传统里的互动既有叠合，也有矛盾，更有协作，它们在不断地磨合中寻求平衡之道。而传统组织力量的式微，摆贝中坚村民的崛起，不管是为私利还是为推动村落共同体的发展，他们都逐渐与政府联动发力。他们之间不是简单的单向作用，在村落的治理与发展上的谋划远比我们笔下描述的情况要复杂。

节日习俗在民间社会中占据着非同寻常的地位，否则村民也不至于在

① 贵州省在精准扶贫的工作机制上走在了全国的前列，形成了脱贫攻坚的“贵州模式”。其中在扶贫攻坚的人力投入方面，形成了党政一把手担任双负责人、省级党政机关集团帮扶、建立五级政府责任链、配齐配强扶贫工作部门人手，“五包”责任制的最后“两包”为乡干部包户和党员干部包人，为每一户贫困户落实了帮扶责任人的工作机制。

该惯习无法获得国家赋予正式的合法地位的时候，通过一种民间的智慧，使其能够在社会中得以继续存留。这在维护村主自身的社会整合中起到了至关重要的作用，也是村庄在现代化进程中展现出别样的姿态，而非单纯地遭受碾压的原因所在。[①]

节日作为一种重要的公共文化空间，无疑是国家意识形态和行政权力渗透到传统社会中的重要渠道。从“文化搭台，经济唱戏”到发展乡村生态旅游，到促进农村信用社改革，到普及“两基”教育验收，到世界文化遗产申报，到促进民族团结等，都不同程度地彰显了当地政府当前工作的重心。尽管国家化和市场化共同作用，推动了传统民族节日符号的现代转型，并由此在现代与传统之间形成了某种张力。但这并不意味着在国家化、市场化与地方性传统之间就形成了某种截然对立的态势。相反，正是这种张力的存在，为“地方性知识”的自我扬弃和自我革新提供了某种可能。[②] 民间节庆活动场域和国家在场是个交互的过程，其深层本质在于国家权力和意识形态对地方以及民间仪式的影响和介入，在于一个“民族—国家”均质统一体的建立。

三、讨论：节日文化的内涵嬗变与村级治理之间的运作效能

昔日“西南边地的苗族村寨”里的节庆活动发展至今，呈现在我们眼前的景象已经嬗变为多元化的人群参与与诉求旨归。总体看来，摆贝苗寨节日传统的参与人群、功能边界都发生了漂移，多种力量参与的共同目标都指向了促进摆贝苗寨的良性活力发展。而这其中的路程究竟要走多远，或者说会走多少弯路，已非本文所能探讨。排除这些客观因素，笔者在此试图论述的是这些多元力量在追求理想目标的路途上可供借鉴的先发展地区，特别是中东部汉族村落的经验，以期为少数民族地区村落利用节日文化在村级治理方面所能发挥的运作效能提供一些启示。

---

① 参见赵旭东、罗士泂：《血脉纯洁与化为实践的宗族》，《江苏社会科学》2016 年第 1 期。

② 参见李德建：《民族节日符号的现代转型及动力探析》，《广西民族研究》2008 年第 3 期。

摆贝苗寨传统节日内涵从具有自治与村寨内部自我调适、修正应对村落自身风险嬗变为娱乐为主、大众消费。生产与生活均已卷入更大范围内社会和市场的村民，不得不开始面对以市场交换为基础的社会关系。① 年轻人在时代发展中主动或被动地与"家园遗产"产生了疏离。而乡村"能人"更多地是以资本与权力为主要追逐对象。传统时期的中国乡村，依靠村民的信仰体系与亲属制度的高度结合而整合乡村社会，或与地域性群体结合从而整合区域性地方社会。而随着现代性观念在村落民众心底生根，信仰体系已经无法赋予其人生以意义，它丧失了令人敬畏的力量，已起不到阻止或惩戒不当行为的规范性作用。②

而我们始终不能忽视的一面是传统村落有自治的传统，它是维护村落秩序的有效机制。村落能够展现生命力的一个重要原因就在于其能够在传统文化的框架下对现代性做出一种适当的调试。③ 随着城镇化进程的推进以及现代性观念在村落里被片面地运用，传统节日的内涵发生了很大的改变，但各种传统节日依然具有生命力。笔者认为，其根基在于：一是苗族信仰文化的群体性；二是中年精英的推动，在黔东南推进全域旅游的时空背景中，摆贝一直在试着走旅游发展的路径，迅速脱贫致富；三是政府的默许与支持，在这一方面与村落里的中青年人群的利益诉求取得了一致，不管是为了有效管理村落，还是为了完成体制内的指标要求。

鼓藏节内涵的变化，主体性参与人员的外出，婚姻亲属关系的变化，规约力量的弱化，以家庭为核心本位的现代性观念的出现，鼓藏头、活路头等自治力量的式微，杨写巴苗王的威信力随着他的过世在村落中已经无法重建。现在的鼓藏头在访谈中的有意回避，使得鼓藏节的举办充满了不确定因素。人、财、物的流失造成村庄经济关系紧张和公共权威衰退。市场规则不仅已为村民所接受，用于日常生活，而且直接导致了他们以此为基础，策略性地建构村庄政治结构。

村落里的"能人"在时代的迅速变迁中经历了对本民族传统文化的否认、再认识与扬弃的过程，在保护与发展非物质文化遗产的环境背景下，自

---

① 参见谭同学：《桥村有道》，第 419 页。

② 参见谭同学：《桥村有道》，第 378 页。

③ 参见赵旭东、罗士泂：《血脉纯洁与化为实践的宗族》，《江苏社会科学》2016 年第 1 期。

觉地重拾民族文化的传承，尽管从本质上来看，他们是在利用传统文化谋取在村落中权利的投资。乡村"能人"在其中试图充当政府与民众的桥梁，斡旋在政府与民众之间，而根本的目的是在下一步的村庄治理中赢得名利。所以他们在节日传统里表现积极，积极组织，赞助资金，联系人脉，凸显该村在整个乡镇中的优势地位，进而赢得乡镇的合法化支持。

政府虽未明确表示，但实际支持的态度鼓励民族村寨举办节日，为短期内的民族村寨旅游铺平道路。政府在节日里担负如下职责：一是服务，穿插如"致富能手颁奖"的现代话语管理奖励机制，形成激励机制，这同时也是现代网格化管理渗入村落管理的一种方式；二是维稳，保证村落里的集体活动安全无事故。

四、结　语

不可否认，这些多元力量在节日的场域中各显神通，各取诉求，从理论上说，是指向乡村秩序的有效化管理；但从实际的操作层面来说，多元力量都在此场合中进行博弈，争取利益的最大化，这或许是中国社会变迁个体化时代到来的宿命使然。尊重农村现实，重视乡村秩序内生调适动力，也是我们以包容性视角看待节日内涵嬗变的立足点和着眼点。

谭同学在《桥村有道》《双面人》两书中描写的转型乡村的道德等问题，确实是现代性带来的乡村治理难题，其给出的建议是"将村民自治系统往下延伸，让它建立在自然村或村民小组三五十户的规模上，现村干部承担基层官场的行政任务另交专门代理人处理。在此规模上，在法治精神指导下以村民理事会或村务理事会等形式，盘活、培育亲缘、地缘关系网络资源，及其帮助农民在日常生活中整理家庭关系的能力"①。这些先发展地区的乡村秩序经验能给后发展民族地区的乡村治理以启示，帮其规避风险，实现后发展的优势。治理、道德和信仰这三个方面构成基础性社会问题，以族权为核心的权力体系，以"伦常"为核心的道德体系以及以祖荫为核心的信仰体系形

① 谭同学：《双面人：转型乡村中的人生、欲望与社会心态》，社会科学文献出版社2016年版，第367页。

成了一个相互支持的“三环扣”。这个“三环扣”成了传统乡村社会秩序稳定的基础，也是社会个体形成社会结合的准心。[①] 乡村问题的“三维”始终是维系乡村发展的命脉所在，政府服务型职能的转变，达成多方力量的协商共治，则始终是理想村治的模型所愿。期盼假以时日，构建和谐美好乡村的愿景能够实现，从而为人类命运共同体贡献中国智慧与本土经验。

① 参见谭同学：《桥村有道》，第 96 页。

节日变迁

人民公社时期春节习俗变迁探析（1958～1983）

李渊源*

摘　要

人民公社时期，作为民间文化的重要表征之一，岁时节日习俗尤其春节习俗在多种因素的影响与冲击下，呈现出不同程度的变迁。文章通过对1958～1983年这一历史时期各阶段变迁状况的梳理与总结，探析、阐释了该时期春节习俗变迁是政治、经济、文化、社会组织等外部动力以及民众的思想观念、心理意识、生活习惯、行为规范等内部动力等合力作用的结果；民间文化在剧烈的社会变动过程中，与主流文化相互冲突、渗透、糅合，虽发生不同程度的变动，但仍保存其核心基因，等待复苏时刻到来。同时，行政法治无法从根本上替代民间习俗，只有将良好的社会意愿与基层社会文化实际相结合，以民众的情感需求为基点，才能取得良效，这对当代社会春节习俗的传承与发展具有一定借鉴意义。

关键词

人民公社时期　春节习俗　文化变迁　传承发展

---

* 作者简介：李渊源，中国社会科学院研究生院文学系2016级中国民间文学专业博士研究生（北京102488）。

春节,作为中国岁时节日体系中的核心节日,承载着厚重的历史积淀,留存着独特的民族文化记忆,是亿万民众伦理、情感、信仰的聚合体,“超常而世俗,喧闹而温情”[①]。异彩纷呈的春节习俗作为农耕文明的伴生物,在其传承与发展过程中不断受到各种因素的影响与冲击。从20世纪50年代末至80年代初,国家意识形态经由其所推行的人民公社制度全面渗入乡村社会,与传统春节习俗产生激烈碰撞,使其在这一集体化时期发生特殊变动。那么,根植地方社会已久的春节习俗缘何短期内发生如此明显、剧烈之变化?其背后隐藏着何等变迁规律?对于全球化、现代化、新型城镇化背景下传统文化的传承与发展又具何种借鉴意义?

本文以中国第一个农村人民公社——嵖岈山人民公社为个案。一方面,立足田野,采用参与观察与深度访谈的方式,搜集口头资料。当然,口头资料的价值“不在于它们保存过去的能力,而在于记忆所能引起的变化。这些变化揭示出叙述者如何企图理解过去并为他们的生活赋予一种形式”[②],并以此展现叙述者真实而鲜活的内心世界和生活世界;另一方面,结合档案、地方志、回忆录、手抄本等进行文本分析,体悟国家话语与地方话语冲突与融合的交织态势。本文旨在对嵖岈山镇这一特定区域、集体化这一特殊时期内的春节习俗进行动态剖析,具体运用历史比较的研究方式,探析集体化时期当地春节习俗这一生活实践的变迁状况、变迁原因和变迁规律,同时总结与反思该研究对于当下春节习俗良性发展与传承的借鉴意义。

一、主要概念界定

(一)人民公社时期

本文主要选取1958~1983年的人民公社时期为研究语境,其基本特征主要表现为:持续时间较长,分布范围较广,发展过程不平衡,具有明显的阶

---

① 萧放:《春节:我们的精神家园》,2007年2月16日《中国艺术报》。

② Alessandro Portelli, *The Death of Luigi Trastulli and Other Stories*, Albany: State University of New York Press, 1991, p.52. 转引自[美]贺萧(Gail Hershatter):《记忆的性别:农村妇女和中国集体化历史》,张赟译,人民出版社2017年版,第29页。

段性等等。

(二)嵖岈山人民公社

嵖岈山人民公社是河南省遂平县嵖岈山地区于1958年成立的中国第一个农村人民公社。它既是农业集体经济组织,又是基层政权单位,实行"政社合一"体制。在时间上,它涵盖了从1958年4月20日到1983年12月这段历史时期;在空间上,它包括现在河南省遂平县所辖的嵖岈山镇、槐树乡、花庄乡古泉山行政村这些曾实行人民公社制度的地方区域。

(三)春节习俗

春节习俗主要指流行于特定区域内、特定群体间的春节风俗习惯,以辞旧迎新、阖家团圆、敦亲祀祖、祭祝祈年、娱乐狂欢为核心主题,具有信仰、社交、娱乐等多种功能。广义的春节从农历腊月初八的腊八节起始,直到正月十五的元宵节结束,将旧年岁末与新年年初前后衔接,是一个新旧转换的过程,而狭义的春节仅指除夕到正月初一。本文采用广义之说,即将研究的时间段限定在农历腊月初八至正月十五。

二、人民公社时期各阶段春节习俗变迁状况及变迁原因

嵖岈山地区,自古民风淳朴,"男务垦辟,女修织纴","尚淳,好简约,丧祭婚姻率于礼"①。集体化时期,当地风俗在传承与发展过程中发生了巨大的变化。就春节习俗而言,其变迁状况具有明显的阶段性。大体来讲,可分为剧烈变动期和恢复期:1958年嵖岈山人民公社成立初期、1959年困难时期开始至1961年"大食堂"②停办以及"文化大革命"时期属当地春节习俗的剧烈变动期,在社会政治、经济、文化等方面的巨大冲击下,传统习俗从春节物质体系到仪式活动均走向衰落甚至衰亡;"大食堂"停办后至"文化大革命"开始前以及"文化大革命"结束后至1983年嵖岈山人民公社解体属当地春

① 张鼎新修,李宗周等纂:《遂平县志》卷八《学校·风俗》,清顺治十六年刻本,第47页。

② "大食堂"即人民公社时期兴办的公共食堂。

节习俗的恢复期，1958 年后曾一度衰落、沉寂的春节习俗则呈现出不同程度的复苏态势。

（一）剧烈变动期

1. 嵖岈山人民公社成立初期（1958～1959 年）

自人民公社这一特殊的农业集体经济组织和基层政权组织于 1958 年 4 月 20 日在河南省遂平县嵖岈山地区成立后，当地春节习俗短期内发生急遽变动，对民众的日常生活实践产生深刻影响，截至 1959 年三年困难时期开始前，其主要变化表现为以下几方面：

(1) 春节饮食习俗的消失与新生

民以食为天，在春节这一饕餮盛宴开启之时，饮食习俗当仁不让地成为春节习俗的重要组成部分。它不仅丰富了广大民众的物质生活，而且寄寓着民众的情感需求与精神信仰，同时成为社会交往的一种辅助方式，强化家庭和社会关系的建构与维系。嵖岈山人民公社成立初期（1958～1959 年），当地部分春节饮食习俗消失殆尽，与此同时新食俗也陆续诞生。

一方面，具有民间信仰色彩的食俗及食俗禁忌消失。首先，当地腊月初八的传统食俗是“食百果粥”①，“以豆果杂秔为粥，大小遍餐”②。1958 年之后，当地民众不再制作和食用作为春节前奏的“腊八粥”。同时，将腊八粥用手糊入刀斧所砍的果树痕，以之祈求果实丰收的习俗也随之消失。其次，腊月二十三的祭灶习俗被禁，当日民众到公社公共食堂就餐，餐饭与平日无差，不提供祭祀灶王爷所需的火烧、豆腐汤和麻糖③。再次，当地腊月二十五有蒸制枣花馍的习俗，以备春节期间祭祀祖先、神灵以及客人食用。人民公社成立初期，该习俗暂时沉寂，民众与平日一样到公共食堂就餐。此外，春节期间的食俗禁忌亦被打破。如当地正月初一至初五忌吃面条、汤泡馒头

---

① 金忠济修，祝旸等纂：《遂平县志》卷三《风俗》，清乾隆二十四年刻本，第 14 页。

② 张鼎新修，李宗周等纂：《遂平县志》卷八《风俗》，清顺治十六年刻本，第 49 页。

③ 麻糖即为芝麻糖，杆状，长约 20 厘米，直径约 2 厘米，据当地民众所言，腊月二十三日晚用麻糖祭祀灶王爷，可黏住灶王爷的嘴巴，使其上天向玉帝“述职”时不能多言，以防搬弄是非说坏话。

等食物,否则“注定一年里头只有吃穷饭的穷命”①,但公共食堂仍会在此期间提供此类饭餐。

另一方面,具有时代色彩的新食俗相继出现。由于人民公社成立初期公共食堂的兴起,民众就餐场所由个体家庭移至公社公共食堂,一些具有鲜明时代特色的新食俗进而纷至沓来。如腊月二十五当天,公共食堂统一蒸制红薯包、菜包和豆腐包等消除了民间信仰元素的食物,取代了以往个体家庭蒸制枣花馍以祭祀祖先、供神灵及客人食用的习俗。另外,除夕晚上,公社召集女社员到公共食堂统一包饺子,供全体社员食用,取代了以往个体家庭包饺子的习俗(参见图1)。

图1 1959年春节,嵖岈山人民公社韩楼大队公共食堂女社员在包饺子

(翻拍自嵖岈山人民公社旧址博物馆)

① 访谈人:李渊源;访谈对象:ZDZ,男,86岁,高中文化,退休干部,党员,遂平县嵖岈山镇竹园村刘庄组人,曾任嵖岈山人民公社会计、秘书等职务;访谈时间:2012年3月17日;访谈地点:遂平县嵖岈山镇竹园村辛庄组ZDZ先生家。

(2)春节祭祀活动由“地上”转为“地下”

春节期间的祭祀活动虽被国家意识形态所禁止,但民众祭祝祈年的精神信仰与情感依托根植已久,故在短期内难以被完全割断,在强烈的信仰意识驱动下他们将祭祀仪式由“地上”转为“地下”。例如:公社虽然禁止腊月二十三进行祭灶活动,但仍有村民偷偷在自家厨房的后墙正中央位置张贴灶王爷、灶王奶奶画像,第二天再悄悄揭掉、销毁。嵖岈山镇韩楼村的ZS先生曾讲述道:“当时,我们家趁着天黑外面没什么人的时候就贴老灶爷和灶王奶奶的画儿,贴在灶火[①]后墙儿正中央,第二天天亮前再把它偷偷揭掉。”[②]

(3)春联与年画内容的意识形态化

“腊月二十八,贴花花”,嵖岈山地区通常在腊月二十八开始张贴春联、年画于自家房屋,其内容多蕴含迎祥纳福、辟邪除灾之意。人民公社成立初期,民众所张贴的春联、年画(参见图2与图3)内容多为歌颂集体主义、共产主义和人民公社。另外,因部分村民房屋被征为公用,春联、年画还张贴于公社生产队的办公室、公共食堂、仓库及牲口室等处。

图2

图3

1959年春节当地年画(翻拍自嵖岈山人民公社旧址博物馆)

① 灶火,即厨房,当地方言。

② 访谈人:李渊源;访谈对象:ZS,男,72岁,高中文化,农民,党员,遂平县嵖岈山镇韩楼村刘庄组人;访谈时间:2012年4月20日;访谈地点:遂平县嵖岈山镇韩楼村刘庄组ZS先生家。

(4)拜年、走亲戚习俗的消失

"元日,亲识相贺三五日而罢"[①],"亲友交拜"[②]。1958年前,正月初一当日民众便开始到亲友家拜年,晚辈向长辈磕头施礼,长辈给予晚辈不等数额的压岁钱保佑其新年平安吉祥。1958~1959年,正月初一当地民众不再拜年、走亲戚、磕头、无压岁钱,取而代之的是当日便立即投入紧张、热烈的集体生产劳动当中,如兴修水利、大炼钢铁等活动。当时流传着"干活儿干到二十九,吃碗饺子还下手"的顺口溜,足见当地民众碍于繁忙的集体劳动而无暇于拜年、走亲戚这些传统春节习俗,同时亦可窥见他们在人民公社制度的统一支配下有限的时间自由度和人身自由度。

传统春节习俗缘何在1958~1959年短短一年时间内便发生如此剧烈之变动,可从以下几方面探析其主要变迁原因:

第一,集体化时期,国家意识形态在宣传社会主义、集体主义优越性的同时,又对封建主义、个人主义的劣根性进行批判与清除。1958~1959年正是人民公社成立初期,此种意旨自然更为强烈、鲜明。与民间信仰相关的、被国家意识形态视为封建遗存的物质实体与思想观念均成为"革命的对象"。故而,那些具有民间信仰色彩的食俗遂被严厉禁止进而逐渐消失,同时部分传统食俗禁忌也随之被打破。作为全国农村人民公社的样板,嵖岈山人民公社便以先行者的姿态首当其冲,在与当地民众的日常生活实践发生激烈碰撞后,春节习俗呈现出特殊样貌。

第二,集体化时期所推行的生活和生产集体化、军事化,致使当地以宗族和家庭为基础的传统社会结构暂时解体,春节习俗失去其得以传承、发展的重要载体,进而发生遽变甚至走向消亡。

一方面,各生产大队陆续办起公共食堂(见图4)这一特殊时期的标志性产物,各家各户均需到食堂就餐,铁锅等炊具也被没收,"家中不能冒烟儿"[③]。在此情形下,催生出诸如腊月二十五由公共食堂统一蒸制红薯包、菜包和豆腐包以及除夕晚上全体社员到公共食堂吃饺子的新习俗。同时,譬

---

① 张鼎新修,李宗周等纂:《遂平县志》卷八《风俗》,清顺治十六年刻本,第48页。

② 金忠济修,祝旸等纂:《遂平县志》卷三《风俗》,清乾隆二十四年刻本,第14页。

③ 访谈人:李渊源;访谈对象:ZS,男,72岁,高中文化,农民,党员,遂平县嵖岈山镇韩楼村刘庄组人;访谈时间:2012年4月20日;访谈地点:遂平县嵖岈山镇韩楼村刘庄组ZS先生家。

如初五“送穷灰”的传统习俗因失去其最基本的传承条件——以个体家庭为单位生火做饭而最终难以为继。

图4　嵖岈山人民公社第一大队四小队大食堂

（翻拍自嵖岈山人民公社旧址博物馆）

另一方面，为便于集中管理、进一步实现生产军事化、组织战斗化，一些家庭的房屋被重新分配，青壮年男、女、老人与孩子分开居住①（参见图5）。村民一起生产、生活，被纳入集体这一严密的规训与监控体系之中，因而失去了其活动的自主权与自由空间，春节习俗传承与发展的行为基础遂被大幅削弱。民众在春节期间自然无法分身，拜年与走亲戚这些习俗便趋于停滞。正如嵖岈山镇窗户台村的WHZ先生所言：“想走亲戚也没法儿，过年也得干活儿挣工分儿，那段儿都在一块儿吃住，紧得狠！”②由此可见，部分春节习俗的消失源于民众在特殊情状下的无奈选择。

第三，国家意识形态以标语口号等“国家符号”占据当地民众的感官世界和精神世界，把与民间信仰相关的春节习俗从意识观念到仪式行为挤压出民众的精神领域与生活领域，使得春联与年画此类标志性“年节符号”呈现出鲜明的意识形态化特征。如图2和图3所示，该时期年画不再拥有传

① 参见李渊源：《人民公社时期风俗变迁研究——以嵖岈山人民公社为例》，河南大学硕士学位论文，2013年。

② 访谈人：李渊源；访谈对象：WHZ，男，87岁，高中文化，退休干部，党员，遂平县嵖岈山镇窗户台村窗户台组人；访谈时间：2012年5月20日；访谈地点：遂平县嵖岈山镇农业技术指导站家属院WHZ先生家。

统意义上迎祥纳福的实质性内容，而是被“人民公社好”“人民公社万岁”等极具时代特色的“国家符号”所替代。

图5　男营、女营及老幼留守营

（翻拍自嵖岈山人民公社旧址博物馆）

第四，民间信仰在当地民众中根植已久，具有顽强的生命力和持久力，对于外界环境的变化，不断进行自身调适，以某种特殊方式与形态在“夹缝”中生存。1958～1959年，部分具有浓重民间信仰色彩的传统春节习俗在传承、发展过程中看似出现式微、断裂，实则以其他形式隐匿于民众文化心理结构的最底层。例如该时期当地腊月二十三的祭灶仪式虽被严厉禁止，但因民众祭祀祈年的情感与信仰已根深蒂固，纵使外力强劲也无法将其阻断，所以他们将仪式由“地上”转向“地下”秘密进行。

2. 大饥荒开始至“大食堂”正式停办（1959～1961年）

1959年下半年，嵖岈山地区开始出现粮食困难，非正常死亡人数不断攀升，春节习俗被淹没于死寂之中。1958～1959年所施行的“高指标”“高征购”“反瞒产私分”等一系列措施，在该时期内持续造成当地严重缺粮，致使传统习俗赖以传承与发展的物质基础和经济基础不断恶化，春节习俗等民间传统文化自然趋于沉寂。由此可见，物质基础与经济基础对民间风俗的传承、发展具有直接、深刻的影响力。

3. “文化大革命”时期（1966～1976年）

在文化政策极其紧张的情势下，嵖岈山地区的春节习俗在十年“文化大革命”时期被打上了深刻的时代烙印，以多种特殊的存在形态延续于民众的日常生活进程中。

(1)春节祭祀活动趋于隐匿与简化

该时期的春节祭祀活动虽被严禁,但实际上仍有部分民众将其转向“地下”秘密进行。祭祀规模相应缩小,祭祀形式也趋于隐蔽,祭祀内容和流程均被适当简化。春节祭祀活动的这一适应性选择具体表现为:

一方面,祭祀活动的主流形式是以家庭为单位的家中祭祀。“文化大革命”时期,宗族的集体祭祀场所——祠堂纷纷被占用或毁损,同时墓地亦遭大面积破坏,家中祭祀因其规模相对较小且较为隐蔽,而成为该时期内当地民众进行春节祭祀活动的一种主流选择。

另一方面,祭祀活动的流程和内容被适当简化,并出现相应替代物。诚如美国人类学家 R. M. 基辛所言:“人类是实用主义者,总是选择适当途径来完成文化变迁中的种种冲突。所以在人类社会生活里,存在有某种有效的选择机制,它会抛弃没有适应性的行为方式,并能积极造就具有适应性的新的行为方式并形成新的风俗。”①以除夕晚上的祭祖仪式为例,因祖先牌位被焚毁,人们便将祖先姓名写在小纸条上,后将其置于家中柜子角落等隐匿处。油灯成为红蜡烛的替代物。在为祖先上香时,香炉由碗代替,将碗内装入沙土,供香由三根筷子代替。进行烧纸环节时,黄表纸由普通白纸替代。由此可见,在该时期民间信仰空间遭到极度压缩的情况下,部分民众在血缘与孝道观念的强力驱动下仍采取诸如以上较为隐秘、简约的形式将春节传统祭祀活动延续下去。

(2)春联与年画内容的革命化

“文化大革命”时期,当地春联和年画的内容以毛主席诗词、语录及革命口号为主。如“虎踞龙盘今胜昔,天翻地覆慨而慷”“春风杨柳万千条,六亿神州尽舜尧”“阶级斗争永不忘,革命江山万代红”“听毛主席话,跟共产党走”“嵖岈山下红烂漫,宋河两岸尽朝晖”等,而“开门见喜”“吉星高照”此类具有迎喜接福特质的内容均被定性为封建迷信而禁止出现。

① [美]R. M. 基辛:《文化·社会·人》,甘华鸣、陈芳、甘黎明译,辽宁人民出版社 1988 年版,第 176 页。

(3)文娱活动革命样板戏和忠字舞唱主角

1966～1976年，春节期间的文娱活动主要是由生产大队的毛泽东思想宣传队所演出的革命样板戏和忠字舞，如《智取威虎山》《红灯记》等剧目组成。除此之外，还有群众自编自演的快板、三句半、对口词、秧歌《十个老婆学毛选》和《十个老头学毛选》等在街头或村庄演出①，这些文娱活动的主要内容均以“革命”“阶级斗争”，以及对领袖的忠诚为核心。

1966～1976年，嵖岈山地区春节习俗发生急遽变化的主要原因，除一部分与人民公社成立初期习俗变迁的若干原因相类似外，其自身还具有独特的变迁因素。

第一，民间信仰的生命力与持久力在“文化大革命”时期表现得更为突出，在“破四旧”“横扫一切牛鬼蛇神”等激进文化政策的猛烈冲击下，民众的信仰空间更加狭小，他们通过自身调适采用更为隐蔽、简约的祭祀仪式，将当地春节传统习俗中的“报本”“追远”等精神内核在民间文化与主流文化的冲突、渗透、糅合当中顽强承续。例如，与人民公社成立初期不同，当时腊月二十三的祭灶活动只是由“地上”转为“地下”，而“文化大革命”时期的春节祭祖活动除转向“地下”秘密进行外，其流程和内容均被适当简化，而且还出现了相应替代物。

第二，国家意识形态在“文化大革命”时期将“国家符号”更多锁定为毛主席诗词、语录及革命口号。首先，嵖岈山人民公社实行集中领导，分级管理。自上而下分为公社、生产大队与生产队三级，并通过“政社合一”体制与层层渗透的组织形式把当地民众严格规范在各自所属的单位中。其次，公社还设立大规模的民兵组织，为国家意志的贯彻执行提供了坚实的武装保障。再次，公社党委所领导的工会、妇联、共青团等群众团体针对相应人群进行思想政治教育，使得主流意识形态内化为民众的自觉意识。故而，革命化的春联、年画、样板戏、忠字舞等新事物、新活动便布满了该时期民众生活的狭小空间，甚至村民所使用的脸盆和饭碗也烙上了革命化的“国家符号”（参见图6和图7）。

（参见图6和图7）

① 访谈人：李渊源；访谈对象：ZLS，男，68岁，初中文化，退休干部，党员，遂平县嵖岈山镇周楼村人，曾任嵖岈山人民公社党委办公室干事、嵖岈山人民公社武装部副部长及嵖岈山人民公社管委会副主任等职务；访谈时间：2012年8月15日；访谈地点：遂平县嵖岈山镇政府大院ZLS先生家。

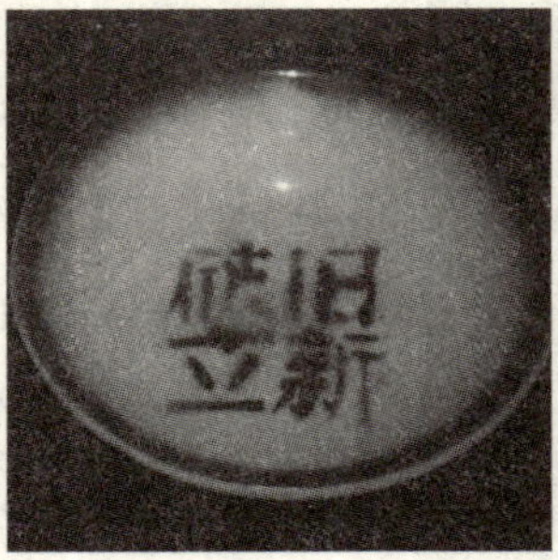

图 6

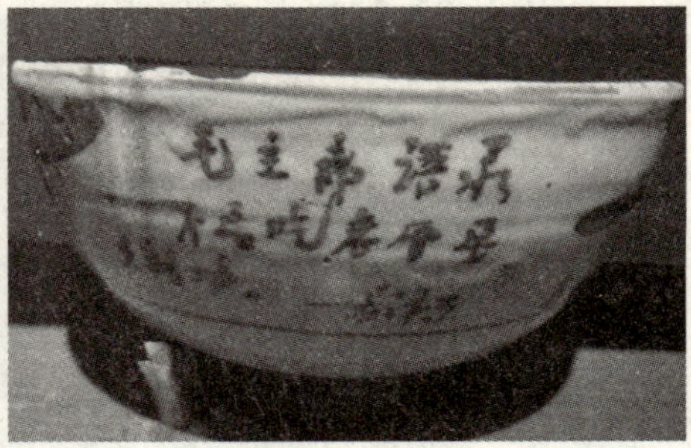

图 7

“文革”时期当地村民所使用的脸盆、饭碗

（翻拍自嵖岈山人民公社旧址博物馆）

（二）恢复期

1.“大食堂”停办后至“文化大革命”开始前（1961 ~ 1966 年）

自 1961 年公共食堂停办后，当地经济状况逐渐好转，部分春节习俗出现了一定程度的恢复。譬如，民众又开始以家庭为单位于腊月初八煮制腊八粥、腊月二十五开始蒸制枣花馍、除夕开始包饺子、正月初一拜年、走亲戚等等。

究其恢复原因，大致可从两方面进行探析：一是在因激进政策造成严重困难的局势下，国家对国民经济进行全面调整。嵖岈山人民公社则自上而下具体贯彻落实“调整、巩固、充实、提高”八字方针，采取如“分配给社员少量自留地和借地，让社员自种自食”[①]等措施，当地经济得以初步复苏，民众生产生活状况趋于好转，同时获得更多的自主权与自由空间，为该时期春节习俗的恢复奠定了物质基础与行为基础。二是公共食堂解散后，当地民众回归原有的家庭生活模式中，家庭重新成为人们社会生产与生活的基本单位，春节习俗重获得以传承与发展的重要载体，故而部分传统习俗便随之恢复。

2.“文化大革命”结束后至嵖岈山人民公社解体（1977 ~ 1983 年）

“文化大革命”结束后，嵖岈山地区的大多春节习俗逐渐呈现出“回潮”

---

① 中共遂平县委党史研究室编：《中共遂平县历史大事记（1919 ~ 2000）》，中州古籍出版社 2004 年版，第 115 页。

之势，当地民众又开始进行祭灶、祭祖、放鞭炮、吃饺子、拜年、走亲戚、送穷灰等年俗活动。与此同时，春联与年画也成为崭新时代的风向标，其内容彰显出人们在新时代物质条件与精神条件重获新生后的巨大喜悦以及对未来幸福美好生活的无限期许。具体而言，它们多表达人们在改革开放和家庭联产承包责任制等政策实施后，逐步摆脱贫困、迎来崭新生活的喜悦之情以及对新国策的由衷歌颂，如“国策英明增国力，马年飞跃展宏图”“国运国兴凭国策，龙飞龙跃靠龙人”等春联内容便是最好的印证。

该时期当地大多春节习俗在历尽波折后得以恢复，这大概源于国家意识形态逐渐意识到并逐步纠正以往发展阶段中所犯错误，全面调整、实施新的政治、经济、文化政策，使得国家与人民的生产、生活重回正轨并开启新篇章。在此基础之上，当地民众获得更多自主权。如通过1978年家庭联产承包责任制的实行，生产、生活水平逐步提高，为春节习俗的恢复与发展提供了物质基础；再如国家意识形态对于文化政策的放松，在很大程度上加速上了春节传统习俗的“回潮”，民众可以较为自由地表达其思想观念、情感诉求及精神依托，并将之付诸实践，为春节习俗的恢复与发展奠定了坚实的思想基础。

三、结　语

春节习俗在集体化时期的不同发展阶段发生变迁并非偶然，这与其所处的特殊外部环境紧密相关。传统习俗自古便与统治阶级的政治教化相联系，国家意识形态意欲塑造特定的主流文化，仅靠文化政策的推行与实施，远达不到改变当地文化生态的目的，唯从政治、经济、文化、社会组织等多方着手，才能有效控制与改变当地文化生态。人民公社时期春节习俗所发生的一系列变化，是政治、经济、文化、社会组织等外部动力以及民众的思想观念、心理意识、生活习惯、行为规范等内部动力，合力作用之结果。

在人民公社时期，民间文化与主流文化形成相互冲突、渗透、糅合之态势。主流文化具有刚性特质，可在短期内迅速改变民间文化的基本面貌；民间文化犹如流水，具有柔性特质，主流文化高涨之时以特殊形态与主流文化相互杂糅，但始终保持其核心基因顽强生存，主流文化消退之时则进行自我修复、期待重生。民间文化看似处于弱势，被动接受主流文化改造，但主流意识形态无法长期对民间社会保持强势影响力。[①] 伴随社会的发展进步，主流文化不断进行调整，主流意识形态对民间文化生态的影响与改造具有间歇性与阶段性之特征。大多春节传统习俗在人民公社解体后逐渐"回潮"，民间文化顽强的生命力和持久力可窥见一斑。在剧烈的社会文化变动中，民间文化以其特殊形态在"夹缝"中生存，以保留自己的核心基因，等待复苏时刻到来。

在全球化、新型城镇化、文化多元化的时代背景下，研究集体化时期春节习俗变迁对于当代社会春节习俗的传承与发展具有一定借鉴意义。我们应尊重客观规律，尊重社会文化实际，唯有将良好的社会意愿和基层社会文化实际相结合，以民众的情感需求为基点，才能取得良效。具体而言，对于传统春节习俗不能简单禁止。在现代社会生活中，民众大多孤独、焦虑、匆忙、功利，积极倡导传统习俗中具有温情、礼仪性的文化事象有益于人们在现代时间机器操纵下生活得健康、平和、怡然。当务之急是如何在传统与现代之间构筑一座有机延续的桥梁，如何适度平衡节日习俗中世界与地方、私域与公域、神圣与世俗交织杂糅之态势，积极寻求促进传统节日习俗良性传承与发展的健康之途。

① 参见李渊源：《人民公社时期风俗变迁研究——以嵖岈山人民公社为例》，河南大学硕士学位论文，2013 年。

荣成院夼谷雨节祭海仪式的变与不变
——基于社会结构变迁角度的考察

朱光涌*

摘　要

山东荣成院夼村每年会在谷雨节时举行盛大的祭海仪式。在不同时期社会结构的影响下,祭海仪式呈现出不同的特点,但受渔业社会海上劳作模式的影响,仪式程序也有稳定不变的一面。从院夼村社会结构变迁的角度出发,考察院夼村谷雨祭祀仪式相应的变化,有助于深入理解院夼村的政治运作逻辑。

关键词

谷雨节　社会结构　祭海仪式

"仪式"一词作为专门的学术术语出现于19世纪,是中外学者关注的焦点之一。无论是对仪式理论的探讨,还是对具体仪式的研究,学界都取得了丰硕成果。在理论研究方面文化人类学的研究最为突出,如泰勒、弗雷泽、涂尔干、马林诺夫斯基、范·根纳普、维克多·特纳、格尔茨等,对神话与仪式、巫术仪式、宗教仪式的功能与结构等方面进行了经典的论述。国内仪式

* 作者简介:朱光涌,山东大学儒学高等研究院博士研究生(山东济南250100),唐山学院社科部讲师(河北唐山063000)。

理论方面的研究相对较少，而在具体仪式个案探索方面，则异彩纷呈，如关注仪式流程、功能、变迁等，其中涉及人类学、社会学、民俗学、艺术学等多个学科领域。这些研究多注重仪式的横向结构，没有注意其动态发展的演变；有的虽注意到仪式的动态演变，但没有去探讨背后的原因；有的虽两者兼顾，但主要是从政治角度出发。可以说，学者少有从社会结构变迁的视角研究仪式，即将仪式与各历史时期的具体区域社会相联系。本文尝试以荣成院夼村为研究个案，将谷雨节祭海仪式的变迁置于当地社会结构变迁之中，来探讨当地社会的变化历程，这一变化又如何影响到当地祭海仪式的演变，以期深化我们对仪式活动的认识。

一、院夼村海神信仰空间的变迁

院夼村于明朝天启年间(1635)由王氏建村，距今已有300多年的历史。因村内原有“院夼寺”，得名“院夼村”。“夼”在字典中释义为洼地，多用于地名。至2018年，该村有人口1409户，3502人；外来务工人员2000余人，多从事海上捕捞、养殖加工行业；海岸线长1.3公里，现有滩涂养殖面积737平方公里；民营企业总资产达4亿多元，主要从事海上捕捞、国际国内货运、特种养殖、水产品养殖和鱼粉加工等行业。[①] 向海而生的地理环境，使得该村以海龙王为中心的海神信仰盛行，其历年谷雨节所举办的祭海仪式更是远近闻名。对此，已有学者做过专门的研究[②]，兹不赘述。

田野调查发现，该村的海神信仰空间在不同的历史时期多有变化。在院夼村民的记忆中，至迟在清代，院夼村龙王庙既已存在，是一座规模较小的石制小屋，高4尺(约1.3米)左右，龙王像是用石头雕刻的。[③] 每到谷雨

① 参见荣成市民政局编:《山东省荣成市地名志》，山东地图出版社2007年版，第89~90页。

② 参见宋宁而、左凤云:《胶东祭海仪式变迁研究——基于荣成院夼村谷雨祭海节的调查》，《广东海洋大学学报》2015年第2期；于晓雨:《山东荣成院夼村龙王信仰与祭海仪式的研究——以民间信仰发生、功能论为视角》，山东大学硕士学位论文，2016年。以上两篇论文均考察了院夼村的谷雨节祭海仪式，但都没有将之放在社会结构变迁的视角下加以考察，而主要侧重于阐释仪式本身的功能与象征意义。

③ 王锦堂:“八几年以后(1986、1987年)，山后有个女的，会雕塑技术，那个时候找着她来塑这个龙王像。”访谈人:王刚、武宝丽；访谈对象:王锦堂，1943年生，曾做过船老大；访谈时间:2018年4月20日；访谈地点:院夼村广场。

节时渔民会到此祭拜龙王。1966年“文化大革命”期间，这座庙被红卫兵拆掉，掀到大海中去了。不过，村民对海龙王的信仰并未因此中断，人们会偷偷地到庙宇旧址祭拜。20世纪80年代，“文化大革命”甫一结束，就有两位村民私下用石头搭建龙王庙，并建议村长重建龙王庙。但迫于形势，当时并未重修，直到1989年才由村里集体出资，重建龙王庙，并于次年竣工。[①] 据村民说，新建的龙王庙比原来大得多，还有供烧香和磕头的地方[②]。当时龙王的塑像是水泥白灰质的，由附近一位女性所塑。[③]

今天我们所看到的龙王、妈祖、财神等神灵共处一庙的场景，是2009年再次扩建的结果。需要指出的是，在这次扩建过程中，先前的龙王雕像被送到了村子东部的码头，那时村民每逢谷雨节就到这里祭拜龙王，现在的新庙建好后村民又回这里祭拜。但目前码头的龙王像已不见踪影，对此村民认为：“海边风浪把老龙王像冲走了，毁坏神像是违法行为，国家对道教、佛教现在都立法，没有人会去拆它。”[④]在村民看来，现在破坏神像不仅是对神的不敬，而且可能会触犯国家法律。可见，以海龙王为代表的道教文化深得当地人信奉。

就总的发展趋势来看，院夼村民将村东头的龙王庙作为每年谷雨节的重要活动场所，龙王庙的变化也影响到了村民的祭拜仪式。同时，庙内供奉的神灵是不断增加的，而这对该村的祭海仪式也产生了一定影响。

二、个体时期的祭海仪式

刘铁梁教授基于身体经验的视角，提出了农耕社会中的“劳作模式”概念。[⑤] 其实，劳作模式也同样适用于“以海为田”的渔业社会，可将其界定为

① 院夼村龙王庙中的碑刻记载，该庙宇为1990年落成。

② 访谈人：朱光涌；访谈对象：王巍岩，1955年生，前任院夼村书记；访谈时间：2018年4月20日；访谈地点：院夼村委办公室。

③ 访谈人：朱光涌；访谈对象：王文德，1939年生，老渔民；访谈时间：2018年4月20日；访谈地点：院夼村胡同。

④ 访谈人：王刚、武宝丽；访谈对象：王锦堂；访谈时间：2018年4月20日；访谈地点：院夼村广场。

⑤ 参见刘铁梁：《劳作模式与村落认同——以北京房山农村为案例》，《民俗研究》2013年第3期。

渔民"如何利用共有的自然资源而进行怎样的生产,拥有哪些生产知识与技能,结成了怎样的生产组织,形成了怎样的交易方式和消费习惯等生活状况"①。鉴于此,我们可从这一视角观察院夼村社会结构的变迁。

(一)海上劳作模式

院夼村三面环山,一面朝海,山海多,而耕地少,对此,村民常用"三山六水一分田"来形容自己的村庄。该村《王氏族谱》称其始祖"亦农、亦渔""前世起身佃、渔"②,可见该村有从事海上捕捞活动的传统。清末民初,文登渔民主要是在近海从事捕捞业,1922 年"文登县南境沿海各口,张家埠、鳝鱼埠、五垒岛、靖海卫(今属荣成市)等处皆是渔场"③。当时,渔民船只以木筏和舢板为主,帆船少见,1920 年以后木帆船增多。④ 前二者主要靠人力摇橹推进,后者则可借助风力。其所用网具则主要是定置网类⑤,如挂子网"清代已有使用……采用打橛(木桩)方法定网于海中捕捞各种鱼虾"⑥。

通过与院夼村老渔民的访谈发现,这种生产状况在 1949 年前后仍然存在。村民王文磊老人记得 1949 年前老辈"没有机器",是靠"摇橹、跑篷、使篷"去打鱼的。⑦ 据此可知,当时的主要船只就是舢板和小帆船。他接着讲到每条船有五六个人,大家一起打橛,然后各挂各的网捕鱼。⑧ 据说,在这个过程中,需要 6 ~ 8 条船通力合作才能将橛子在水中钉牢。

可以说,在渔业劳作过程中,渔民形成了密切的共同协作组织。他们自动联合起来,出海捕鱼,并根据自身对渔船、网具等生产工具的占有情况分配捕捞所获。而在这一过程中有两种因素对渔业生产的社会结构产生了重要影响,即家族和鱼行。

① 刘铁梁:《劳作模式与村落认同——以北京房山农村为案例》,《民俗研究》2013 年第 3 期。

② 院夼村王氏家谱编修委员会编:《王氏族谱》,院夼村村委会收藏。

③ 山东省文登市地方志编纂委员会编:《文登市志》,中国城市出版社 1996 年版,第 245 页。

④ 山东省文登市地方志编纂委员会编:《文登市志》,第 240 页。

⑤ 山东省文登市地方志编纂委员会编:《文登市志》,第 243 页。

⑥ 山东省荣成市地方史志编纂委员会编:《荣成市志》,齐鲁书社 1999 年版,第 244 页。

⑦ 访谈人:朱光涌;访谈对象:王文磊,1936 年生,曾做过船老大;访谈时间:2018 年 4 月 19 日;访谈地点:院夼村广场。

⑧ 访谈人:朱光涌;访谈对象:王文磊;访谈时间:2018 年 4 月 19 日;访谈地点:院夼村广场。

（二）家族与风暴潮

院夼村是以王姓为主的村落，王姓修有族谱且为聚族而居，“其族聚而无散”[①]即是一证。清光绪戊戌年（1898），为敬宗收族，该村贡生王学韩立下乡约12条。从中可知，“起身佃、渔”的王氏家族将“耕读渔樵”视为“人生之正业”。[②] 而乡约在村民的生活中亦非具文。关于晚清时期村中渔业生产的协会、组织情况，王道宜老人讲道：“当时村里没有协会组织，是村规规范人们的行为。鱼行那个时期也属于村规约束的时期，村规如同现在的法律。”[③]这与海洋渔业生产的“自发组织性”有关。面对凶险莫测的海洋和渔业生产所需的共同劳作，渔民更需要团结、互助的精神，于是基于血缘和地缘的家族组织就有了扎根的土壤。

民国时期，村民多以家族为单位组织渔业生产。如若村民自家有船，则由自家人内部分工，同使一条船。如王道宜老人的爷爷辈是兄弟三人，这三个人都在一个船上，没分家，打的鱼归大家集体所有，平时也都在一个锅吃饭。[④] 显然，当时一个家族中父、子两代劳力基本可以满足以舢板船为单位的渔业生产。这样所获利益在该家族内部分配，避免外流。这种以家族为单位吃“大锅饭”的现象在当时是比较普遍的，据王道宜老人回忆，当时村里90%的家族都采取这种形式。[⑤] 另自家有船而劳动力不够的，则需与人搭伙出海，如有渔船者找五个人，开一个船出海去捕捞，打鱼回来，卖给鱼行，[⑥]即是这种形式。

然而，院夼村这种船只家族所有、成员联合出海捕鱼的方式，却因一场风暴潮而遭到重创。对此，相关访谈如下：

王道义：没办法，如果家里破产了就得去私商那儿去干。

朱光涌：就是家里支撑不下去或者分家了？

---

① 院夼村王氏家谱编修委员会编：《王氏族谱序》，院夼村村委会收藏。

② 参见院夼村王氏家谱编修委员会编：《王氏族谱序》，院夼村村委会收藏。

③ 访谈人：朱光涌；访谈对象：王道宜，1943年生，渔民；访谈时间：2018年4月19日；访谈地点：院夼村广场。

④ 访谈人：朱光涌；访谈对象：王道宜；访谈时间：2018年4月19日；访谈地点：院夼村广场。

⑤ 访谈人：朱光涌；访谈对象：王道宜；访谈时间：2018年4月19日；访谈地点：院夼村广场。

⑥ 访谈人：朱光涌；访谈对象：王文磊；访谈时间：2018年4月19日；访谈地点：院夼村广场。

王道义：拿我家来说，我，又亲弟兄六个。都是自己打鱼。那是一九二几年还是三几年，三月初二发大海，所有院夼的渔民都已经下海了，一场大风，什么都没有了。

朱光涌：那些船都没有了？

王道义：船，有的有，有的没有，有的人也没有了。

朱光涌：那个没船的大约有多少？

王道义：这我就不知道了。就发海，日子没法过了，家里没法生存了。

朱光涌：因为什么原因没法买了？

王道义：买不起了，网具都没了，这都是资本啊。①

对于老人所提到的这场风灾，《沿海渔业区风灾善后办法之商榷》有载："本年(1937年)四月十二日夜，巨风成灾，罹灾区域南至海阳西迄蓬莱，蔓延千余里。渔民生命财产损失不赀……文登损毁网具15585架，计价404550元。"②年代的久远和两种纪年方式的存在，使得老人对"一九二几年"还是"三几年"的记忆有点模糊，但按农历来算当年的四月十二日恰是农历的三月初二。再从灾害发生的地理位置来看，院夼村亦处于受灾区域内。

此次风灾造成的损失十分惨重，除有渔民生命伤亡外，船只、网具等渔业生产工具俱遭到损坏，"为数十年来所仅见"③。其中，院夼村损失最为惨重，其损失挂网1810付，约值54300元。④ 院夼村许多如王道义那样的家族，没有能力再购置渔具，从事渔业生产，甚或妻离子散。为了摆脱困境，有的外出讨饭，有的则不得不参加鱼行。⑤

(三)鱼行与渔业利益分配

鱼行是随着渔业生产的发展而在沿海渔业区渐渐形成的。就其性质而

---

① 访谈人：朱光涌；访谈对象：王道宜；访谈时间：2018年4月19日；访谈地点：院夼村广场。

② 山东省政府建设厅合作事业指导处编：《山东合作事业指导月刊》(五月号刊渔业专号)，1937年，第27页。

③ 山东省政府建设厅合作事业指导处编：《山东合作事业指导月刊》(五月号刊渔业专号)，1937年，第27页。

④ 山东省政府建设厅合作事业指导处编：《山东合作事业指导月刊》(五月号刊渔业专号)，1937年，第62页。

⑤ 访谈人：朱光涌；访谈对象：王道宜；访谈时间：2018年4月19日；访谈地点：院夼村广场。

言,它“一面为渔业的仲卖人,管理渔获物的集散工作,一面又常以资金通融于渔民,而取得渔获物之专卖权,以便提取高度利益”①。此外,它还“购销渔需物资、粮食等生活资料,有的甚至自备渔船和渔网,兼营捕捞”②。据此,鱼行在渔业生产活动中占有相当重要的地位,关系着渔民生计。

当时院夼村因渔业生产活动发达,本村就设有鱼行。对于鱼行的中介性质,院夼村的老渔民王文磊认为:“鱼行是经销商,负责收渔民的货,渔民打鱼回来把货卖给它,它只管收购与销售,形如‘鱼贩子’。”③王道宜老人则讲道:“鱼行有房子,自己既可卖鲜鱼,又可将鱼加工后再出卖。”④此外,老人还讲述了自备渔船、渔网,雇用渔民捕捞的鱼行,比如万丰⑤,如同现在的股份制,东西都是鱼行的,村民则相当于给鱼行打工。⑥

鱼行是以盈利为目的的社会组织,逐利是其天然本性。这就涉及鱼行与渔民的利益分配问题。一般来说,鱼行在渔业利益分配中往往处于强势地位。正如村民王道宜所言,有些东西需要去鱼行买,渔民自己单干用的桐油等渔需物资都是从鱼行里面买的,而渔民打的货必须卖给鱼行,因为鱼行提供了服务。⑦ 由于鱼行掌握渔业生产资料并以高利贷方式赊销给渔民,渔期中渔民就不得不以廉价渔货抵还。⑧ 而以“资金通融于渔民”的鱼行,更是迫使渔民向鱼行借贷,将所获之海产品全部以低价卖给它。⑨ 至于那些给有渔船和网具的鱼行打工的渔民,其所得更是“全由鱼行而定”⑩。老一辈人讲,当时在鱼行干一年,只给几升苞米,仅够糊口。⑪ 可见,渔民所得甚为卑微,生活比较艰苦。

因此,多数渔民在迫不得已的情况下才会到鱼行打工。没钱租买船者,与有船者合作,所获海产“按工具、劳力各半分配,工具所得的一半再按网

---

① 山东省水产志编纂委员会编:《山东省志·水产志》,山东人民出版社1991年版,第463页。

② 山东省荣成市地方史志编纂委员会编:《荣成市志》,齐鲁书社1999年版,第265页。

③ 访谈人:朱光涌;访谈对象:王文磊;访谈时间:2018年4月19日;访谈地点:院夼村广场。

④ 访谈人:朱光涌;访谈对象:王道宜;访谈时间:2018年4月19日;访谈地点:院夼村广场。

⑤ 院夼村鱼行的名字。

⑥ 访谈人:朱光涌;访谈对象:王道宜;访谈时间:2018年4月19日;访谈地点:院夼村广场。

⑦ 访谈人:朱光涌;访谈对象:王道宜;访谈时间:2018年4月19日;访谈地点:院夼村广场。

⑧ 参见山东省荣成市地方史志编纂委员会编:《荣成市志》,第269页。

⑨ 参见山东省荣成市地方史志编纂委员会编:《荣成市志》,第266页。

⑩ 山东省荣成市地方史志编纂委员会编:《荣成市志》,第231页。

⑪ 访谈人:朱光涌;访谈对象:王道宜;访谈时间:2018年4月19日;访谈地点:院夼村广场。

三、船二的比例分配”[①]。王道宜老人提到院夼村也存在类似的分配形式：“比如说我家里没人，我雇你去干，船是我的，我不付你工资，一个舢板下30口网，10个是我的，你持小股，给你带5个网，这5个网打货是你的。还有干小工的，带2个网。”[②]另有渔民“与亲戚、家族、邻居一起凑资金购置渔具，或三五人共租1只船，各带同等数量的网具合伙作业。谁网里的渔货归谁所有，倒入各自的包里，称为‘各倒包’”[③]。总之，渔民主动组织起来，除了技术上的需要，还有规避鱼行剥削的目的。

该时期院夼村社会结构的变迁突出表现在家族式生产方式的破产和鱼行的发展方面。受此影响，此时谷雨节祭海仪式的参与主体呈现出了如下两方面特点：

其一，家族在祭海仪式中扮演了重要角色。在遭受1937年特大风灾之前，院夼村大多数家族拥有船只，并组织族里人出海，因而在准备谷雨节的祭拜活动时，家族起着重要的作用。村民会以家族全体而非个人的形式去祭拜龙王。需要指出的是，这种家族是没有分家的，如我们通常所谓的三世或四世同堂。[④] 在准备祭品时，家族可能会集体去采购祭品如猪头、纸、香、蒸大馒头等，采购回来后，再统一分配。[⑤] 中华人民共和国成立后，走集体化的道路，加之家族消失，这种情况也就不复存在了。

其二，鱼行对祭海仪式的影响。由于鱼行主要从事贩卖活动，又有渔船、渔网，兼营捕捞，所以它也可能参加祭拜仪式。关于这一点，王文磊老人认为，鱼行也可能参加祭祀，但不是祭祀海龙王的主体。祭祀海龙王活动以出海的渔民为主，都是个体的渔民，每年的谷雨节渔民都会去参加祭拜龙王的活动。[⑥] 鱼行也不会组织船员祭拜龙王，去祭拜的都是有船的渔民，他们是各干各户的。[⑦] 可见，在院夼村，出海的渔民是参加祭拜的主体。

---

① 山东省荣成市地方史志编纂委员会编：《荣成市志》，第231页。

② 访谈人：朱光涌；访谈对象：王道宜；访谈时间：2018年4月19日；访谈地点：院夼村广场。

③ 山东省荣成市地方史志编纂委员会编：《荣成市志》，第231页。

④ 访谈人：朱光涌；访谈对象：王巍岩；访谈时间：2018年4月20日；访谈地点：院夼村村委办公室。

⑤ 访谈人：朱光涌；访谈对象：王巍岩；访谈时间：2018年4月20日；访谈地点：院夼村村委办公室。

⑥ 访谈人：朱光涌；访谈对象：王文磊；访谈时间：2018年4月19日；访谈地点：院夼村广场。

⑦ 访谈人：朱光涌；访谈对象：王道宜；访谈时间：2018年4月19日；访谈地点：院夼村广场。

三、集体化时期的祭海仪式

院夼村所隶属的文登县在1944年9月全境解放，在紧接进行的土地改革中渔民获得了生产资料。[①] 据村民王文磊说，鱼行是在1944年取消的。[②] 此后在原有合作组织的基础上，村民一步步走上了集体化的道路。

（一）从"通舱组"到高级渔业合作社

获得生产资料后，渔民采取了新的合作形式"通舱组"[③]，即渔民各带数量相同的网具，共用一只船，统一销售捕获物，按劳、资各半分配收入，共同负担网具的损毁。[④] 与之前各用各的网具相比，公共性和平均主义的色彩开始凸显出来。为了保证这种合作形式的稳定性，村里还规定"抽20%的公积金购置渔具为集体所有，其余80%的收入按网分红"[⑤]。1949年，在政府号召下，出现了互助组这一合作形式，参加者的船、网具由大家共同管理使用，共同维修。至1953年，超过60%的渔业劳力加入了这一组织。[⑥]

值得注意的是，以上合作形式在院夼村并未普及，人们仍在沿袭传统的合作方式，即5个人共用一条舢板船，合作出海打鱼，个人用个人的网。据村民王锦堂讲述，渔民一起出海，网和打回来的鱼属于个人，而舢板船则归5个人集体共有。至1956年，有超过85%的渔业劳力加入了初级合作社，是年1月份高级合作社诞生。[⑦] 对这一年院夼村民记忆深刻，院夼村1956年开始实行合作化打鱼，渔民将打的鱼交给集体，由集体统一售卖。[⑧] 1956年加入高级合作社后，渔业生产资料如渔船、渔具等由私有制转化成了集体所有，而且对渔获物实行统购统销。从此，渔民被国家组织起来了，在集体的统一

① 参见山东省文登市地方志编纂委员会编：《文登市志》，中国城市出版社1996年版，第239页。
② 访谈人：朱光涌；访谈对象：王文磊；访谈时间：2018年4月19日；访谈地点：院夼村广场。
③ 山东省文登市地方志编纂委员会编：《文登市志》，第239页。
④ 参见山东省荣成市地方史志编纂委员会编：《荣成市志》，第232页。
⑤ 山东省文登市地方志编纂委员会编：《文登市志》，第239页。
⑥ 参见山东省荣成市地方史志编纂委员会编：《荣成市志》，第232页。
⑦ 参见山东省荣成市地方史志编纂委员会编：《荣成市志》，第232页。
⑧ 访谈人：王刚；访谈对象：王义店，1937年生，老渔民；访谈时间：2018年4月19日；访谈地点：院夼村中心街。

安排下开展生产活动。

(二)集体化时期的渔民海上劳作

高级渔业合作社以生产队为基本生产单位。合作化初期院夼村渔业生产大队被划分为5个小队,每个小队有船6~8条。这时村民主要使用定置网进行近海作业。① 村民王锦堂指出,当时全村分为5个生产队,每个队六七个角子(当地的一种船)、六条小舢板、六条跑篷的船,之所以要以"6"为单位,是因为当时打橛需要6条船。② 这样划分实际上是出于定置网作业的需要,出海打挂子(网)的可以各家干各家的,不需要通力合作,而打钩、打橛则需要七八家一起干,五个人干不了,这活需要三四十号人一起干。③ 6条船,以每条船5人计,刚好达到了联合作业的最低人数需求。这一说法也得到了文献资料的印证:"60年代前,挂子网作业采用压筏子(两只船连在一起)木杆打橛,需40多名劳力,'一流'仅打20余橛。"④

需要指出的是,随着机动船只的普及,渔业生产组织形式也相应地发生了变化,这突出表现在所需劳动力的减少方面:"1962年使用60马力机帆船打橛实验成功,劳力减少16名,舢板由7~8只减少到2~3只……这种方法在荣成得到推广。"⑤院夼村机动船只的普及则在1973年。从1973年开始,院夼村成立了3个渔队,国家给配备了3条20马力的渔船,每名队长配1条20马力的船;1975年全部都用上了机动船,村里的30多条船都是12马力到5马力的柴油机驱动的。⑥ 此时船只和打橛都实现了机器化,除去打橛的劳力减少外,摇橹的劳力也不再需要。到1974年,机器驱动的船兴盛起来,整个船需要4个人,而以前摇橹的时期则需要5个人。⑦ 与之相伴,机器动力使渔民作业范围扩大,由近海走向了远洋,机动渔船双拖网兴起,其作业方式为两船拖一顶网。

---

① 参见山东省荣成市地方史志编纂委员会编:《荣成市志》,第249页。

② 访谈人:王刚、武宝丽;访谈对象:王锦堂;访谈时间:2018年4月20日;访谈地点:院夼村广场。

③ 访谈人:朱光涌;访谈对象:王道宜;访谈时间:2018年4月20日;访谈地点:院夼村广场。

④ 山东省荣成市地方史志编纂委员会编:《荣成市志》,第250页。

⑤ 山东省荣成市地方史志编纂委员会编:《荣成市志》,第250页。

⑥ 访谈人:王刚、武宝丽;访谈对象:王锦堂;访谈时间:2018年4月20日;访谈地点:院夼村广场。

⑦ 访谈人:朱光涌;访谈对象:王文磊;访谈时间:2018年4月19日;访谈地点:院夼村广场。

与个体时期的家族、鱼行等社会结构不同,解放后的渔民一步步地走上了合作化生产的道路,不再拥有渔业生产中的自主权:渔船、渔具等皆归集体所有,渔业生产活动也在大队统一安排下生产。此时社会结构最为突出的即为人民公社领导下的生产队制度。另外,在技术影响下,渔民的社会结构也呈现出了新的特点。受此影响,该时期的祭海仪式呈现出以下特点:

第一,社会结构中的权威生产队在祭拜仪式组织活动中的影响不容忽视。合作化时期(1956~1967年),村长负责组织渔民以生产大队的名义去祭拜龙王,有别于合作化以前以一条船的5个人为单位,此时是每个生产队一起出海的,以6~8条船的三四十号人[①]为单位集体去祭拜龙王,同一条舢板船的5个人去祭拜。生产大队成立后,7条舢板船组成一个队,每个队的7户集合去祭拜龙王[②],1956年合并大社后祭海就不再是个人的行为,而是集体的[③]。在两位老人的印象中,该时期祭拜的集体性这一特征十分突出。

第二,在祭拜的资金来源和供品准备方面也不同于以前。在院夼渔民眼中,谷雨节是个大节,每年生产大队都会发放过节的费用给生产小队,大队会发放一部分,若是不够,渔民也可将船上的废品卖掉来换取祭祀所需资金。[④] 也正因如此,就祭品来说也是以小队的名义供奉,除了饽饽需要每家自己准备外,其余祭品如猪头、香、纸等都是小队给准备好。[⑤] 而合作化之前,这些东西都是由船长准备的。两者相比较可以发现,船只由私有变成了公社集体所有,亦是促使这一转变产生的原因。

第三,祭拜仪式由公开转向秘密。"文化大革命"开始后,发起了"破四旧,立四新"活动,院夼村谷雨节的祭拜仪式被视为迷信活动,龙王庙被捣毁。1966年,院夼村的龙王庙被村里的红卫兵小孩拆毁,龙王像也被推到了海里。[⑥] 此后,人们只能偷偷揣着纸,去海边的龙王庙遗址那去祭祀。[⑦] 此

---

① 这其中包括平日在陆地不出海的、每条船都有的保管员,而生产队的妇女则不允许参加祭拜。

② 访谈人:王刚、武宝丽;访谈对象:王义店;访谈时间:2018年4月18日;访谈地点:院夼村广场。

③ 访谈人:朱光涌;访谈对象:王道宜;访谈时间:2018年4月19日;访谈地点:院夼村广场。

④ 访谈人:朱光涌;访谈对象:王道宜;访谈时间:2018年4月20日;访谈地点:院夼村广场。

⑤ 访谈人:王刚、武宝丽;访谈对象:王义店;访谈时间:2018年4月18日;访谈地点:院夼村广场。

⑥ 访谈人:王刚、武宝丽;访谈对象:王锦堂;访谈时间:2018年4月20日;访谈地点:院夼村广场。

⑦ 访谈人:王刚、武宝丽;访谈对象:王锦堂;访谈时间:2018年4月20日;访谈地点:院夼村广场。

外,人们也会在船上祭拜,早上出海前拿着香、纸、饽饽,在船上磕两个头。[①]

第四,以对船为单位的新祭拜形式出现。“62年到家后,我们村修了60马力火头对船,我开始下船。”[②]相应的,这种从事拖网作业的船只,以两条船而非之前的7条为单位,供奉祭品。祭品除饽饽外,也是由队里出钱购买。需要注意的是,若这种从事远海拖网作业的对船在谷雨节期间不能返回,则可由生产大队代为祭拜。[③]

四、改革开放以来的祭海仪式

1978年以后,中国的社会结构发生了新的变化,经济体制也一步步由计划经济走向了市场经济。院夼村抓住这一历史机遇,通过购置大马力渔船、组建渔业公司、转变经营方向、鼓励民营与个体经济发展等方式获得新生,而这一过程对该村祭海仪式的变迁也产生了重大影响。

(一)集体生产的延续与改制

改革开放初期,院夼村拥有30多条挂网渔船和7对木壳拖网渔船,并在此基础上继续购置大马力渔船。[④] 机船拖网作业成为渔业生产的主流,之前的非机动渔船渐转入养殖行业。进入20世纪80年代,生产队解体,生产大队改为村委会,院夼村将原渔业生产大队改组为“荣成市院夼村渔业公司”,并组建了一支拥有50多条大马力渔船的捕捞船队。[⑤] 但生产形式仍然延续之前集体作业的方式,因当时荣成市政府要求发展集体经济、搞规模经营,尚不允许船只私有。

20世纪90年代,院夼村委班子对公司的产业结构进行了调整,先是成立了船舶修造厂、制绳厂、制冰厂等公司,接着又发展港行产业。目前院夼村办企业已成长为一个以海珍品养殖、国际海运、船舶修造、生物科技四大

① 谈谈人:王刚、武宝丽;访谈对象:王锦堂;访谈时间:2018年4月20日;访谈地点:院夼村广场。

② 下船,指开船下海。访谈人:王刚、武宝丽;访谈对象:王锦堂;访谈时间:2018年4月20日;访谈地点:院夼村广场。

③ 访谈人:王刚、武宝丽;访谈对象:王义店;访谈时间:2018年4月18日;访谈地点:院夼村广场。

④ 参见王萍:《渔村社区合作经济组织的变迁研究》,中国海洋大学博士学位论文,2013年。

⑤ 参见王萍:《渔村社区合作经济组织的变迁研究》,中国海洋大学博士学位论文,2013年。

支柱产业为主的集团化有限公司,主要龙头企业为国际货运公司和水产食品有限公司。[①] 从该企业的发展历程可以看出,村委会对其发展经营具有决定性作用,由此也造成了村企合一的现象。对于该村是否已实现村企分离,学者看法不一,如王萍认为该村是一个"由村全合一逐渐向村企分离过度的渔村(或集团公司)"[②]。

在上述过程中,集体制企业逐渐退出了海上捕捞,原先集体所有的捕捞船只被卖给了本村渔民,"到了 2002 年我们把船卖给个人,全部实行海上渔船私有化了"[③]。至此,海上捕捞的主体由先前的村集体变为了村民个体。院夼村又出现了捕捞渔船的私有化。与之相伴的是,从事海上捕捞的民营和个体企业在院夼村逐渐发展起来了。

(二)劳动力构成的变化

实行捕捞船只私有化以来,院夼村的社会结构又出现了新的变化,尤其是在贫富差距和外来人口的进入方面。一方面本村的富有者购买了船只从事海上捕捞,获益丰厚,以致村内千万富翁甚为常见,而无钱者则收入一般。另一方面是外来从业人员日益增多,目前本地与外来人口的比例已基本达到了 1∶1,而他们所做的工作基本上是本村人所不愿意做的累活。

自改革开放以来,院夼村的海上渔业劳作模式慢慢地由集体统一组织又转向了个体自主生产,富有的渔民重新取得了对船只的所有权,成为院夼村海上渔业生产的主体。而此时他们不再充当船长的角色,而是雇用外地人出海作业。这些变化使得该时期的祭海仪式呈现出了新的特点。

第一,祭海仪式再次走向公开。从事海上作业的渔民对龙王的信仰非常虔诚:"龙王不信不行,只要打鱼你就要信。"[④]"文化大革命"刚结束,村民希望重建龙王庙,有村民私下砌了龙王像,供谷雨节烧纸祭拜,后来院夼村船队长王道仁提出找村长重修庙宇[⑤],但是鉴于当时社会形势,村长并没有

---

① 参见王萍:《渔村社区合作经济组织的变迁研究》,中国海洋大学博士学位论文,2013 年。

② 王萍:《渔村社区合作经济组织的变迁研究》,中国海洋大学博士学位论文,2013 年。

③ 访谈人:朱光涌;访谈对象:王巍岩;访谈时间:2018 年 4 月 20 日;访谈地点:院夼村村委办公室。

④ 访谈人:王刚、武宝丽;访谈对象:王锦堂;访谈时间:2018 年 4 月 20 日;访谈地点:院夼村广场。

⑤ 访谈人:王刚、武宝丽;访谈对象:王锦堂;访谈时间:2018 年 4 月 20 日;访谈地点:院夼村广场。

答应，直到1989年才由村里集体出资重建起龙王庙。[①]

新庙落成后，谷雨节时人们仍延续1966年以前以生产小队的形式去祭拜龙王。[②] 而当生产队解体、院夼村集体企业成立和实行船只私有化以来，谷雨节参加祭拜仪式者既有个体也有集体。值得注意的是，除了以船为单位的祭祀之外，村中的企业无论是集体的，还是个体与民营的，都会以企业（集团公司则以其所属的工厂）为单位参加祭祀。龙王庙建成后，各单位都来上供祭拜，以前是渔民过谷雨节，现在陆地许多行业也过。[③] 需要指出的是，由于村集体企业具有村企合一的特点，因而企业中村委会的成员也会参加祭拜。

第二，祭拜仪式的扩充。这一变化主要是由龙王庙神灵体系的扩充引起的。自2003年以来，院夼村在原有庙宇基础上再次对龙王庙进行扩建，增设海神殿、财神殿等，至2009年扩建完成。自此，每到谷雨节渔民都会前来庙内依次祭拜龙王、海神娘娘、财神诸神灵。与之前比较，祭拜体系明显扩大，参加活动的群体也更加广泛。

五、结　语

院夼村独特的生态环境造就了其特有的海上劳作模式。1949年后，该村基本以渔业为主，其村落"标志性文化"——谷雨节，即建基于此。在社会结构变迁的影响下，不同时期谷雨节祭海仪式也呈现出了不同的特点，然而长期海上劳作模式中所形成的"以船为单位"的祭拜形式却始终存在，它体现了谷雨节民俗活动不变的一面。

学者王崧兴在20世纪60年代中期研究台湾地区宜兰县龟山岛汉人渔村社会时，已经注意到作为生产单位的"船队"[④]对当地经济、社会、宗教生活等的影响。这实际上也是在强调海上劳作模式对当地社会的影响。在此基

① 访谈人：朱光涌；访谈对象：王巍岩；访谈时间：2018年4月20日；访谈地点：院夼村村委办公室。

② 访谈人：王刚、武宝丽；访谈对象：王义店；访谈时间：2018年4月18日；访谈地点：院夼村广场。

③ 访谈人：朱光涌；访谈对象：王道宜；访谈时间：2018年4月20日；访谈地点：院夼村广场。

④ 这里的船队主要是指一条船上共同出海的人所形成的组织，等同于海上劳作模式中的"以船为单位"。

础上，他还提到了文化的对极性问题，“即表现于渔业技术之个人主义取向和表现于宗教生活之社区精神取向之间的矛盾与统合”[①]。不过，这一结论并不符合当时院夼村的情况。院夼村虽然也有渔业技术的革新，如上文所提到的机械动力船只开始普及，但是由于所处集体化时期，渔业技术之个人主义取向并未表现出来。

这一海上劳作模式在当前社会转型期所发挥的作用也是有目共睹的。范正义在分析改革开放以来泉州社会转型对民间信仰的影响时认为，当前民间信仰呈现出“从传统时代民众的公共性事务，向当代信徒的私人性事务过渡的趋势”[②]。院夼村的情况则与此不同。院夼村谷雨节，一方面是一种宗教文化意义上的活动，但更多的是基于海上劳作模式而生成的节日传统，即龙王庙是村民谷雨节期间祭拜龙王的承载场所。尽管当前的院夼村也在经历城镇化进程，尤其表现在村落人口生计方式变迁和外来人口的大量流入方面，但是基于共同的海上劳作模式的记忆使得这一信仰并未衰落，其依然是院夼村民共同的信仰。

① 王崧兴：《龟山岛——汉人渔村社会之研究》，(台北)“中央研究院”民族学研究所专刊之十三，1967年，第152页。

② 范正义：《社会转型与民间信仰变迁——泉州个案研究》，《世界宗教研究》2010年第1期。

从谷雨节到开洋节:技术变革与渔业社区变迁

——以胶东荣成院夼村为个案

沈婉婷*

摘　要

技术变革推进了生产力的发展,改变了人们的生产生活,推动了渔业社区的变迁。技术变革使院夼人从传统步入现代,从近海驶向远洋,体现院夼人生活与信仰的节日,也从谷雨节变身成为“渔民开洋、谢洋节”,这种变迁不是对立,而是发展。

关键词

变革　渔业　社区

科学技术是重要的生产力,是推动社会进步与变革的重要力量。科学技术使人类认识并改造自然并在此过程中推动社会经济发展。马克思把科学视为一种“最高意义上的革命力量”,并指出:“社会的劳动生产力,首先是科学的力量。”①“科学技术作为一种社会现象属于‘一般社会生产力’的范畴。在自然科学理论未进入生产过程之前,它是一种‘生产的精神潜力’或

---

* 作者简介:沈婉婷,山东大学儒学高等研究院民俗学专业博士研究生(山东济南 250100)。

① 马克思:《资本论》第1卷,人民出版社2004年版,第424页。

‘知识形态的生产力’”[①],这种“精神潜力”及其“知识形态”是一种精神的东西,并非是马克思所认为的可以推动社会历史进步的“社会物质生产力”,而将这种对自然的科学认识应用到生产实践中,把自然的知识通过技术就可以转化为直接物质生产力。[②] 技术进步促进生产力的发展,从而影响和推动着生产方式、生活方式、思维方式、风俗习惯,乃至整个社会的变革。

关于技术与人类、与社会的关系,除从哲学层面加以探讨外,人类学与社会学领域均有相应的分支学科对其进行探讨。在民俗学界,研究这一课题较为有代表性的是德国民俗学者赫尔曼·鲍辛格,他曾对社会变迁与科技的关系提出自己的看法,他认为导致现代社会之民俗变质的根本性原因,乃是科学技术的渗透。[③] 鲍辛格作为一个民俗学者,关心技术与民众生活的关系以及技术对民众的影响,但和很多研究者不同,他并不认为技术和民众生活是截然对立的。相反,他在他的《技术世界中的民间文化》一书中尝试全面消解“民间世界与技术世界之间有无法逾越的对立”的观点,通过研究发现这一观点背后的内容,以期“更加接近真实的民间世界与技术世界的关系系统”[④]。鲍辛格书中所使用的案例多取自德国,那么他的这种理论构想是否适用于其他地区呢?

中国对科学技术与社会民俗关系的研究较少,且主要集中在农村、农业等层面,如詹娜《断裂与延续:现代化背景下的地方性知识——以辽东沙河沟农耕生产技术变迁为个案》、苏泽龙《乡村视野中的农业技术与社会变迁》等,对渔业社会变迁与技术发展的关照较少,相关的研究较为欠缺。本文将以山东荣成院夼村作为个案,从时间、空间和社会等层面具体分析一个渔业社区在技术变革下的变迁。

---

① 胡光、韩明友、曹喧、高杰:《自然辩证法教程》,吉林人民出版社 2005 年版,第 160 页。

② 参见胡光、韩明友、曹喧、高杰:《自然辩证法教程》,第 160 页。

③ 转引自周星:《民俗学的历史、理论与方法》(上),商务印书馆 2006 年版,第 405 页。

④ [德]赫尔曼·鲍辛格:《技术世界中的民间文化》,户晓辉译,广西师范大学出版社 2014 年版,第 27 页。

一、村落概况介绍

院夼村属山东省威海市荣成市人和镇，是山东半岛东端的一个小渔村。它坐落于铁槎山下，面朝黄海，三面环山，一面向海，山海围绕村庄，如同天然围院，其名中"夼"字为山东方言，用来描述山间洼地，院夼因地得名，十分相宜。院夼村依山望海，海洋性气候明显，冬暖夏凉，四季分明，气候宜人。该村占地总面积5.5平方公里，其中村庄居住面积1平方公里。[①] 院夼村可耕种的土地极少，院夼村民世代以捕捞为生。

院夼村历史悠久，据当地《王氏家谱》记载，院夼村建于明朝天启五年(1625)，因王氏先祖买到一处山岚，临近院夼寺，故取名"院夼村"。院夼的村落历史离不开当地王氏的家史。徙居院夼的王氏先祖，其来历在当地有三种说法：一说"自古传闻先祖居赶毡村……自赶毡徙居延寿宫"，先祖兄弟继庄、继业、继海三人自赶毡村迁往铁槎山延寿宫居住，而后继海一支买地徙居院夼村。一说元朝大德年间，王氏先祖驾木帆船在浙江台州沿海捕鱼，遇狂风大浪，漂流至铁槎山延寿宫，因此处环境远胜家乡，故定居下来，后迁往院夼村。[②] 此二说来自院夼《王氏家谱》记载。还有一种说法来自当地村民代代口耳相传，他们认为其先祖从云南(或"小云南")迁居至此。村中还有一大姓家族，即钱氏，据《钱氏家谱》及村民口述，钱氏与王氏为姻亲关系，后迁居院夼。王、钱二姓在院夼繁衍生息，至今兴旺。

院夼村现有1409户，3502人，其中男性1690人，女性1812人；55岁以上1023人，其中男性457人，女性566人。王姓人口占院夼村本村人口的90%。村中外地户籍人口约有2000人，主要是来院夼村从事海洋捕捞和养殖加工等工作的务工者。[③]

在经济方面，院夼村的支柱产业主要是捕捞业和养殖业。院夼村民营企业总资产达4亿多元，主要从事海上捕捞、国际国内货运、特种养殖、水产品养殖和鱼粉加工等行业。

---

① 参见院夼村村委会：《院夼村基本情况》，2016年。

② 参见院夼村《王氏家谱》。

③ 参见院夼村村委会：《院夼村基本情况》，2016年。

院夼村由来已久的渔民谷雨节祭海活动,2008 年以“渔民开洋、谢洋节”为名成功申报为我国第二批国家级非物质文化遗产。

二、传统渔业社会的生产生活

传说院夼村的王氏先祖,兄弟几人本乘坐一艘木帆船出海捕鱼,被狂风巨浪席卷,由浙江台州漂流十几日,九死一生,漂流至槎山脚下才获救上岸,定居延寿宫,后一人买地院夼,阖家徙居。祖先之事年代久远,口耳相传,真实与否并未可知,但这个传说反映了在渔家人心中,自然的狂暴和人类的渺小这一根深蒂固的认知,对待自然和海洋的态度从来都是观察顺应,小心谨慎。

作为一个历史较为悠久且地理环境相对隔绝的村落,院夼村长久以来保持着一种传统的渔业社区的生产、生活方式。在 20 世纪 70 年代以前的漫长岁月,院夼村人都是驾着摇橹船到近海捕捞,过着一种“靠海吃海”的生活。他们对自然充满了敬畏。

(一)摇橹船时代的生产生活

1. 捕捞

长久以来,由于生产力水平的低下,院夼村人都是“靠海吃海”,从事一种粗放的捕捞生产。也许从王氏定居院夼,一直到 20 世纪 60 年代,院夼的渔民都是用和其先祖同样的方式捕鱼。不同于现代捕捞业的“主动出击”,传统的捕捞方式都是“守株待兔”。渔民们通过长期的观察,掌握了潮汐涨落的规律,在风平浪静的日子,几个人搭乘小木船,当地称为“舢板”或“摇橹船”,“每只小船有三只橹”①,船上几人轮流摇橹到达近海海域中,选定一处,做捕鱼的准备工作。首先要打桩,打桩是为了挂网兜鱼,“摇橹船上的每位渔民都拥有属于自己的一网鱼,船上有几位船员每船就必须打回几网鱼,而每一网鱼都需要 5 个海桩子”,“每艘船在无潮的日子里最多能保证打好

① 于晓雨:《山东荣成院夼村龙王信仰与祭海仪式研究——以民间信仰发生、功能论为视角》,山东大学硕士学位论文,2016 年。

25 根海桩。这样,就限定了每艘船上海员的数量——5 人"[①]。5 人也有分工,"有一个船长,有一个大副,还有一个提橹的,还有一个使棍的,还有一个打仓的","大副就是副船长,提橹的就是负责到海里捕捞的,打仓的就都是干杂活的"[②],打桩的时候要 5 个人互相配合。打好桩之后,渔民们就要根据以往掌握的潮汐经验,预估来潮方位和时间,并在相应的方向挂好渔网。等到涨潮之时,潮水裹挟鱼虾流向渔网,水泄鱼进,渔民再顺着潮水方向将满网的鱼拖回。

在院夼,并不是一年到头都可以打鱼,尤其是在摇橹船的时代。这主要是因时制宜:在冬季,因为近海海水温度较低,鱼群都游往深海过冬,只在近海捕捞的渔民是捞不到鱼的。而到了谷雨之后,就可以打鱼了,当地有"谷雨百鱼上岸""鱼鸟不失信"等谚语,这也是渔民基于对节气和物候的长期观察凝练出的智慧:

> 到了谷雨这个季节春暖花开,这个鱼就逐渐地回游到岸边来,原因之一是水温升高了。那么第二个原因是什么?谷雨谷雨,雨水不断地增多,陆地上的河流就会流入整个入海口,所有的入海口包括渤海湾,包括祖国的大量河流入海的地方,都是淡水和海水交汇的地方,淡水和海水交汇的地方,也就是鱼要产卵的地方,也就是说鱼要在淡水、海水交汇那地方产卵。[③]

在院夼,出海打鱼的都是男性,原因一方面是女性体力有限,难以承担摇橹、打海桩等繁重的体力劳动,另一方面由于当地风俗认为女性上船不吉利,禁止女性上船,因而在渔业方面女性承担的生产职责主要是在海滩捡拾海产品和修补渔网等生产工具。在捕获海产品后,除去一部分留给自家食用,剩余的部分,渔民一般拿去附近的集市出售,所得用来购置粮食、蔬菜、日用品等等,或者直接以物易物。

从古至今,船作为渔民的主要生产工具,在渔民的生产生活中具有重要的作用和地位,这在院夼也是一样。在 20 世纪 70 年代出现柴油作为动力的

① 于晓雨:《山东荣成院夼村龙王信仰与祭海仪式研究——以民间信仰发生、功能论为视角》,山东大学硕士学位论文,2016 年。

② 访谈人:朱光煜;访谈对象:王WY;访谈时间:2018 年 4 月 18 日;访谈地点:院夼村村委会。

③ 访谈人:朱光煜;访谈对象:王WY;访谈时间:2018 年 4 月 18 日;访谈地点:院夼村村委会。

机帆船前，院夼渔民都是使用摇橹的木船作为出海捕鱼的工具，有时几家人共用一条摇橹船。据一位老渔民讲："自家买木头，找木匠给做，有专门造船的。造一艘船需20天到一个月。"[①]在院夼村中，除了普通渔民，还有专门为渔民造船的木匠、铁匠群体，村中家家户户都离不开这些匠人。据院夼渔港陈列的已经淘汰的20世纪五六十年代的摇橹木船和村民的口述来看，摇橹船一般船长7米，宽3米左右，由木板钉成，一船一般乘坐5人。[②] 中国造船史方面的研究认为，木板船最晚也应出现于殷商时代。[③] 与山东省出土的长21.9米、排水量31.96吨的明代"梁山船"相比，这艘20世纪中叶的木板船显得"古朴"许多，可以推测院夼人使用的木船自古沿用，没有太多变化和革新。造船工匠的手艺也只是代代相传，传到木船没落的时代，手艺人转业了，手艺也没落了，失传了。

2. 种地

院夼村依山向海，陆域环境相对封闭，村中耕地极少，但这样一个渔村依然不能脱离农业社会的大环境。院夼村民深受农耕意识的浸染，对土地具有实际的需求。一方面，相对于收入不稳定且具有一定风险的捕捞业，村民心中对安全稳定的农耕生活一直充满向往；另一方面，村民虽有渔获但不能只吃海产品果腹，粮食与蔬菜的缺乏使得村民不能达到真正的自力更生：

> 王××：有买地的，老辈去买地，都是有钱的，经济条件好点的。
>
> 沈婉婷：可是咱们村都是打鱼的，有钱了为什么不换大船，为什么要买地，船大了不是打的鱼更多？
>
> 王××：打鱼是打鱼，打鱼的人也得买地，因为有钱的买点地，自个产自个儿吃，粮食就不花钱买了。[④]

院夼的渔民从未停止对土地的渴求，他们也从未停止农耕的实践。具体来说，之前的很长时间内，一些院夼村民在捕捞方面所获资金，除去日常开销和对渔业生产的进一步投入（如请工匠打造一条属于自家的渔船），如

① 访谈人：朱光涌；访谈对象：王DX；访谈时间：2018年4月19日；访谈地点：院夼村广场。

② 访谈人：李常清、石玉洁、朱光煜；访谈对象：王WY；访谈时间：2018年4月18日；访谈地点：院夼村村委会。

③ 参见席龙飞：《中国造船史》，湖北教育出版社2000年版，第27页。

④ 访谈人：沈婉婷；访谈对象：王××；访谈时间：2018年4月20日；访谈地点：院夼村北路边。

果还有富余,便会积累起来,到铁槎山北的农村购置土地。打鱼卖钱,存钱买地,如此循环:

王××:在单干的时候,我们在人和镇都有地,都在山北。

沈婉婷:山北有地?

王××:都十五六里地,去地,一天去一趟去两趟,起早待晚,挑菜,刚去打捞还不好,那个鞋底都磨得提溜滑的。

蒙锦贤:大爷,您以前种过地吗?

王××:种过。

沈婉婷:种过多少地?

王××:山外的一亩、二亩、三亩……七亩,过去家里七亩地,都在山外。

沈婉婷:山外啊,那地是您爸爸的吗?

王××:自己买的。

蒙锦贤:多少钱买的?

王××:没钱,上哪儿去弄钱。

沈婉婷:嗯,就是花多少钱买的地?

王××:30 块钱。

沈婉婷:30 块买了 7 亩地?

王××:不是,是每亩 30 块钱。

沈婉婷:那就是打了鱼,卖了钱就去买地?

王××:嗯,打了鱼赚钱能去买地,没有钱你去买谁的地?

沈婉婷:对,那 7 亩地您家能种过来吗?

王××:能种,一天两个人三亩地,有个小驴,你家喂个小驴,我家喂个小驴,俺两家帮着干。①

据村民口述,一些人家购买土地之初,因为不会耕种,便雇佣山北农民帮忙。时间久了,院夼村民也能掌握耕种所需的简单技术,还会饲养毛驴,互助

① 访谈人:沈婉婷、蒙锦贤;被访对象:王××;访谈时间:2018 年 4 月 20 日;访谈地点:院夼村老理发店。

耕地,用“爬虾、螃蟹、安康鱼晒成喂地的新粪”[1]增加土地肥力。不过如上文村民口述,种地要翻山越岭,路途遥远不便,十分辛劳,付出成本较高而产出较少,每亩地只产百十斤麦子。[2] 当然,也并不是所有家户都会买地种地。

(二)节日祭祀

对院夼人来说,抛却日复一日的辛勤劳作,一年中最重要的节点不是过年,而是谷雨。谷雨对院夼人来说不是农事节气,而是代表“百鱼上岸”的重要物候和开海出海的时间点。这个时间是渔民要踏出家门面对大海的时刻,面对复杂而不可预知的自然,一场风暴可能就会夺去一船人的性命,但同样也是这神秘莫测的海洋,养育了一代代的院夼人。因而,人们一方面充满敬畏,一方面又祈愿丰收,又对自然以往的馈赠心怀感恩,在这种种复杂的情感面前,大自然具象成为人们可以祭拜的神灵——海龙王。

渔民祭拜龙王,从春节就开始了。大年三十夜里子时,也就是夜间22点到凌晨1点,院夼渔民会去龙王庙观海,给龙王上香。观海意为观察海面哪一处地方适合新一年下网,渔民认为此时海面平静无波,如镜面一样反光的区域就是下网会丰收渔获的地方。到了正月十三这一天,渔民还要去祭龙王,这一天去称为“捎汛”,渔民也会祈愿丰收,因为这一天是农历的第一个海洋涨潮的日子,而潮汐对渔民捕捞有重要意义。到了正月十五,村民也有祭海祭龙王的习俗,每家每户都用豆面捏成生肖属相形态的面灯,用棉花捻成灯芯,倒上油,点亮,放在家门口,当地称为“上灯”。[3]

到谷雨节,祭海的仪式最为隆重。因家家户户都出海打鱼,所以都会带上祭品去龙王庙祭祀海龙王。谷雨前要准备好祭品,祭品包括大饽饽、整猪或猪头。在以前条件相对困难的时期,便会由一条木船上打鱼的几家共同准备祭品。如果负担不起整猪,便买一个猪头。如果猪头也负担不起,也得拿出平时舍不得吃的白面做大饽饽敬献龙王。虽然祭品有差异,但心中对

---

① 访谈人:李松、毕传龙、朱光涌、武宝丽;访谈对象:刘大爷,刘大哥;访谈时间:2018年4月19日;访谈地点:院夼村村胡同。

② 访谈人:沈婉婷、蒙锦贤;访谈对象:王××;访谈时间:2018年4月20日;访谈地点:院夼村老理发店。

③ 访谈人:朱光煜;访谈对象:王WY;访谈时间:2018年4月18日;访谈地点:院夼村村委会。

龙王的崇敬是一样的。谷雨当天,渔民们买上香纸鞭炮,带上祭品前往龙王庙。祭拜时,燃放鞭炮,摆上贡品,烧香烧纸,跪拜磕头,心中祈祷龙王今年出海平安、渔获丰收。祭拜龙王后,将贡品带回,一船人欢聚一堂,享用庆祝。谷雨之后,便可出海捕鱼了。

到20世纪70年代以前,院夼村村民的活动范围主要是近海与陆地区域,以传统捕捞渔业为主,一些家户辅以种植业的生产方式来维持生计,也保持着一种在长时段内较为稳定不变的生活方式。在生产生活中,人们无力对自然进行过多干预和改造,主要是顺应自然的规律进行生产,利用潮汐涨落的水力来获取海产品,根据海洋规律人力摇橹行船,按照四时节气人力耕种土地。人们在自然面前感到无助,对代表着海洋的神灵海龙王充满崇拜与敬畏,希望通过祭拜龙王获得自然的保护与馈赠。总体来说,在这个阶段,科学技术较少应用于院夼村民的劳动生产与日常生活中,主要依靠渔民长期积累、世代相传的经验指导生产生活,所借助的是较为初级的自然力和人力。

三、技术变革与渔业社会变迁

20世纪50年代起,由于热效率高和经济可靠等优点,在世界范围内,柴油机作为船舶动力逐渐取代了蒸汽动力。[①] 而在院夼村,70年代初出现的小柴油机船[②]直接取代了村民们世代使用的摇橹船和木帆船。柴油机动力替代了风力,节省了人力,大大提高了生产效率,人们面对自然不再手足无措。随着机船马力的不断提升,院夼人去的地方更远,捕的鱼更多,抵御危险的能力加强了,生活水平也在不断提高。

(一)柴油机船时代的生产生活

中华人民共和国成立后的很长一段时间,院夼人仍保持着之前的生产生活状态。20世纪50年代进入集体化经济后,村中分为渔队和农队,渔队

① 王常涛、党杰:《船舶概论与识图》,国防工业出版社2015年版,第2页。

② 于晓雨:《山东荣成院夼村龙王信仰与祭海仪式研究——以民间信仰发生、功能论为视角》,山东大学硕士学位论文,2016年。

中主要是青壮劳力，负责下海打鱼。农队中则主要是妇女与老弱以及一些晕船厉害无法下海的人，农队负责种植村中开辟的少量田地。作为生产主力的渔队，他们依然牢记着先辈传下的经验与智慧，辛苦摇橹，打桩挂网，看太阳和星星辨别方向，靠潮汐的力量捕鱼。

20 世纪 60 年代，院夼村附近的水产厂招工，一些院夼青年去了，见到了"柴油机动力的，坐 9 个或者 10 个人的木制的船"①。70 年代后，柴油机船逐渐普遍了，院夼村集体在国家政策的支持下，向国家贷款购买了柴油机船。② 据村民回忆，那会儿的小柴油机船功率在 40～50 马力。1985 年，院夼村集体成立了"荣成市院夼渔业公司"，贷款购买了"五六对 200 来马力的柴油机船"，当时 200 马力的船"最远可以到达济州岛"。③ 此时院夼村还实行的是集体制经济，捕捞所得归集体所有。院夼村村企合一，院夼村民也是渔业公司的员工，但并不领取工资，而是根据职务的不同，挣取工分，年底结算工钱。

在最鼎盛的时期，院夼渔业集团拥有 25 对渔船，12 条保鲜船，还有60 条货轮，两条油轮，较大的船在 250～400 马力，都是钢制的。渔船可以去到海南、马来西亚、阿根廷等地进行远洋捕捞，主要是拖网作业捕鱼。保鲜船则主要是运送打捞上来的海鲜，主要运往日本。④ 作为先进生产工具的渔船使得生产力有飞跃性的提高。

院夼村的集体经济持续了较长的时间。1999 年"荣成市院夼渔业公司"改制，成立山东院夼实业集团有限公司，实行股份制，这也意味着院夼的集体经济在世纪之交解体了。院夼村村委会在 2000 年前后，将村集体所有的渔船拍卖出去。一些获得信息并具有远见的村民贷款筹集资金，或者几人合资，买下大、小渔船。这批掌握了当时最先进的生产工具的人，成为院夼在集体经济解体后第一批富起来的人。当时国家有相应的渔业燃油补贴政

---

① 访谈人：沈婉婷、秦海虹、蒙锦贤；访谈对象：何××；访谈时间：2018 年 4 月 19 日；访谈地点：何家。

② 访谈人：井长海、宋亚；被访对象：杨××；访谈时间：2018 年 4 月 19 日；访谈地点：院夼村广场。

③ 访谈人：李松、张士闪、毕传龙、李常清；访谈对象：王XQ；访谈时间：2018 年 4 月 19 日上午；访谈地点：院夼村南北中心街道旁。

④ 访谈人：李松、张士闪、毕传龙、李常清；访谈对象：王XQ；访谈时间：2018 年 4 月 19 日上午；访谈地点：院夼村南北中心街道旁。

策，“补贴对象为证件齐全的机动捕捞渔船的船舶所有人或渔业企业。补贴按照机动渔船的总功率、作业类型和作业时间确定渔船年补助用油量，再根据年度国家成品油价格调整的差额核定发放补贴的资金”①。简单来说就是，船越大补贴金越多，这为渔民减轻了很大的经济负担。船主积累到一定资金后，小船换大船，大船换更先进的船，一些没船的人赚到钱也要买船，生活则越来越富裕：

大队倒闭以后，就把这个小船拿去卖，当时就是谁大胆谁就买它一个。那时候就是亲戚家凑凑，凑出来以后就被一个老板留着了。那时候他都没考虑国家的补贴那么多，靠着国家的补贴几十万，再把船一卖，他这个船十来年就是没落价，然后自己再又挣一些钱，再把船卖了换大船，大船现在卖了就是从200个马力换到500个马力，再换到700个马力，再到现在都有900个马力了，900个马力了国家都给好多贷款，而且利息很低。②

可以看到，从20世纪70年代开始，到2000年后的个体经营，渔村的集体和个人，为了扩大生产，他们到更远的海域打更多的鱼，从而赚更多的钱，都在不断追求渔船的更新换代，即拥有更大动力的渔船。院夼渔船的动力从最初的40马力，升级到240、350、450、620马力，发展到960马力的大渔船也并不稀奇，现在最先进的渔船动力可以达到1200、1500马力。截至2016年的统计数据，院夼村“100～960马力渔船130多对(260多条)，其中荣成籍渔船73对(146条)，其他均为外地船籍渔船(浙江、河北、辽宁、寿光等)；100马力以下渔船100多条”③。

大型渔船在院夼渔船总量中所占比例并不是很高，因为毕竟有雄厚资金可以购置大船的人也是少数，“二三百马力以上的能有100来对”④，数量是大型渔船的三倍，拥有二三百马力渔船的船主人数较多。相较而言，

① 朱丽娜、黄硕琳：《渔业燃油补贴对渔业资源的影响分析及政策建议》，《上海海洋大学学报》2004年第4期。

② 访谈人：李松、张士闪、毕传龙、李常青；访谈对象：朱××；访谈时间：2018年4月19日上午；访谈地点：院夼村××蔬菜水果商店。

③ 院夼村村委会编：《院夼村基本情况》，2016年。

④ 访谈人：李常清、石玉洁、朱光煜；访谈对象：王××；访谈时间：2018年4月19日下午；访谈地点：院夼村中心南北街道一文具杂货店内。

960 马力以上的大型渔船一般进行远洋捕捞，一次可出海四五个月，并且船上配有冷冻装置，捕捞上来的海鲜可以第一时间冷冻，保持品质，也可以在船上进行深加工，产品更有机会打入高端的海鲜市场，获得更多收入。200～300马力的渔船则在相对的近海区域打鱼，近海并非近岸，因为近岸区域已经无鱼可打，一般都得驾船向海中行驶 20～60 海里才可以打鱼作业，渔获一般不经冷藏，直接运回港口销售，渔获量和收益远低于远洋捕捞的大船。

除了船的大、小与动力的增强，与航海相关的科技发展也使得渔船驶入大海不再是漂泊无依的孤舟。天气预报的准确，使渔船可以尽量避开风暴；导航定位系统的开发，使船员能明辨返航归家的方向；卫星电话的普及，使渔船遭遇危险时可以及时求救。现代科技使出海的渔民可以规避一定风险，安全更有保障。

除了捕捞业，院夼村还发展养殖业、加工业等多种产业。院夼村的海带养殖业从 20 世纪 50 年代集体化时期就开始发展，现在都是个体经营。村中还有海珍品养殖场，冷藏制冰厂、渔船修理厂以及与中国海洋大学合作的生物制品公司。

院夼人总体的生活水平都有所提高，那些当年把握机遇买船发展远洋运输的家庭，更是富足。院夼村将集体化时代的果园、菜园的地盖了楼房，村中 1409 户中有 480 多户买了楼房住进去①，将他们原本住的平房租给外地务工者。村中心街店铺林立，还有供应米、面、粮、油与蔬菜、水果的商店、超市，人们再也不用等到赶集的时间才能买东西了。但另一方面，与这种现代的生活形成反差的是，村中还有大量的村民住在老平房里，条件允许的话还会在房前屋后开辟菜圃，种植蔬菜供日常食用。这些人家中有很多都没有渔船，子女也不再从事渔业，村中贫富分化较为明显。

（二）节日祭祀

科技的发展使得自然不再神秘莫测，蔚蓝大海也不再浩瀚无边。对院夼的渔民来说，这个时代，仿佛只要有足够大的渔船，世界没有到不了的地

① 参见院夼村村委会：《院夼村基本情况》，2016 年。

方。每段渔猎征程的起点,他们都意气风发,满怀希望。即便如此,科技的变革也并未消解渔民对龙王的崇敬与信仰,院夼谷雨节祭海的习俗依然延续着,并且热闹更甚以往。

院夼的渔民和渔老板是祭祀龙王的主力人群。过去,他们祭拜龙王,获得了富足的生活,现在他们又为龙王奉上祭品,祈望龙王继续护佑他们平安发财。祭拜龙王的仪式没有太多改变,依然是要在谷雨到龙王庙燃放鞭炮、焚烧香纸(近年因防火需要有所控制),在龙王面前献上贡品,跪拜磕头。贡品也还是以大饽饽和猪为主,但现在的大饽饽可能是找专人制作的,以前供不起猪,而现在渔老板可以供好几头。在谷雨祭海节中转变较大的是,以前几乎家家户户出海,所以家家都会带着祭品祭祀龙王,现在村中不再养船或者家中无人从事渔业的家庭很多都只来参拜而不上供。

2008 年,院夼谷雨节为了与中国南方已有的"开洋节"接轨,便以"渔民开洋、谢洋节"为名,成功申报为我国第二批国家级非物质文化遗产,也将院夼纳入到整个中国的开洋习俗体系中。申遗成功使本来偏安一隅的小渔村名声大噪,网络媒体又使其声名远播,为院夼吸引来了各路人群。在谷雨节期间,商贩们发现商机,在龙王庙前摆摊设点,贩卖食物与玩物。周围村镇的居民如同赶集,呼朋唤友前来参观。电视台的记者与摄像师将"渔民开洋、谢洋节"这一非遗的盛况向电视与网络前的观众介绍。学者与学生也前来调查与访问,希望深入了解院夼的民风与民俗。还有爱好旅游的人士来体验这海滨渔村的节日风情。龙王庙里人群摩肩接踵,说明这已不仅是院夼人的谷雨节,而是更多人的"渔民开洋、谢洋节"。

四、结　论

技术变革,使院夼的人们从传统步入现代,从近海开向远洋,院夼人的节日也从谷雨节变身成为"渔民开洋、谢洋节",这种变迁不是对立,而是发展。在摇橹船的时代,院夼的渔民其实是固定在陆地的,他们过着白天打鱼、晚上回家的生活,岸上才是他们的家。陆地象征着安定,海洋意味着风险,因而即便海洋里有他们的生计,但他们有了钱依然要在岸上买地。在这个时代,自然的力量变化莫测,人们所能做的只是顺应,而真正可以依靠的是人自己的经验和力量，所以非常辛劳。到了柴油机船的时代，院夼的渔民不再被局限于陆地和近海，技术的发达，使得他们驶出家门开往远海。大型渔船远洋捕捞，渔人大部分的时间流动在海上，好像船变成了他们家，大海成了归宿。渔船上的机器和设备带来动力、确定方向、保证生计、保护安全，正是机器和技术做到这一切，人们越来越依赖机器的力量。因而渔人赚到钱就要买船，买更大更先进的船，从而保证自身安全、获得更丰厚的收益。

还有一个显著的变化，是从“谷雨节”这个名号的变化上体现出来的。谷雨在以前，不仅代表人们观察自然而发现的一种物候，还是渔业社区顺应自然节律进行生产的节点。现在谷雨“百鱼上岸”的现象已经不复存在，人们也不用等到谷雨再出海打鱼，“谷雨节”的名号似乎有名无实，它被“渔民开洋、谢洋节”这个看不出时间节律，却更现代化、与非物质文化遗产更接轨的名称所取代。“渔民开洋、谢洋节”代表的是整个中国范围内的开洋习俗，这个名称使得院夼谷雨祭海成功申遗，也为院夼发展文化产业和民俗旅游带来了更多商机。

院夼谷雨节无鱼上岸，反映出了技术变革给自然生态带来的负面影响，以前因人力和生产力有限，海洋资源相对丰富且自然发展。现在在技术变革下，生产力大大提高，大量的捕捞使得海洋生物种群锐减，甚至造成不可恢复的伤害，正如院夼人自己所言，“吃的是子孙饭”，这对渔业和生态都有消极影响。

院夼村的变迁反映出技术与民众生活的关系，技术变革推动了生产力，改进了生产方式，从而也改变了民众的生产生活，在一些层面也带来了消极影响。“民间世界”与“技术世界”并非截然对立，民间社会和民众生活在技术世界中发展、进步，并且民众在“技术世界”中依然保持了“民间世界”的信仰和生活方式。

传统节日视野下的碧霞元君信仰重构与变迁
——基于河南台前满庙“泰山行宫”庙会的个案分析

何杰峰*

摘 要

以节日视角为切入点,通过对满庙“泰山行宫”庙会的个案考察分析,发现当代民间碧霞元君信仰在信仰功用、信仰途径、信仰内容、信仰表达等方面通过自身的重构与迎合,保持了自身的生命力。从中可以看到,我国广大地方的民间信仰能够通过自身调试自存并发展下来,对其中的积极因素应予以重视和探究。

关键词

节日　碧霞元君　变迁

* 作者简介:何杰峰,西北政法大学民族宗教研究院讲师(陕西西安 710000)。

一、前　言

泰山碧霞元君信仰作为我国本土宗教信仰的重要内容，近些年来受到国内外学者的多方关注，并取得了诸多研究成果。[①] 这其中有多篇论著关注到了碧霞元君信仰的变迁问题。如刘慧论及了碧霞元君信仰功能从“育化万物，始生乾坤”的最初功能到无所不能神灵功能的演变[②]；彭慕兰通过分析碧霞元君民间传说，探讨了碧霞元君在华北民间形象的变化[③]；王芳从碧霞元君信仰的主观载体、民国知识分子对碧霞元君信仰的关注程度和民国时期的碧霞元君庙会三方面探讨了民国时期碧霞元君信仰的形态特征[④]；孟昭锋、王元林指出了碧霞元君信仰地域的扩展与“岳镇海渎”之祭及朝廷推崇、神职及信奉民众均多、流动官员、士商、移民的传播及道教的推动等因素的关系[⑤]；周郢以清代相关史料文献为依据，描述了泰山碧霞元君祭从民间祭祀到国家祭祀的发展历程，以此论证了“国家与民间社会不仅在文化资源上具有‘温和的互动’，更在‘绝对主义国家’强势作用下，产生激烈的矛盾与冲突，当国家势力进入民间信仰并反客为主后，往往对这一象征资源进行无情的攘取与豪夺，以期取得对信仰的绝对控制”[⑥]的观点等。这些研究或整体阐释，或局部探究，抑或个案探讨，体现了当代学者对碧霞元君信仰变迁的关照和重视，有力地推动了碧霞元君相关研究的深度和广度。但对于新的时代背景下，散布于广大民间供奉有碧霞元君神位的“泰山行宫”庙如何适应时代发展，通过自身多方面转化使碧霞元君信仰在民众中具有新的生命力并持续存在下去，至今却少有人论及。本文试以河南台前县满庙村每年

① 相关成果参见陶道强：《近三十年来碧霞元君信仰文化研究的回顾与思考》，《泰山学院学报》2011 年第 1 期；刘晓：《海外汉学家碧霞元君信仰研究——以英语文献为中心》，《河南教育学院学报（哲学社会科学版）》2008 年第 3 期；邵珠峰的《近五年碧霞元君信仰文化研究综述》，《泰山学院学报》2015 年第 4 期。

② 参见刘慧：《泰山信仰与中国社会》，上海人民出版社 2011 年版，第 105 页。

③ 参见［美］彭慕兰：《上下泰山：中国民间信仰政治中的碧霞元君（约公元 1500 年至 1949 年）》，（台北）《新史学》2009 年第 4 期。

④ 参见王芳：《论民国时期的碧霞元君信仰》，《晋中学院学报》2015 年第 6 期。

⑤ 参见孟昭锋、王元林：《明清时期碧霞元君信仰的地域扩展》，《贵州文史丛刊》2012 年第 3 期。

⑥ 参见周郢：《泰山碧霞元君祭：从民间祭祀到国家祭祀———以清代“四月十八日遣祭”为中心》，《民俗研究》2012 年第 5 期。

三月十一举办的庙会为切入点，结合满庙“泰山行宫”兴修相关的碑刻与满庙“泰山行宫”庙会的访谈，对当代民间环境下碧霞元君信仰的地方性特征作以展示，以更好地理解我国民间信仰的内生性发展逻辑。

二、台前满庙“泰山行宫”与庙会概况

台前县（历史上曾为山东寿张县辖）满庙“泰山行宫”位于河南省台前县西南满庙村内西南边，东距泰山100余公里，属于传统泰山信仰文化圈的核心区域。该“泰山行宫”最早的修建年代现已无法考知，但据行宫前于清道光九年（1829）所树《重修泰山行宫碑记》记载的“顺治年间，黄水飘没，仅遗荒址。至康熙十六年赖九，明王君募化善男信女数年，而恢复其旧”来看，满庙“泰山行宫”至少在清顺治年间就已存在，不过明确行宫内供奉碧霞元君神位则是在清康熙年间，在康熙三十九年（1700）复建“泰山行宫”时所刻的《泰山行宫碑记》中就明确出现了“泰山娘娘居中，左绿光娘娘，右瘫疹娘娘。左职系送生娘娘，右职系子孙娘娘”的记载。同时，该碑还对满庙“泰山行宫”最初衰落的原因，最早建筑、捐资成员，树碑功用和目的等都进行了详细的说明。如下：

> ……寿张城南五里许满家庄，原有泰山行宫庙一座，经黄水湮没，倾圮无存，只余荒址，有善人王九明等触目伤心，概以许新庙宇，整顿规模，遂幕化□迩贵官、长者、士农工商，建立正殿三间。泰山娘娘居中，左绿光娘娘，右瘫疹娘娘。左职系送生娘娘，右职系子孙娘娘，东廊、西廊分系十□，若美轮美，□□□□飞，焕然作新。夫闻考封神衍义，泰山娘娘□妹三位，俱无□大元帅赵真人之女弟子，古于地皇之时，入山苦修，历唐虞夏商，得道日久。值殷周之交，鼎□代升霞仙逝，姜子牙封神，讨为天仙□丹寿，掌人□□□，号火云仙姑，踏镇泰山顶上，习世间生育，至于送之子孙，□灾锡福，及十帝阎君职，掌生死轮回，此皆生福，真人殁，为正神，非世俗□祠可以也。取木石于山，取砖□于陶鸠，工□材肯□肯□粧颜画像，丰采璀璨，庙即成。今日瞻之，而禀然曰神之□思，不可□思。若人而为善，神则降之百祥，若人而为不善，神则降之百殃，隐消斯之匪，僻之念，而□起。斯世向善之诚，是之移风移俗之机。

而神道设教之义，云乐试终究为善之实，不止□香礼佛之谓也。忠君孝亲，长长弟弟，恤□赈灾，排难解□，以至修桥铺路，何一非善哉！学士、大元、父老、子弟□是行也，即为神之所设也。盛手不可□传，垂没又思久远，二刻碑勒铭沿于将来，□文示余为此在。

寿张县正堂　曹　元

寿张县宇修　简成龙

从上可能看出，满庙“泰山行宫”的最初衰落是由于黄河水患所致，最早的建筑是“正殿三间”，捐资的发起者为善人王九明，参与者有官员、长者和社会各个阶层的信众，树碑的目的是为劝人向善，而主持这一活动的则是寿张县正堂。此后，满庙“泰山行宫”分别历经了清道光九年(1829)、光绪二十一年(1895)和20世纪90代三次重修。现在我们看到的满庙“泰山行宫”样式是1996年由当时的庙首郑义春牵头在1991年复建基础上进行补修后的面貌。行宫主要有房舍两栋，坐北朝南，后为主殿，主殿门楣上挂“五岳之尊”，两侧挂门联“诚心秉烛神如在，沐手焚香圣有灵；泰山圣之五岳尊，神灵赫之镇八方”，内仍供碧霞、佩霞、紫霞三尊泰山女神像。行宫的主要宗教活动是每月初一、十五敞开庙门定期接受信众祭拜，行宫的日常管理主要是由一个类似管理委员会的组织负责。

虽然满庙的“泰山行宫”庙会与泰山行宫的兴建是否同时没有定论，但从明清时期泰山碧霞元君信仰的重要表达形式就是定期召开泰山庙会[①]来看，满庙“泰山行宫”庙会作为京杭大运河古道之上众多碧霞元君信仰表达的主要方式，其庙会与行宫兴建同时应该说是具有很大可能性的。而当代满庙“泰山行宫”庙会与“泰山行宫”的复建有着一致性则是无疑的，这方面，可以从1996年满庙“泰山行宫”前最后一次树立的《重修泰山行宫碑记》碑文上清楚看到。该碑的碑文这样写道：“台前县城南满家庙村顺治年间泰山行宫庙因黄泛历代几经重修，相传昔日每逢庙会商贾云集骡马成市，时至今

① 叶涛在其《泰山香社研究》中说道：“明清时期，泰山庙会在原有东岳大帝的基础上，又加入碧霞元君这一后来居上的泰山女神，形成了极其兴盛的壮观场景。庙会的会期也从单一的东岳大帝诞辰，进而发展为碧霞元君、王母娘娘、玉皇大帝等多神灵共主的局面，形成了中国庙会史上独具特色的泰山庙会，其会期自春节至农历的四月份，形成了跨越整个春季的‘万古长春会’。”(叶涛：《泰山香社研究》，上海古籍出版社2011年版，第312页)

日百姓致富思古,仰慕碧霞元君之风采,于是数十村干部群众立意集贸,集资重修古庙,恢复往之壮观,以昭民意。”这就是说,满庙“泰山行宫”庙会是因为满庙村附近群众为了“立意集贸”而重修“泰山行宫”的,而碧霞元君信仰的目的在这次复修“泰山行宫”的最初动因中并不占主导地位。如今的满庙“泰山行宫”庙会是以碧霞元君的生日农历三月十一[①]为中心,前后延续有6天之久。通常在三月十日,负责“泰山行宫”庙门开放的管理委员会成员一大早就会赶到行宫处将庙门打开,以此迎接提前从附近周边县市村镇前来上香祈愿的广大信众,此时与上香祈愿相关的各类祭祀供品小贩也会早早地围拢在行宫门口周围,以便在消费需求中占据有利的位置。由于上香人数众多,当天的庙门会通宵达旦一直敞开。至三月十一日,各类商贩、货郎、游戏摊在以满庙“泰山行宫”为中心的周边各个街道依次排开,来迎接前来祭拜、逛玩庙会的信众游客。随着当天庙首在上午戏曲演出开幕前的发言,也就标志着满庙“泰山行宫”庙会的正式开始。整整一天,人们接踵而至,或购物,或上香,或游戏,或看戏,各取所需,不亦乐乎,直至夜幕已深,人潮才逐渐散去。此后五日,人流和商客逐渐减少,直至三月十六日晚最后一场戏曲表演结束,这才标志着当年满庙“泰山行宫”庙会的结束,村内的一切秩序又恢复了常态。

三、庙会节日视野下碧霞元君信仰变迁和重构内容

当代河南台前“泰山行宫”庙会的碧霞元君信仰功用从传统的贸易集散和信仰寄托转化为亲情沟通和社区凝聚。刘慧曾在阐释理解泰山庙会时指出:“庙会是指在寺庙内所举行的一种集宗教、娱乐、贸易为一体的群众性集会活动,因为集市的某些特点,故而也称为庙市。庙会最大的特点在于它与一定的祭祀崇拜有关。从庙会发生、发展的特点看,宗教性祭祀活动是庙会产生的基础。”[②]以此肯定了泰山信仰对泰山庙会的基础作用。叶涛则进一步指出了作为信仰力量产生的庙会,“在庙会信仰特征的基础上,派生出庙

① 对于碧霞元君的诞辰,记载最多的是农历四月十八,全国各地也有三月十一、三月十五、三月十八、三月二十八等定制,这点也反映了对碧霞元君诞辰认定的民间性和随意性特征。

② 刘慧:《泰山庙会》,山东教育出版社2017年版,第3页。

会的附着性特征，这就是活跃在庙会上的文化娱乐和商贸交易的内容，随着庙会的发展，许多庙会的信仰功能或者信仰的主体已经发生变化，而其原有的附着在信仰特征之上的文化和商贸功能却得到了凸显……这在经过了科学与文明洗礼的今天显得更加突出”①。由此，与全国众多民间文化的恢复一样，自20世纪80年代恢复的泰山地区庙会是一种经地方政府支持认可、在经济贸易前提下的“文化搭台，经济唱戏”的庙会现象。从而，使原有以庙神信仰为主，经贸交易为辅的庙会格局，转化为以经贸交易为主，庙神信仰为辅的庙会形态。这一局面也深深影响了之后各地“泰山行宫”庙会复兴模式，以致当一个县有多个“泰山行宫”庙会时，出现了相互避让的默契。这种现象在满庙“泰山行宫”庙会和同为台前县后店子“泰山行宫”庙会有着具体的体现。2015年出版的《台前县民俗志》对台前县后店子“泰山行宫”庙会的记载描述：“濮阳、菏泽、济宁、泰安、聊城各地进香经商者如流如潮，村外车堵数里，街市货列千家，摩肩接踵，横无边际。行宫鞭炮长鸣，烟雾蔽日。会期剧团、杂技团、歌舞团演出多日，艺人弹唱声不绝耳。商棚连亘，物品琳琅，日成交额达数百万元。会期原为三月十八日一天，后扩为三天，现为五天。”②从中我们可以看到，在政府的民俗志中，对庙会的描述也主要是经贸的形态，而对信仰较少提及。其中更值得关注的是后店子“泰山行宫”庙会认定的碧霞元君诞辰是农历三月十八，而庙会的时间又刚好衔接满庙的“泰山行宫”庙会。笔者曾就此咨询当地人士，并有意问及“两个庙会在改革开放后复兴时举行的时间否是有意地避开”时，被问者一口否定，代之以重复地肯定，说这两个庙会的时间是古已有之。至于两个庙会相距5公里多，且都属于运河古道，为何“泰山奶奶”的诞辰会不一样，被问及者则没人能够回答。因此，总的来说，改革开放后复兴的“泰山行宫”庙会多是由商贸需求而兴起的，而在商贸的过程中，碧霞元君的信仰也以附属产物的形式得以复兴。不过，随着近年人民物质文化生活的丰富，我们在满庙“泰山行宫”庙会中也发现，当前满庙“泰山行宫”庙会的功能开始从20世纪末的贸易集散和信仰寄托转化为亲情沟通和社区凝聚。由于满庙地处台前县郊，如今的满

① 叶涛：《泰山香社研究》，第309页。

② 张玉珂、崔彩云：《台前县民俗志》，中州古籍出版社2015年版，第65页。

庙“泰山行宫”庙会已经被纳入县城城镇化的规划之中,交通的便利以及物资的充裕丰富,使得庙会的商贸集散价值大为降低。当初为促进商贸、聚集人气而在庙会期间邀接附近村镇自己娘家父母、姑表姨亲前来赶庙会的传统却在这一过程中逐步得了强化,并渐成为新的风俗习惯。平时忙于生活、工作无暇亲情的沟通和往来的满庙村民,在满庙“泰山行宫”庙会期间,以逛庙会、看戏曲、上香还愿为名义,将亲属们邀接过来小住几日,成为庙会期间满庙村民重要的生活内容。虽然碧霞元君信仰在这过程中仍不是主要因由,但由碧霞元君信仰而衍生出的庙会新内涵却在这个过程中悄然发生着变化。

在当代满庙“泰山行宫”庙会对碧霞元君信仰的维护拓展中,对政治的选择性隐喻成为民间碧霞元君信仰的重要途径。碧霞元君信仰自汉唐初构以来,逐步经历了一个从民间祭祀到皇家祭祀的发展历程。① 因此,官方的因素在碧霞元君的信仰转化过程中曾起到过重要的作用,对此,陶道强针对明清碧霞元君信仰曾指出:“在官本位的传统时代,普通民众的行为往往极易受上层社会的影响,从皇帝至地方下层官吏的喜好是主导他们喜好的主要因素;各级政府对碧霞元君祠庙的不时维修,为女神信仰的传承和发展创造了基本的物质条件;官方因素的管理并参与到碧霞元君信仰中来,为使女神信仰的有序进而持续发展提供了基本保障。”②近些年来,随着我国全面改革的深入,碧霞元君信仰或作为制度性宗教的道教看待,或作为非制度性宗教的民间信仰看待,或作为我国传统文化内容的重要组成部分看待,这都从不同方面关注到了政治因素在碧霞元君信仰发展过程中的功用和价值。改革开放后,以碧霞元君信仰为主体的泰山本地泰山庙会的复兴中,仍旧有政治的“身影”。以 1993 年的泰山庙会为例,“早在筹备阶段,泰安市委、市政府就曾对如何办好庙会提出了具体意见,并审定通过了《1993 年泰山庙会实施方案》和《1993 年泰山庙会具体实施意见》,分管的市领导担任庙会指挥,并参加了庙会筹备会暨新闻发布会。5 月 8 日,泰山庙会举行隆重的开幕

① 参见周郢:《泰山碧霞元君祭:从民间祭祀到国家祭祀——以清代‘四月十八日遣祭’为中心》,《民俗研究》2012 年第 5 期。

② 陶道强:《官方因素在民间信仰中的主导性探析——以明清碧霞元君信仰为例》,《郑州航空业管理学院学报》2011 年第 2 期。

式，市委、市政府、市人才、市政协、市纪委五大班子的主要领导人及泰安军分区主要领导人出席开幕式，并亲自为大会剪彩。开幕式后，市长还视察了整个会区”①。而正是由于政府的支持以及相关政府职能部门的通力合作，该次泰山庙会“上会人数247万人次，成交额1137万元。人们的热情之高、效益之好，会上所表现出的新风貌、新气象都达到了空前的水平”②。由此可见，政府成为泰山庙会复兴过程中的重要推动者。

与泰山地区的泰山庙会相比，满庙的“泰山行宫”碧霞元君信仰在历史的数次复修中，虽然政治的力量也曾起到重要作用，但在当今的满庙“泰山行宫”庙会中，则呈现出一种民间组织运作模式。如清康熙年间满庙“泰山行宫”复修主持者就是寿张县正堂曹元和寿张县宇修简成龙，清道光九年(1829)满庙“泰山行宫”的复修主持者为儒生仝树范，清光绪二十一年(1895)满庙“泰山行宫”的复修主持者为儒生岳崇坤，政府官员和获得政府功名的儒生的主持参与，从侧面反映了官方对满庙“泰山行宫”的支持。而如今，无神论思想为我国政府主导意识形态，在此时代背景下，各地“泰山行宫”复修由于无法得到政府相关部门的支持，于是主动迎合政府需求就成了“泰山行宫”巩固扩大碧霞元君信仰的重要方式。在改革开放后，满庙的“泰山行宫”复修时，虽没有了官方的身影，但行宫修复的主持者仍将“泰山行宫”的复兴与政治清明、经济发展联系起来，以此标示自己的合法性和价值。如在1993年树立的《重修泰山行宫》中我们就看到“在中国特色社会主义光辉照耀下，改革开放正确路线指引下，台前十六个大队干部和筹建人员冒风雨，斗严寒，集资备料，重修庙宇。经数月操办，庙宇神像焕然一新。石碑林立，粗具旧貌，标示了台前百业兴旺、万事腾飞，工农业产值如旭日东升、永放光芒”这样的字句。而在庙会举办过程中，满庙的“泰山行宫”庙会由于没有政府组织协调，自然没法呈现“成立有泰山庙会指挥部，以统一协调各方面的工作。一般是由工商部门牵头，制定出庙会实施方案，再由公安巡、城建、供电、文化、体育等部门配合协调，共同来完成庙会所制定的各项具体方案”③的局面。而自20世纪90年代复兴至今，满庙“泰山行宫”庙会仍由庙

① 刘慧：《泰山庙会》，山东教育出版社2017年版，第172页。

② 刘慧：《泰山庙会》，第174页。

③ 刘慧：《泰山庙会》，第172页。

首牵头，地方政府并不涉入庙会的运作和组织。这一民间模式最明显的体现就是在庙会的开幕式上，至今没有地方官员参加（偶有村干部参加也不会讲话发言），而地方派出所、工商部门的参与则为庙会秩序维护、商业交流的需要，而不是出于官方对碧霞元君信仰的关注和支持。

在当代满庙“泰山行宫”庙会的碧霞元君信仰中，信仰内容和信仰表达的世俗性、现实化倾向更趋地方性。碧霞元君信仰在明初确立其生育神的职司以来①，逐步被民间塑造成万能神，由此而有了保生益算、安民护国、辅忠助孝、翼正扶贤、警世敦元、度厄除愆、延嗣绵绵、消灾化难、驱瘟摄毒、剪祟和冤等多种神性和职能。对此，叶涛肯定了这一功能的扩展，认为“碧霞元君信仰功能的扩展，既是民众信仰纯需求的结果，也是碧霞元君影响不断增强的具体体现。这种功能的演变，对于碧霞元君而言有着特殊的意义，它为不同阶层、不同性别的人进香于元君提供的依据，在相当大的程度上扩大了它的信众范围”②。而当代碧霞元君的功能演变，对于碧霞元君信仰的扩充具有重要意义。通过对满庙“泰山行宫”庙会的观察，我们发现在整个庙会期间，碧霞元君信仰至今仍可以说是庙会活动的主线，从庙会开幕前头一天早早赶来烧头香的成群信众，到庙会最后一天，信众们仍在庙前磕头祈愿，可以看到在当代受无神教育影响数十年的我国广大基层群众，对于地方神灵的信仰崇拜仍然根深蒂固。而在这信众中，除了乡间老人，更多是中年人的身影，访谈得知，在这支广大的中年信仰队伍中，有为生意、工作祈运的，有为家庭生活求福的，有求子的，也有为孩子求学祈祷的，凡此种种都体现了人们对美好生活的向往，而在背后隐喻的则是当代国家社会发展过程中的“中年焦虑”问题，而碧霞元君信仰主体人群的变化则体现了当前这种“中年危机”已经蔓延至了广大农村，而成为当代国人中年年龄阶段问题的共性问题。

同时，因其民间化属性，满庙“泰山行宫”庙会为了自身更好的生存发展，也在不断调试着具体的信仰表达，这方面主要体现在对供养的强调和行

① 叶涛在《泰山香社研究》中以明嘉靖十一年（1532）皇太后遣太子太保到泰山“致祭于天仙玉女碧霞元君之神”后所写的御祝文为依据，指出“碧霞元君生育神的职司最晚于明朝初年就已经具备”。（参见叶涛：《泰山香社研究》，第 103 页）

② 叶涛：《泰山香社研究》，第 104 页。

宫自身价值的选择性肯定上。通过满庙“泰山行宫”庙会我们发现,所谓的三月十一日上午的开幕式,其实是以庙首的发言为标志的,而发言的内容不是称颂碧霞元君的功德和神性,而是一连串读诵当年庙会中“接受供养多少钱,排名前几名的功德主是谁,每天的戏曲由谁供养”等内容,并在之后将该发言张榜公布在“泰山行宫”旁的墙壁上。虽然捐资的多少和供养者的虔诚程度没有必然的因果关系,但这样的事情却在每年的满庙“泰山行宫”庙会重复上演,这也一定程度上反映了商业思维在维持“泰山行宫”庙会延绵开展过程中的运用。另一方面,对于作为遍布全国各地“泰山行宫”中碧霞元君神性与泰山碧霞元君神性具有同等效力的强化肯定,使得广大群众的信仰庙宇选择也在悄然发生着变化。在对满庙“泰山行宫”庙会广大信众的访谈中可知,他们普遍肯定满庙“泰山行宫”的碧霞元君与泰山碧霞元君具有同等神性,但因路途遥远为由,个人没有参与过相关的香社集体前往泰山上香还愿,也没有近期前往泰山上香的打算(其实当地只距离泰山 100 多公里,在当前条件下只需 2 个小时左右车程而已)。从这点来看,似乎是由于台前县自 20 世纪 60 年代行政区域从山东聊城划入河南濮阳,当地民众的地方认同发生变化,心理的距离影响了现实的空间距离的认知。这可以说是当代碧霞元君信仰的又一地方性特征表现。

四、小　结

通过对以满庙“泰山行宫”庙会为切入点的碧霞元君信仰考察,我们可以看到,在新的时代背景下,碧霞元君信仰在广大民间以自身的适应性和迎合性,通过自身信仰功能的不断重构,在经济形势和政府政策影响下,不断实现着自身的突破,也为其自身的生存发展探索出了一条新路。因此,对于以碧霞元君信仰为代表的民间信仰:一方面,政府和学界应在肯定、尊重民间信仰自身探索动因的基础上,总结、发扬、丰富其文化内涵,赋予其新的价值属性;另一方面,如何在以信仰为主体的民俗节日文化和我国官方文化中寻找平衡点,使双方都具活力并和谐发展,应是未来需要关注的现实问题。

中国传统节日跨文化传播实证研究

——以来华留学生认知情况与获知途径调查为例

蔡　燕*

摘　要

随着中国综合国力的增强,中国传统节日的海外影响力越来越大。通过调查来华留学生对中国传统节日认知情况和获知途径,可以发现留学生的节日知晓量和认知选择存在不均衡性,节日日期的知晓度和准确性普遍较低,但他们对于节日文化的物质、行为、精神层面的内涵有一定了解。目前留学生主要通过教育和城市节庆氛围了解节日文化,较少通过社交和媒体途径。而他们更期待通过社交获知节日文化,对于教育和城市节庆氛围也存在较大期待空间。实证研究结果启示我们,开展中国传统节日跨文化传播应采取多种形式的教育传播,增加留学生节日文化知识积累;组织民俗参与活动,增强留学生节日体验;注意节日民俗保护,维护中国传统节日的民族性。

关键词

中国传统节日　跨文化传播　来华留学生　节日认知　获知途径

---

* 作者简介:蔡燕:山东大学国际教育学院副教授(山东济南 250100)。

基金项目:本文系 2017 年山东省社会科学规划重点项目"高校来华留学生学习适应问题研究"的阶段性成果,项目编号:1717BJYJ02;山东省 2018 年研究生导师指导能力提升普通项目"汉语国际教育外国专业硕士课程建设调查研究"的阶段性成果,项目编号:SDYY18003。

一、引　言

文化是体现综合国力的重要方面，是国际竞争中备受关注的"软实力"。传统节日作为中华民族文化的重要组成部分，"是维系与促进中华民族文化认同的重要方式，它承载着中华民族的文化血脉，生动地传递着中华文化的价值观"①。2005 年 12 月 31 日，文化部向社会公示了第一批国家级非物质文化遗产名录推荐名单，春节、清明节、端午节、七夕节、中秋节、重阳节等中国传统节日入围。2009 年 9 月 30 日，联合国教科文组织保护非物质文化遗产政府间委员会第四次会议审议并批准将 76 个项目列入《人类非物质文化遗产代表作名录》，其中中国占据 22 项，端午节、粤剧、书法、篆刻、剪纸等名列其中。端午节成为中国首个入选人类非物质文化遗产代表作名录的节日。随着中国综合国力的增强，中国传统节日的海外影响力正日益扩大，越来越受到国际社会和国外人士的关注。

与此同时，自 2005 年"汉语国际推广"在首届世界汉语大会上被正式确认并纳入国家战略发展框架以来，"汉语热"呈井喷式发展。据教育部数据统计，2017 年，共有来自 204 个国家和地区的 48.92 万名各类外国留学人员，在 31 个省、自治区、直辖市的 935 所高等学校、科研院所和其他教学机构中学习，比 2016 年增长 18.62%。② 来华留学生除学习汉语、专业课程之外，也亲身感受和体验着中国文化。节日作为中国人日常生活中的重要节点，以"一种活态文化形式"潜移默化地为留学生所感知、接受和参与。中国传统节日跨文化传播的特征和规律问题值得探讨。有鉴于此，本文以来华留学生为研究对象，分析调查数据与访谈实录，探讨外国人对中国传统节日认知与感受的基本特征，并对其获知中国传统节日文化的途径进行探索性分析，希望能够为中国传统节日的跨文化传播提供些许有益的参考。

---

① 萧放：《传统节日与非物质文化遗产》，学苑出版社 2011 年版，第 1 页。

② 参见《我国年出国留学人数突破 60 万》，2018 年 3 月 31 日《重庆时报》。

二、研究方法

本文主要采用问卷调查和半结构性访谈的方法来收集研究材料。调查问卷分为两个部分。第一部分为“个人信息”,主要涉及性别、国籍、年龄、教育水平、来华时长、汉语学习时长、汉语水平等方面。第二部分围绕“来华留学生对中国传统节日的认知与获知途径”设计调查问卷,共17个题目,包括两大问题:(1)来华留学生对中国传统节日的认知数量与认知选择、节日日期和民俗活动的认知情况及节日文化内涵的理解与评价;(2)来华留学生对中国传统节日的获知途径与期望。与认知与否有关的项目采用“是/否”进行判断;与同意程度有关的项目采用Likert 5级量表制进行分析判断。

本次调查以山东大学来华留学生为调查对象,共发放问卷100份,收回91份,有效问卷85份。考虑到留学时长或学习时长可能对认知中国传统节日的影响,本研究侧重于面向汉语学习1年及以上并有过在华留学经历的外国学生展开调查。汉语学习时长平均2.55年,其中1~2年者,45人(52.9%);3~9年者,40人(47.1%)。在华留学时长分布:1~12个月者,58人(68.2%);12个月以上者,27人(31.8%)。汉语水平分布:中级汉语水平者(已通过新HSK四级考试),36人(42.4%);高级汉语水平者(已通过新HSK五级或六级考试),49人(57.6%)。地域分布:亚洲35人(41.2%),欧美洲27人(31.8%),非洲23人(27.1%)。

问卷共涉及10个传统节日,即春节、元宵节、二月二、清明节、端午节、七夕节、中元节、中秋节、重阳节、腊八节。关于留学生是否知道某一节日和对节日日期的认知情况考察了10个中国传统节日;关于留学生对节日的物质文化、行为文化和精神文化的认知侧重考察中国春节、清明节、端午节、中秋节四大传统节日;对节日的认知途径及期望着眼于考察留学生普遍采用和认同的认知渠道。全部问卷资料被输入计算机,利用SPSS分析软件(16.0)进行统计分析。分析类型主要是描述性统计和推断性统计。与此同时,设计半结构式访谈提纲,对多位留学生进行深度访谈,以期分析来华留学生对中国传统节日各层面内容认知、获知途径与期望等方面的真实情形。

三、结果与分析

(一)来华留学生对中国传统节日的认知情况

关于来华留学生对中国传统节日的认知情况,我们主要从节日认知数量与认知选择、节日日期认知度、三个层面(物质、行为、文化)节日文化内涵的认知特征三个方面来探讨。

1. 节日知晓量和认知选择存在不均衡性

从认知数量上看,来华留学生平均知道5.45个节日,但在知晓的多少上存在不均衡性(如表1所示)。10个节日全部知晓的仅有3人,占3.5%;知道6个及以上节日的有一半以上(50.7%);知道一半以上(5个及以上)节日的留学生累计百分比是70.6%,仅知道一两个节日的占5.9%;一个节日都不知道的仅1人,占1.2%。从总体来看,留学生对中国传统节日的知晓数量呈正态分布。

表1　　来华留学生中国传统节日知晓量和认知频度

认知数量	人数	百分比	累计百分比
10	3	3.5	3.5
9	2	2.4	5.9
8	5	5.9	11.8
7	10	11.8	23.6
6	23	27	50.7
5	17	20.0	70.6
4	16	18.8	89.4
3	3	3.5	92.9
2	4	4.7	97.6
1	1	1.2	98.8
0	1	1.2	100.0
Total	85	100.0	

从认知选择上看,10 个中国传统节日中进入留学生视野较多的是四大传统节日以及春节过后的元宵节,其他节日的知晓度相对较低(见表 2)。85 人中几乎所有人(84 人,占 98.8%)都知道春节;中秋节和端午节的知晓率分别是 88.2% 和 78.8%;元宵节和清明节的知晓率持平,均为 71.8%;七夕节的知晓率也比较高,为 65.9%(这或与调查对象的年龄结构有较大关系。本次调查的留学生多为年轻人,他们往往较为关注与爱情有关的节日)。相对来说,留学生对重阳节、中元节、腊八节和二月二的认知度较低。10 个节日的平均知晓率为 54.7%。

表 2　　来华留学生中国传统节日认知频数与频度

	春节	中秋节	端午节	元宵节	清明节
人数	84	75	67	61	61
百分比	98.8%	88.2%	78.8%	71.8%	71.8%
总计	85	85	85	85	85
	七夕节	重阳节	中元节	腊八节	二月二
人数	56	17	16	15	13
百分比	65.9%	20%	18.8%	17.6%	15.3%
总计	85	85	85	85	85

2. 节日日期的知晓度和准确性普遍较低

对节日日期的知晓度和准确性是体现来华留学生节日认知的一个重要方面,统计结果如表 3 所示。来华留学生对节日日期的知晓度明显低于对节日的认知水平。相比较而言,对春节日期的知晓率依然位于榜首,为 74.1%。其他传统节日日期的知晓度均不足 50%:清明节日期的知晓率为 44.7%;端午节、元宵节和清明节日期的知晓率均等,为 36.5%;七夕节日期的知晓率为 28.2%。

表 3　　来华留学生中国传统节日日期认知情况

	春节	中秋节	端午节	元宵节	清明节
人数	63	38	31	31	31
百分比	74.1%	44.7%	36.5%	36.5%	36.5%
总计	85	85	85	85	85

续表

	七夕节	重阳节	中元节	腊八节	二月二
人数	24	13	7	5	2
百分比	28.2%	15.0%	8.2%	5.9%	2.4%
总计	85	85	85	85	85

进一步来看,留学生对节日日期知晓的准确率也比较低。例如对春节日期的知晓情况是:很多学生知道春节在 1 月 1 日,但对于是公历还是农历搞不清楚。有些人仅能写出 2015 年春节的公历日期是 2 月 19 日。不少学生对农历一月一日的春节与公历 1 月 1 日的元旦这两个"新年"有所混淆。他们对于多数节日农历日期不变,而公历日期每年都变化的情况感到纳闷。在我们考察的 10 个节日中,除清明节按阳历安排外,其他节日均按阴历安排。"农历是中国社会长期使用的一种传统历法",因这种历法设置了能够反映季节变化特征的二十四节气,以"用以指导农业生产活动,故称农历,又叫中历、夏历。农历是中国目前与公历并行使用的一种历法"。时至今日,"几乎全世界所有华人及朝鲜、韩国和越南等国家,都使用农历来推算传统节日,如春节、中秋节、端午节等"。[①] 对本次调查结果的地域差异进行分析,亚洲来华留学生对节日日期的知晓准确率明显高于欧美洲、非洲。三个地域留学生对 10 个节日的平均知晓频率分别是 44%,22.6% 和 13.0%。对四大传统节日的知晓率分别为:春节,88.6%、66.7%、60.9%;清明节,71.4%、25.9%、26.1%;端午节,54.3%、33.3%、13.0%;中秋节,57.1%、33.3%、8.7%。不少国家,尤其是欧美洲和非洲留学生所在的国并没有农历历法,他们在学习和生活经历中又缺乏关于中国传统历法的知识,这是造成来华留学生对中国传统节日日期认知度和准确率较低的主要原因。

3. 节日物质、行为、精神文化内涵认知情况

传统节日是中国人认知天、地、人生的重要表达与生动实践,它集中体现了中华文化的精华与民族精神特性。节日文化内涵可以包含三个层面:物质文化层面、行为文化层面和精神文化层面。物质文化,即物态的文化。

① 丛超编著:《腊八节》,吉林出版集团有限责任公司 2013 年版,第 20 页。

中国传统节日外显的、有形的物质文化十分丰富，节令佳肴、装饰品、吉祥物、花卉植物、节庆服饰等都是传达节日特征的物质载体。节日的行为文化，主要指节日期间丰富多彩的民俗活动，比如祭奠、礼仪、民间技艺、艺术、体育、游戏等。节日的精神文化内涵丰富，表达着中国人对大自然的感恩和敬畏、对家庭团圆的祝福和期望、对美好生活的追求和向往，体现出中华民族优秀的精神风貌、中国人的理想情怀等等。每个传统节日都有特定的文化内涵和价值。本部分以中国传统四大节日为研究对象，调查分析来华留学生对节日中典型的物质文化、行为文化和精神文化的认知情况和特征。

来华留学生对节日物质文化的认知情况，我们选取典型的节日饮食[1]作为具体考察内容。中国节日传统习俗丰富多彩，其中“吃”是最普遍的活动，它承担着丰富的文化意蕴，无疑是一种“文化行为”。而典型的节日饮食“是与节庆相应存在的一些定式食品”，“是与这种文化行为配套的文化符号”。[2]来华留学生对中国传统节日典型饮食的认知情况可从图 1 了解。他们对春节—饺子、中秋节—月饼的认知率最高，分别有 73 人（85.9%）和 69 人（81.2%）知道。对端午节—粽子的认知率也比较高，有 52 人（61.2%）知道。但是对端午节—雄黄酒和清明节—红鸡蛋认知率低，不足 20%。

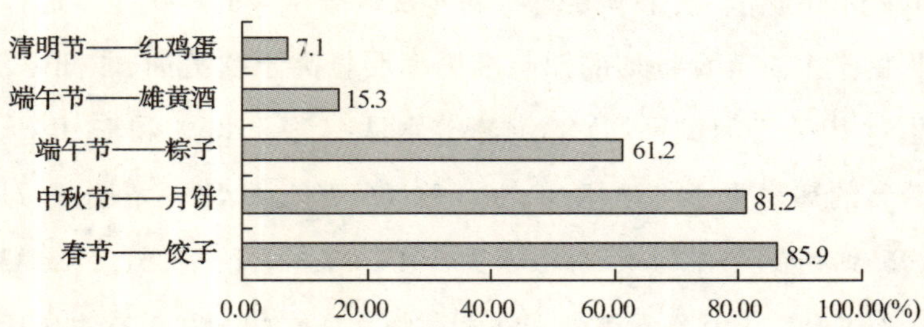

图 1　来华留学生对中国传统节日饮食的认知情况

来华留学生对节日行为文化的认知情况，我们选取典型的节日民俗活动[3]作为考察对象。从具体的民俗活动的认知来看（如图 2 所示），居于每个

[1] 典型节日饮食的选取，参见纪微编著：《图解中国国俗——回归中国人自己的礼仪》，陕西师范大学出版社 2008 年版。

[2] 何彬：《从海外角度看传统节日与民族文化认同》，《文化遗产》2008 年第 1 期。

[3] 典型节日民俗活动的选取，参见纪微编著：《图解中国国俗——回归中国人自己的礼仪》，陕西师范大学出版社 2008 年版。

节日之首，即最为留学生所熟识的民俗活动，分别是春节—拜年、清明节—祭祀扫墓、端午节—赛龙舟、中秋节—赏月。春节、清明节、端午节、中秋节四大节日民俗活动的平均认知度分别为65.0%，26.1%，35.9%，58.2%。对春节和中秋节的民俗活动认知率较高，而清明节和端午节总体偏低。春节习俗除祭祖先和守夜外，其他活动认知度均超过了50%。中秋节的习俗也都具有超过50%的认知度。像春节的拜年、吃年夜饭、放鞭炮、给晚辈压岁钱、贴春联以及中秋节赏月和吃团圆饭可以说是最为典型的民俗活动，留学生比较容易体验到。而祭祖先是各个中国家庭较为私密的活动，往往在各自家庭举行，不易被外人观察。对于守夜，留学生是不太理解的，其实现在很多中国人也往往不按传统风俗来做。

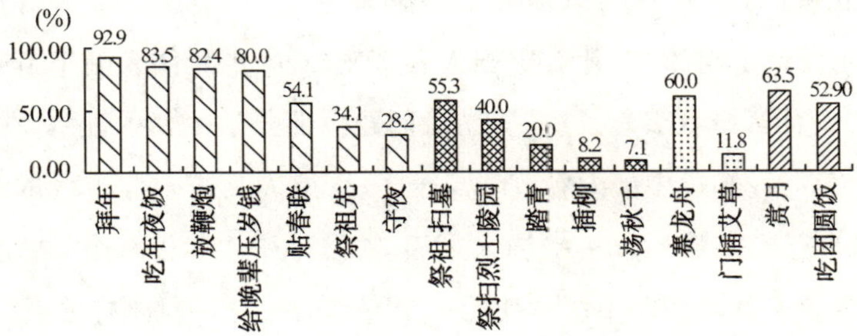

图2　来华留学生对中国传统节日民俗活动的认知情况

就来华留学生对节日精神文化的认知情况而言，我们从节日理解和节日评价两方面来分析。节日理解包含对节日来历与民俗故事的知晓情况、对中国传统节日价值功能的理解；节日评价包含对中国人是否重视节日、中国节日是否隆重、中国节日文化多样性等问题的评价。

在“你能讲一些中国传统节日的来历和民俗故事吗”一题中：仅1人（1.2%）自信地认为“能讲不少，而且基本准确”；24人（28.2%）“能讲一些，但不太准确”；47人即大部分留学生（55.3%）“知道一些，但不太会讲”；13人（15.3%）“没听过，也不会讲”。

进一步调查学生知晓哪些节日来历和民俗故事，选择较多的是春节、七夕节。他们一般知道“年”的来历：“古代时候，每逢春节时间，会有一种怪兽来危害人们,一个聪明人用鞭炮吓走了它,于是之后年年都是这样的"①。关于七夕节的来历很多学生是从中高级汉语教材中获得的,因为"牛郎和织女"的故事常被编入课文。从访谈中我们了解到,不少亚洲学生在自己国家已经了解到一些中国节日文化传说。例如,老挝人彭帅,33 岁,享受开发银行奖学金,已经在华学习 1 年零 8 个月。他的妻子是老挝籍越南人,岳父母都是越南人。越南在传统节日习俗上受中国影响深远,不少在老挝结婚、工作的越南人将节日习俗也一并带去。彭帅的家族一般也过越南传统节日,尤其是春节。在节俗上,跟中国有很多相似之处,一些中国传统节日的故事传说,他在老挝就听说过。当然,在山东大学学习的第三学期有《中国概况》课程,其中专章介绍中国传统节日,任课教师讲了很多关于中国传统节日的来历、风俗和故事。彭帅个人对此也很感兴趣,因此学习时特别用心。② 此外,我们还设计了比如"为什么中国人春节吃饺子""为什么端午节吃粽子、赛龙舟""为什么中秋节吃月饼"等访谈问题。部分学生表示理解,并能给出大概的答案:"我知道中国人春节吃饺子,一个原因是饺子像古代的元宝,吃了就带给自己财富吧!过年中国人还喜欢吃鱼,是'年年有余'的意思!"③"端午节吃粽子的习俗跟中国古代的一个有名的人——屈原有关系。"④

来华留学生对中国传统节日价值功能的理解⑤,统计数据见图 3。在留学生看来,中国传统节日主要体现为一种情感功能,传统节日是增进和家人亲戚、已逝亲人情感的一种纽带。有留学生讲到:"中国的很多节都是全家人团圆的时间。比如春节的时候,我自己会觉得很孤单,因为校园里、大街上人都很少,我知道他们都回家和家人团聚去了。在那个时候我也会想我

---

① 访谈人:蔡燕;访谈对象:艺德丝,女,加纳留学生;访谈时间:2015 年 4 月 3 日;访谈地点:山东大学国际教育学院 505 教室。

② 访谈人:蔡燕;访谈对象:彭帅,男,老挝留学生;访谈时间:2015 年 4 月 3 日;访谈地点:山东大学国际教育学院 505 教室。

③ 访谈人:蔡燕;访谈对象:朴韵,女,缅甸留学生;访谈时间:2015 年 4 月 2 日;访谈地点:山东大学国际教育学院 505 教室。

④ 访谈人:蔡燕;访谈对象:谢维哲,男,印度尼西亚留学生;访谈时间:2015 年 4 月 10 日;访谈地点:山东大学国际教育学院 505 教室。

⑤ 关于节日价值功能的概括,参见刘永明:《青少年节日文化认知与参与情况的调研及对策建议》,王文章主编:《弘扬传统节日文化现状与对策——中国传统节日文化调研实录》,文化艺术出版社 2012 年版,第 170 页。

的父母、丈夫和孩子。其实我们的很多节日也是家族团圆的日子。”①“在一些节日的时候，好像春节和清明节都有，会有人在街边烧纸。我不太明白为什么这样做，但听中国朋友说，这是为了纪念死去的亲人。”②

其次，留学生认为中国传统节日体现出理性价值和娱乐功能。理性价值指节日的历史文化价值、社会学价值、人类学价值等，这是对节日历史传承性的认同。娱乐功能指人们一般会利用节日来进行朋友聚会、旅游等。“别说中国人了，我在节日的时候都会跟中国的、外国的一些朋友去饭馆儿、酒吧吃吃饭、喝喝酒、聊聊天儿。”③“节日去旅游是很常有的事情。我看中国的新闻，春节的时候中国旅游的人数很多，火车站、飞机场什么的人太多了。这种事儿我自己也是见过的。到处都是人，我都不敢出去，哈哈！”④

再次，留学生较为同意中国传统节日体现了社交功能，节日可以满足人们办事送礼、社会交往的需要。利用节日进行社会交往，沟通感情与娱乐功能往往联系在一起，而对于办事送礼，留学生的理解并不真切。

最后，留学生比较认同中国节日具有休假调整功能。2007 年 12 月 16 日，国务院正式颁布了修订后的《全国年节及纪念日放假办法》，除春节外，又增加了清明、端午及中秋三个传统节日为公众假日。假期为人们娱乐、社交、家人团聚等提供了较为充足的时间。

相比较而言，以上五种功能中，留学生群体认同度最高的是情感功能，认同度最低的休假调整功能。原因在于，在中国还有“十一”小长假，学生、教师群体的寒暑假，公务人员的带薪年假等各类休假，因此休假并非中国传统节日所独有的功能。而情感功能是最能体现传统节日特色的，这与其他国家的传统节日理念具有共通性，因此能够得到留学生的较大认同。

---

① 访谈人：蔡燕；访谈对象：朴韵，女，缅甸留学生；访谈时间：2015 年 4 月 2 日；访谈地点：山东大学国际教育学院 505 教室。

② 访谈人：蔡燕；访谈对象：艺德丝，女，加纳留学生；访谈时间：2015 年 4 月 3 日；访谈地点：山东大学国际教育学院 505 教室。

③ 访谈人：蔡燕；访谈对象：孙琮硕，男，韩国留学生；访谈时间：2015 年 4 月 9 日；访谈地点：山东大学国际教育学院 1 楼大厅。

④ 访谈人：蔡燕；访谈对象：罗可，男，斐济留学生；访谈时间：2015 年 4 月 10 日；访谈地点：山东大学国际教育学院 505 教室。

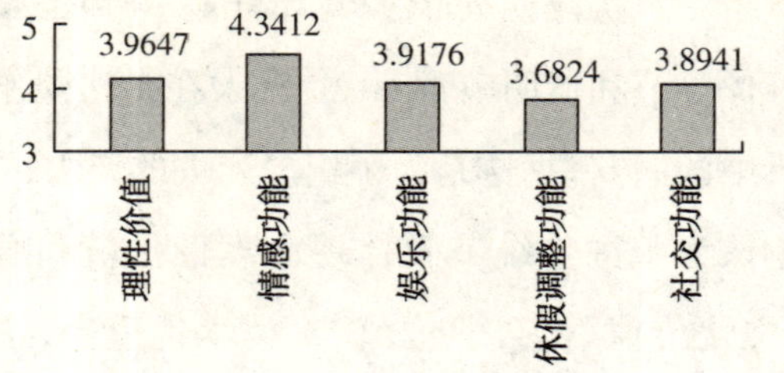

图3　来华留学生中国传统节日价值功能认知情况

“在您看来，中国人是否重视传统节日”一题的均值为4.4941。认为“非常重视”的58人，占68.2%；认为“比较重视”的15人，占17.6%；认为“重视”的9人，占10.6%。三者汇总可以得到认为中国人重视过传统节日的比例高达96.5%。仅3人（3.6%）认为传统节日不够受重视。

“在您看来，中国过传统节日的气氛如何”一题的均值为4.2471。认为“非常隆重”的44人，占51.8%；认为“比较隆重”的25人，占29.3%；认为“隆重”的10人，占11.8%。三者汇总可以得到认为中国过传统节日气氛隆重的比例高达92.9%。仅6人（7.1%）认为中国传统节日气氛不够隆重。“我看到，中国节日到来的时候，商场里都会重新装饰。特别是过年的时候，中国人喜欢用红色作装饰，很喜庆，很热闹！”①“公园里会有很多活动。我去过千佛山的庙会，好玩儿的东西很多，很有意思。我还看过趵突泉的灯会。花灯真是太好看了！”②

中国传统节日具有文化的多样性，可以体现在地域差异上。在“您认为中国人各个地方过传统节日，有差异吗”一题中，认为“没有差异”的人数不多，仅18人，占21.2%。认为“有差异”的67人认为各地有差异，累计百分比是78.8%。“中国很大，有这么多地区，肯定过节的习惯会有不同。我就知道春节的时候，北方人吃饺子，南方人吃年糕。但我去的地方不多，我很想去看看。”③

① 访谈人：蔡燕；访谈对象：李小龙，男，塔吉克斯坦留学生；访谈时间：2015年4月10日；访谈地点：山东大学国际教育学院305A教室。

② 访谈人：蔡燕；访谈对象：王泰，男，缅甸留学生；访谈时间：2015年4月3日；访谈地点：山东大学国际教育学院505教室。

③ 访谈人：蔡燕；访谈对象：瑢马曦，女，荷兰留学生；访谈时间：2015年4月13日；访谈地点：山东大学国际教育学院305A教室。

综上所述,留学生对于中国传统节日的物质、行为、精神层面的文化内涵都有所了解,但存在不均衡的特征。这种不均衡性体现在节日上,也体现在被调查者自身身上。从节日来看,即使是四大传统节日,留学生仅对某些节日的某些最为典型的饮食、活动意象具有一定的了解,而且理解还不够全面、深刻,而对其他节日就更缺乏了解了。从被调查者来看,他们对中国传统节日的认知、理解存在个体差异,这与其地域来源、留学经历、汉语水平都有一定的关系。那么,来华留学生目前是通过哪些途径来获知中国传统节日文化的?他们又希望更多地从哪些途径来获知节日文化?这是我们下面要重点探讨的问题。

(二)来华留学生对中国传统节日的认知途径

1. 了解中国传统节日的途径

我们以"目前您是怎么来了解中国传统节日和民俗文化的?"为题,设计了11种认知节日文化的途径,利用Likert 5级量表制进行分析判断。采用因子分析的方法(变量间偏相关性的KMO统计值为0.727,Bartlett's球形卡方检验值是338.734,显著值为0.000。这说明数据能进行因子分析)对认知途径类别进行探索,确定来华留学生节日认知途径呈现为四种:媒体途径、教育途径、社交途径、城市氛围途径。目前,留学生获知节日文化的各类途径的使用频次由高到低依次为:教育途径(Mean=3.4353)>城市氛围途径(Mean=3.2412)>社交途径(Mean=2.8275)>媒体途径(Mean=2.8039)。可见留学生对节日文化的认知受教育的引导最大,其次受环境氛围的影响较大,再次是社会交往因素和媒体宣传因素影响。每类途径中又包含不同的侧面,表现出各自的特征,下面我们作具体分析。

教育途径包含"汉语老师讲节日文化内容(Mean=3.9412)""汉语课本上有中国节日的内容(Mean=3.6471)""上专门的中国文化课程(Mean=2.718)"。目前留学生更多的是从汉语教师的授课和汉语课本中了解中国传统节日文化,较少接触专门的中国文化课程。前两者是留学生最为认同的两个途径,位于了解节日文化的途径之首。

城市氛围途径包含"周围环境的热闹提醒自己,如节庆期间商场、大街小巷的装饰和活动等(Mean=3.6000)""从所在城市或旅游城市的风俗氛围和民俗活动中了解(Mean =2.8824)”。留学生较多地对前者更为认同,这位于认知途径的第二位。

社交途径包含“与中国朋友的交往中了解(Mean =3.5529)”“参加中国传统节日活动(Mean =2.6118)”“去中国家庭体验(Mean =2.3176)”。留学生在中国多多少少会有中国朋友,他们普遍认为自己的节日文化知识很多来自与中国朋友的交往,此项位于认知途径的第三位。而中国传统节日活动的参与和中国家庭体验目前是有欠缺的。

媒体途径包含“从网络上了解(专门网站、网页等)(Mean =3.2353)”“从电视节目(新闻、纪录片等)中了解(Mean =2.9294)”“从报纸、杂志上了解(Mean =2.2471)”。目前留学生通过媒体途径获知节日文化的倾向是网络 > 电视 > 报纸、杂志。网络作为新媒体成为留学生了解中国传统节日文化的重要途径,而传统电视和纸媒因其局限性目前不是获知的重要途径。

2. 未来获知中国传统节日的期望

我们进一步调查分析了留学生在未来所期望的获知中国传统节日文化的途径。与现实作对照可以发现理想与现实的差距,可以有效加强某些途径,进而为中国传统节日的跨文化传播提供有益的建议。

从总体情况来看,留学生对获知途径的期待值均高于现实获知途径(如表4)。现实中对通过社交来获知节日文化的均值与期待的均值差异最大(Paired Differences = -1.03922),这说明留学生非常期待能够在现实的社会生活交往中了解中国传统节日文化。留学生对媒体途径、城市氛围途径、教育途径的期待也均高于现实情况,且差距明显。相比较而言,教育途径的现实状况与理想差距最小,这说明留学生对于目前利用教育途径来了解节日文化的效果是比较满意的。

表 4　来华留学生中国传统节日现实获知途径与期望获知途径比较

		媒体	教育	社交	城市氛围
目前的获知途径	平均值	2.8039	3.4353	2.8275	3.2412
	标准差	1.01483	1.06038	1.11817	1.05957
	现实次序	4	1	3	2
期望的获知途径	平均值	3.2000	3.6941	3.8667	3.5176
	标准差	1.04805	0.94870	1.04045	0.93684
	理想次序	4	2	1	3
配对样本测试	配对偏差	-0.39608	-0.25882	-1.03922	-0.27647
	t	-3.539	-2.776	-8.369	-2.649
	双侧近似值	0.001	0.007	0.000	0.010

我们进一步对每一项获知途径的现实状态与理想状态作对比分析，如图 4 所示。留学生普遍认为他们目前基本上每一种获知途径都还处于不充分的状态，有继续加强的空间。

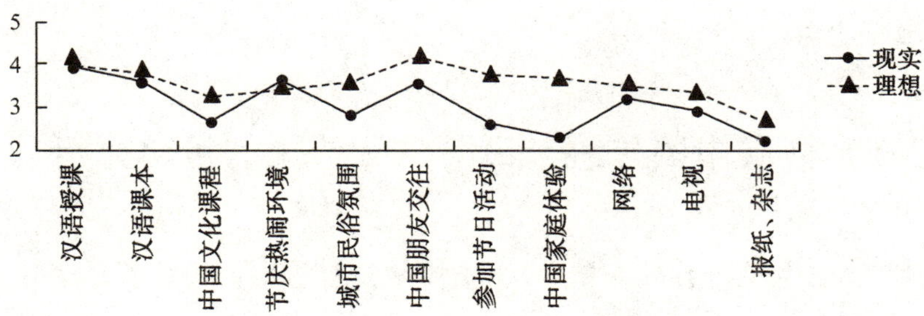

图 4　来华留学生中国传统节日现实获知途径与期望获知途径比较图

从教育途径来看，来华留学生认为目前汉语教师的授课和汉语课本较好地起到了传授节日文化的作用。汉语教材一般会涉及春节、中秋、端午等节日及民俗文化常识，这些内容汉语老师都会讲解，并根据学生水平作一定扩展。学生对此也是非常满意的。中国文化课程不是给所有学生开设的课程，它一般是选修课，或者为接受专门培训的学生开设，节日文化部分是专章讲授的内容。很多学生未接受过此类课程，因而不甚了解。但是从折线图可见，学生对该课程有一定的期待。

从城市节日氛围途径来看，目前节庆期间商场、大街小巷的装饰和活动所营造的热闹氛围已经达到学生较为满意的水平。而学生对所在城市或旅游城市节庆期间特有的民俗活动还是充满期待的,期待能够从观看、感受节庆民俗活动中获取更多节日文化知识。

从交往途径来看,这是留学生最为期待的,其中,与中国朋友的交往位于首位。参与节日活动和去中国家庭体验这两方面,理想与现实的差距是最大的。这说明留学生对目前的状况不够满意,他们希望能够参与、体验节庆民俗活动,更多地与中国人互动、交流,以获知节日文化。这也反映出目前留学生生活的现状和渴望交往的心情。

从媒介途径来看,留学生对通过网络来认知节日文化的期待仍然居于较高水平,对电视媒体有一定期待,对报纸杂志的进一步期待不大。这与调查对象多为青年人有一定关系。这表明留学生认知节日的自主意识和能力还不够强,还应该通过引导的方式来扩大中国节日的影响力。

从总体的情况来看,留学生期待的认知途径从高到低,依次是社交、教育、城市氛围、媒体。从具体的认知途径来看,排在前 5 位的是:与中国朋友交往、汉语授课、参加节日活动、汉语课本、中国家庭体验。它们分属社交途径和教育途径。

四、开展中国传统节日跨文化传播的策略分析

本文通过调查统计的方法,对来华留学生对于中国传统节日文化的认知情况及获知途径问题进行了探索性分析。从中我们可以发现,留学生对于中国节日的知晓量和认知选择上存在不均衡性,较多关注的是春节、中秋节。对于节日日期的知晓度和准确率普遍较低。留学生对于中国传统节日文化的物质、行为、精神层面的内涵都有所了解,但存在不均衡性。在节日习俗方面,留学生仅对能反映某些节日意象的典型饮食、活动有一定了解,且理解尚不够全面、深刻;在被调查者方面,不同地域的学生对中国传统节日的认知、理解存在差异。目前,留学生主要通过教育途径和城市节日氛围来了解中国节日文化,较少通过社交和媒体途径,而他们更加期待通过社交途径来获知节日文化,对于教育和城市氛围途径也存在较大的期待空间。

随着中国国力的增强和软实力的提高以及世界文化多样性时代的到来,国外民众了解中国文化的需求越来越强烈。中国节日的重要价值和节

日传播的易接受性使其成为中国文化对外传播的一扇窗口。基于上文实证研究结论,我们认为,对于来华留学生的节日文化传播,应充分利用中国目前的环境优势和教育优势,开展丰富多样的节日文化传播活动,扩大中国传统节日影响力。具体建议如下:

第一,加强教育传播,增加留学生节日文化知识积累。

目前,来华留学生群体对于中国传统节日文化在认知广度和认知深度上还存在比较大的提升空间。汉语课程是来华留学生在华学习的必修课程。语言是一种结构系统,又是一种社会、文化现象,它与社会、文化有极为密切的关系。就语言与文化来说,两者互相依存,相互影响,共同变化,是共存共变的关系。语言是文化的重要组成部分,又是文化的载体。在语言教学中可以渗透节日文化内容、观念与精神。《国际汉语教学通用课程大纲》(修订版)是指导国际汉语教育的课程标准,标准明确提出要培养汉语学习者"语言技能、语言知识、策略和文化能力"[①]。其中,"文化能力"包括文化知识、文化理解、跨文化能力和国际视野四部分。语言具有丰富的文化内涵,教师应根据学生的年龄特点和认知能力,逐步扩充文化知识的内容和范围,帮助学生拓宽视野,使学习者理解中国文化在世界多元文化中的地位和作用以及对世界文化的贡献,从而提高跨文化交际的意识和能力。在获知途径的调查研究中,我们了解到汉语课本和汉语教师的授课以及专门的中国文化课程是他们较为认同和期待的获知途径,网络媒体也渐趋成为青年人感受节日文化元素的新途径,因此要加强教育传播,尤其是汉语教育传播,并辅之新媒体技术,以增强留学生在中国传统节日物质文化、行为文化和精神文化各层面内涵上的知识积累。

第二,组织民俗参与活动,增强留学生节日民俗体验。

来华留学生期待认知中国传统节日文化,但是学习节日文化的自主意识和能力不强,很多人由于汉语水平有限,自主利用网络、电视、报纸杂志媒体来获取节日文化知识的能力不足,社会交往也存在一定困难。因此要多组织节日民俗参与活动,让留学生在参与中增强对节日文化的体验和感受。

---

① 孔子学院总部、国家汉办编:《国际汉语教学通用课程大纲》(修订版),北京语言大学出版社2014年版,第3页。

目前各高校除了给来华留学生开设汉语和专业课程外，一般都会组织民俗体验活动，节日是很好的契机和着眼点。以山东大学国际教育学院为例，在一些重要节日节点上各类文化活动丰富多彩。每年端午节到来之际，学院一般都会举办端午文化讲座和包粽体验活动。讲座讲解端午节的由来、屈原的故事，介绍赛龙舟、插艾草、佩香囊、戴五彩丝线、喝雄黄酒等民俗活动。体验环节让留学生亲身感受制作粽子的过程。做出包裹严实又形状饱满的粽子着实不易，不管包得有模有样，还是"四不像"，大家都满意自己的作品，不断拍照留念。活动不但让留学生对端午节有了比较全面的了解，也对中国人的情操和智慧赞叹不已。① 多年来，从除夕夜到大年初一，学院和周村古镇旅游管理有限公司都会联合举办"老外周村过大年"活动，组织在校各国留学生赴山东淄博周村与当地居民一起欢度新春佳节。大家按照中国的传统贴春联、包水饺、吃年夜饭、放鞭炮，到周村千佛寺点燃象征吉祥的莲花灯，敲响祈福的新年钟。大年初一，观赏民间艺人表演的戏法、魔术、抬花轿、划旱船等项目，还纷纷换上中国传统服装，按照中国传统方式给中国人民拜年，加入到抬花轿、划旱船的表演队伍中。② 以上实践可见，中国节日传播已走出校园，向更广泛的社会范畴、社会群体蔓延，这吸引着越来越多的汉语学习者和中华文化爱好者关注和参与中国节日。

体验，"以身体之，以心验之"，是极好的感知文化的方式。在体验中，更容易感悟文化的特质；在体验中，自然产生人与人的交往，这符合留学生对节日文化获知中对"社交"途径的强烈诉求。

第三，注意节日保护，维护中国传统节日的民族性。

对外文化传播不仅是一个向外扩散的过程，更是一个对内重新认识和保护的过程。全球化、城市化、现代化是历史和社会发展的必然，不可阻挡，但文化传统不能割裂，任何民族都应该维护自己的文化之根和精神之魂。节日作为中国文化的瑰宝，中国政府、人民要共同努力，维护其民族性，使节日魅力绽放光彩。

2008 年，国务院对国家法定节假日进行调整。2009 年，文化部重大调研

---

① 张爱群、马艳妮：《端午粽飘香——我院硕士举办中国传统节日讲座》，2010 年 6 月 12 日，www. cie. sdu. edu. cn/info/1117/3607. htm.

② 《体验民俗风情，欢度兔年春节》，2011 年 2 月 28 日，www. cie. sdu. cn/info/1042/1666. htm.

项目“中国节日志”启动，各级政府及各类民间组织有意识地兴办传统节日，这些体现了我国政府日渐鲜明的文化自觉意识。“从政府主导，到民间自觉，许多传统节日在民间焕发新的生机，并赋予了许多新内涵，传统节日在‘三化’背景下，又回归民间，成为都市民众生活的一部分。”①中国节日期间，各地精彩纷呈的民俗表演，浓郁的文化氛围，真挚的民族情感，使传统节日文化魅力由内而外，这自然能够吸引包含来华留学生在内的外国人的关注，增强他们的文化感应。因此，在中国传统节日的跨文化传播过程中，要尤其重视维护中国传统节日的民族性特征。

五、小　结

随着中国综合国力的增强，中国传统节日的海外影响力越来越大。上文通过对来华留学生进行调查和访谈，了解了他们对中国传统节日的认知广度和深度，并对其获知途径有了一定的了解。在对外汉语教学中进行中国传统节日文化知识的讲授，在节日活动中增加留学生的民俗体验和参与，让留学生感受更多具有中华民族特色的节日风格，是进行中国传统节日跨文化传播的有效途径。

① 李松等:《民俗旅游与社会发展》,《山东社会科学》2011 年第 11 期。

新型节日空间中的手工艺发展思路
——以伦敦手工艺周为例

唐璐璐*

摘　要

传统手工艺是非物质文化遗产的重要组成部分，然而保护并不是目的，传统也不意味着因循守旧。让传统手工艺朝向未来发展壮大，需要不断融合现代科技与审美，使之成为社会生活文化的重要组成部分。以伦敦手工艺周为代表的手工艺发展方式，体现了一种适应现代消费社会的新思路。在创造的节日空间中，注重手工艺与现代设计的结合，努力发掘传统手工艺的现代性特质；注重从外部开拓手工艺的发展空间，讲求商业逻辑，搭建手工艺交流和销售的国际平台；以节庆的方式吸引公众注意，营造更加浓厚的社会氛围，突出手工艺品的展示价值和体验价值。这种塑造品牌节庆的方式，为我国传统手工艺振兴提供可资借鉴的经验，需要创新保护模式，整合市场资源，重视跨领域人才的培养。

关键词

传统手工艺　手工艺周　非物质文化遗产

---

* 作者简介：唐璐璐，北京外国语大学艺术研究院讲师（北京 100089）。

基金项目：本文系北京外国语大学“中央高校基本科研业务费专项资金资助”项目“卡里斯玛建构在非物质文化遗产传承中的作用研究”（批准号：2016qd017）的阶段性成果。

作为联合国教科文组织(以下简称“UNESCO”)2003年《保护非物质文化遗产公约》(以下简称“2003年《公约》”)中所规定的非物质化遗产(以下简称“非遗”)的重要类别[①],传统手工艺的传承与发展在世界各国都受到高度重视。以我国为例,由于传统手工艺覆盖群体广泛且与民众日常生活息息相关,因此其一直是政策支持的重点,文化和旅游部联合其他部门先后出台了《中国传统工艺振兴计划》《文化和旅游部办公厅关于大力振兴贫困地区传统工艺助力精准扶贫的通知》等重要措施以振兴传统手工艺。

在很多国家的手工艺传承和发展实践中,都遵循了一些传统保护模式,增强手工艺发展的内在动力;而英国却选择了一种面向未来的新思路,通过伦敦手工艺周这种当代再造的节日方式,拓宽手工艺的国际市场,调动更多的民众体验传统手工艺,促进传统工艺与现代设计的结合,从而使手工艺真正朝向当下人们的生活。

一、保护手工艺的传统模式

通过对部分2003年公约缔约国的调查发现[②],各国在保护传统手工艺上有着许多共同点。

首先,重视传承人的培养。例如,《中国非物质文化遗产传承人群研修研习培训计划实施方案(2018~2020)》中,就对传统工艺领域的培训人员专门作出规定,包括但不限于:“从事相关项目的手工艺人,以相关项目为主要经营内容的小微企业、老字号企业、作坊、合作社的管理、设计、研发人员。面向国家贫困县的传统工艺培训可包括拟通过从事相关项目增加家庭收入的普通人群。”[③]培训人群既有针对性,聚焦与传统手工艺相关的个人或企业;同时,也与民众的生活实际相结合,考虑以此为生的普通家庭。针对传

① 参见2003年《公约·基本文件》(2016年版),《公约》第一章第二条。

② 资料来源:笔者与中国驻外使馆文化处的田野调查。

③ 《文化和旅游部、教育部、人力资源社会保障部关于印发〈中国非物质文化遗产传承人群研修研习培训计划实施方案(2018~2020)〉的通知》,2018年11月26日,http://www.ihchina.cn/14/54717.html.

统工艺的培训规模,尤其提出“由技工院校实施的面向国家贫困县的传统工艺技能培训,可根据需要调整参与人数和培训时长”。由此可见,传统手工艺的传承人培训在我国非遗传承人的培训中占有重要地位。

邻国印度同样重视手工艺传承人的培养。印度通过五大人力资源发展项目,以资金补贴的方式,加强手工艺者的技能传承和培训。五大人力资源项目侧重点不一,分别是:职业教育机构培训项目、手工艺培训项目、师徒培训项目、培训手工艺师项目和设计师徒项目。第一、二个项目侧重于鼓励职业教育学院、中央或地方手工艺企业、机构或非政府组织开展手工艺技能培训;师徒培训项目则针对手工艺大师向学徒传授技能提供补贴;培训手工艺师项目是针对手工艺大师的培训,向其介绍符合市场需求的设计式样、新的生产工具及技术手段等;设计师徒项目则主要针对设计院校即将毕业、已经毕业的学生以及研究生。这五大项目根据不同情况,对教师和学生劳务费、工具费用、原材料、场地费、教材费用等进行补贴。

其次,重视传统手工艺的集群化发展和规模化生产。以亚洲国家为例,日本于20世纪70年代末在造村运动(也称“造町运动”)的背景下,兴起了“一村一品”(One Village One Product,简称“OVOP”)运动。以传统手工艺为代表的农特产品,在此运动的影响下,获得了新的生机,走向了更为广阔的国际市场。这一运动不仅在日本国内迅速得到推广,还传播和影响到其他国家。截至2009年,已有超过100个国家以各样的形式开展了“一村一品”运动,其中亚洲和中近东国家超过30个。[①] 很多国家对这一集群化的发展思路进行了本土化的改造。例如泰国,在他信政府时期,由政府推行了“一乡一品”(One Tambon One Product,简称“OTOP”)战略。如果说日本的“一村一品”运动是民间自发形成的话,泰国这种改良的项目模式,对亚洲一些国情相似的国家更为适用。由于很多国家国内市场狭小,民间企业的生存状况并不乐观,传统手工艺的生产主要是为出口服务,因此需要政府的积极介入。

再次,手工艺行业组织发挥了重要功用。以欧洲国家比利时为例,由于

① 贺平:《作为区域公共产品的善治经验——对日本“一村一品”运动的案例研究》,《日本问题研究》2015年第4期。

政府并不负责手工业者的组织工作,因此大多数手工业者较为分散,无法形成规模。以前多是靠在手工艺集市、展览上互相认识并产生联系。为改变这一情况,2006 年,一个民间组织"手工业之家"(Maison de I' Artisanat)成立了。该组织坐落于 Molignee 山谷中,周边自然风光秀美,旅游景点云集,靠着区位优势和对手工艺人的吸引,逐渐形成了民俗文化村。"手工业之家"中除常规展览外,还举办各类手工艺主题展,以手工艺机构为核心,辐射周边。不仅吸引了附近的游客,更使传统手工艺爱好者慕名而至。除举办展览外,"手工业之家"还与教育机构合作,激发年轻人对于传统技艺和文化的兴趣。通过在学校开设的兴趣班、选修课,丰富学生的校园生活,培养年轻人对于传统文化和手工艺的热爱。同时,还利用公共文化设施,开展讲座、培训等活动,为社会公众介绍与普及传统手工艺。"手工艺之家"这样的行业组织是覆盖所有传统手工艺行业的,还有另外一些专门的行业组织在确立行业规范、行业信息交流以及行业互助方面发挥了中枢作用。例如,在荷兰,几乎所有的手工业都有其自身的行业组织。通常情况下,该行业组织仅覆盖一种职业类型或很小的手工范围,具体而微,约有 100 家。与磨坊工艺相关的 4 家行业协会,即志愿磨坊主协会、荷兰磨坊协会、传统面粉磨坊主协会和弗里斯兰磨坊主协会,甚至合作完成了荷兰磨坊工艺 UNESCO《人类非物质文化遗产代表作名录》的申报工作。

从以上国家的非遗保护实践中,我们能看到手工艺保护大多会采用的传统模式,传承人培训、规模化发展、发展行业组织这些措施在不同国家多多少少都会涉及。这些措施主要是从手工艺内部发展脉络出发,去寻求内部的力量,增强内生动力。然而,在全球化发展的当下,如何利用更广泛的平台,去开拓手工艺的未来,仍是值得探索的问题。英国在手工艺发展方向的探索,为我们提供了另外一种可能。

二、英国传统手工艺发展历史与现状

英国并没有加入 2003 年《公约》,也没有加入 2001 年欧洲委员会通过的《保护视听文化遗产的欧洲公约》,仅于 2001 年 3 月加入了《欧盟保护少数民族语言宪章》。虽然英国媒体及民间组织曾多次呼吁政府加入 2003 年公约,对全国的非遗进行清点并出台相应保护措施,但英国政府并未作出回应。因此,英国政府未出台非遗保护相关法律。英国有关文化遗产保护的立法,主要聚焦于历史遗迹和自然环境。在地方层面,苏格兰和威尔士针对其本民族的特色手工艺和语言,颁布了相应的地区性法律文件或规定,例如《苏格兰威士忌条例》《苏格兰格子注册法》《苏格兰盖尔语法》《威尔士语措施》等。

英国国内目前没有"非遗"的概念,涉及传统技艺类的文化遗产,一般称为"手工艺"(Crafts)。虽然英国政府文化管理部门、艺术界、学术界、制造业等领域对传统手工艺这一概念的定义各不相同,但取得的基本认识是:传统手工艺是运用手工技巧以及对传统物料、设计和技术的理解,制造或修复实用器物。一方面,英国人有全民"好古"的风尚,普遍认为由英国工匠用传统手工艺制作的产品是身份地位的象征和优雅气质的体现。因此,热衷在市场上"淘宝",收集古董,追求手工制造。另一方面,英国传统手工艺的生存和发展,与其他国家一样,长期以来一直也面临着严峻的挑战。从外部环境看:英国手工艺受到工业革命、世界大战和经济全球化的影响和打击;归口管理部门不明确;现政府管理部门缺乏保护传统手工艺的热情。从行业内部看,传承人老化,与市场脱节等问题也一直存在。

(一)面临的困境与挑战

首先,受全球经济衰弱影响,加上材料及劳动力成本不断上升,导致英国国内小规模生产的手工制作产品价格节节攀升,被迫成为奢侈品。与此同时,大规模机械化生产及大量从低廉劳动力国家进口,导致商品价格下降,让普通民众对手工制造商品的态度发生改变。这些因素导致手工制作产品的市场需求量下降,销售受阻。

其次,英国传统手工业的归口管理部门及扶持机构一直不明确,行业处境尴尬,缺乏法律保障。英国至今未加入 2003 年《公约》,这对英国各界产生了一定的消极导向,影响了对传统手工艺的保护。比如,在立法方面,英国尚未有针对非遗的整体性立法;存在针对某一特定项目的单行立法,但主要是从商业保护因素考虑,而非其历史和文化内涵。总体来看,对于传统工艺的保护与传承,缺乏有力的法律保障。传统手工业对口扶持机构是手工艺协会与英国文化遗产委员会(English Heritage)。但后者主要侧重于历史建筑、自然遗产等,并不能给予传统手工业实际性的帮助。

再者,教育与培训不足也影响了公众对传统手工艺的认知。英国传统手工艺协会的调查结果显示,由于中小学及成人教育机构缺乏相应的培训课程,导致公众不再重视传统手工艺。越来越多的家长认为,从事手工行业不是一个好的职业选择。另外,目前无论是对从业人员的继续教育,抑或是对有意投身传统手工行业的年轻人而言,学习的渠道和经费都比较缺乏。有过半数的从业人员甚至认为自己从事的行业有消亡的可能。目前有相当数量的英国传统手工艺,如铁艺、木质啤酒桶制作、橡木编织提篮、图书装帧、钟表制作、马车制造等行业因后继乏人,传承人老龄化、生产产品与市场脱节等问题十分明显。传统手工艺协会在2014年发出警告,越来越多的传统手工产品的市场需求量急剧下降,有一定数量的传统技艺将在未来五年内消失。

(二)主要发展措施

英国传统手工艺的保护与发展虽然面临一些困境和挑战,但政府和民间仍然采取了一些措施恢复和传承传统手工艺,主要包括:

第一,大力扶持博物馆发展。英国的博物馆是传统工艺保护和传承的重要力量。博物馆往往依托特定地域,对地域内的传统工艺予以研究、保护和开发。全英共有30余家以展陈、研究传统手工艺为主要内容的博物馆;大型博物馆中如维多利亚与阿尔伯特博物馆、设计博物馆、国家海事博物馆等,均设有手工艺展厅及研究部门。

第二,对传统手工艺保护予以财政支持。对传统手工艺保护的财政支持,主要通过两方面实现:一是对博物馆的财政拨款,二是通过英格兰艺术理事会、地方政府等渠道对有关传统手工艺的各种文化活动予以资助。

第三,培育市场,举办传统手工艺展示活动。以伦敦手工艺周为代表的传统手工艺展示活动,成为当代再造的一种手工艺节日,将传统与现代的生活方式相结合。下文即以伦敦手工艺周为例,分析其运营的理念与实践,为我国传统手工艺的振兴提供一种可资借鉴的经验。

三、伦敦手工艺周:作为新型节日的手工艺发展方式

英国是一个商业主导型国家,强调市场规律与经济贡献。对于传统手工业亦是如此,政府认为只有适应市场规律,能自主生存的行业才有发展的条件。根据英国手工艺协会联合第三方调查机构于2015年公布的官方数据显示,目前英国约有43500名传统手工艺从业人员,占全英劳动人口的0.1%。他们分布在约11630家企业,占全国企业总量的0.2%;但其中超过50%(近6200家)是未注册的小微型企业、作坊或个人工作室。在地区分布方面,约89%的上述企业在英格兰,5%在苏格兰,威尔士及北爱尔兰各占3%左右。传统手工业者的平均周薪是406英镑,而全国平均周薪为461英镑。在生产价值方面,目前传统手工艺行业的年生产总值为19亿英镑,约占全国的0.1%,其中17亿来自注册企业,2亿来自其余小微型企业。每年产生净附加值(GVA)约7.46亿英镑,占全国的0.1%。以上数据可以反映出:第一,英国从事传统手工艺生产的大多为小微型企业、作坊或个人;第二,手工艺生产者的薪资水平较低,小微型企业、个人的生产总值较低。

为此,英国政府方面主要希望通过拓宽市场渠道,增强手工艺者市场生存能力的办法恢复传统手工艺的活力:一方面,帮助传统手工业者进行市场培训,提高经营意识,加强管理水平;另一方面,通过支持行业举办手工艺周等国际性项目,推介小微型企业、工作室及工匠个人,提高社会关注度,助其打开市场。

伦敦手工艺周(London Craft Week,以下简称"LCW")正是英国手工艺国际性项目的代表,由威尔士亲王查尔斯王子发起并得到政府支持,从2015年起每年5月在伦敦举办。该项目旨在强调手工艺的重要性,发掘优秀的、不知名的工作室和工匠,为他们提供向世界展示作品的平台;同时,通过开放工作室,展示制作过程,举办论坛和讲座等方式推广,为手工业者带来商机。在推动手工艺在商业逻辑中生存的同时,还可以进一步推动社会各界对传统手工艺保护的重视。

作为一种当代创造的新型节日,LCW体现出一种独特的发展传统手工艺的逻辑。

首先,注重创意的元素。传统手工业隶属英国文化、媒体和体育部(DCMS),DCMS 的重点关注领域一直是创意产业。因此,对于手工艺的传承与推广方面,也注重的是从创意、创新的视角。LCW 的出发点就是聚焦英国本土和来自全球的创意设计,将手工业者的技艺、想象力、个性与对手工制作的热情相结合。同时,英国也利用创意人才的优势,以城市为背景,将手工艺者、艺术家与设计师联合,促进跨界融合。

其次,跟紧时尚的节奏。LCW 的主体聚焦于手工艺,同时也反映了一种全球的时尚趋势。它将一些重要品牌与其标志性传统联系起来,在节日期间讲述自己的故事。许多重要的国际品牌,例如莱斯莱斯汽车、香奈儿、江诗丹顿等都参与其中。以英国手工艺最具代表性的西装定制为例,参加 LCW 的萨维尔街(Savile Row)可以说明,时尚与传统手工艺有着密切的联系,知名时尚品牌大多是精良的手工制作,包含着工匠精神。萨维尔街拥有超过 200 年的历史,萨维尔街裁缝的精湛技艺与一丝不苟的专业态度,在业界有着无可取代的地位,他们的产品一直是西装定制最高品质的代名词。而这种品质的重要保障,源于萨维尔街的品牌中所包含的严苛技艺与淘汰标准。每一位裁缝都需要从学徒开始,经历十几年甚至几十年不断重复的训练培养手感。根据理查德·桑内特(Richard Sennett)研究可知,在中世纪,作坊为手工艺的发展提供了重要的社会空间。手工学徒通过在作坊长时间的训练:一方面通过面对面的学习,了解师傅所传授技艺的相关显性知识和隐性知识,使自身技艺更为娴熟;另一方面,也能通过共享工作相关的仪式,遵循行业规范,保持行业的整体标准。[①] 而萨维尔街延续了中世纪手工作坊式的精耕细作,在工业化统治的时代背景中,裁缝仍坚持数年的训练并且遵守共同的行业标准。除了萨维尔街,LCW 的参展者既有世界知名的钟表、皮包品牌,也有较为小众的木艺、陶瓷工作室等,但无一例外都秉承着工匠精神,将专业发挥到极致。因此,这背后所体现的手工精良也构成一种特殊符号,吸引消费者。

再次,营造节日的氛围,吸引公众的参与。正如有学者所说:“作为一种公共的文化行为,节日的最终目的并不在于娱乐或审美,而是在于社会教育

---

① Richard Sennett, *The Craftsman*, London: Penguin Books, 2009, pp. 20 - 50.

和社会融合,是为了通过集体的庆祝活动和人人参与,来建立一套公共的精神信仰和价值观念。”[1]LCW 通过建立当代的一种新型节日,突出手工艺的独特价值,吸引更多公众关注手工艺。像萨维尔街所代表的这种“匠人精神”要想得到更多人的支持,就需要通过营造文化艺术氛围和各种宣传手段来实现国内外人群的重视和认可。手工艺周这种集体呈现的模式,公共效益更佳。通过手工艺周的活动,人们便能走近萨维尔街,更深入、真切地体验工艺之美。来自英国乃至全球的社会公众,可以通过一周之内的200多场活动走进大英博物馆、维多利亚与阿尔伯特博物馆等著名文博机构参加活动;还可以自己规划行程,走近平时不对外开放的个人工作室。节日的参与者越多,公共性就越强。节庆活动的意义,很大程度上就是为了建立临时的“庆祝共同体”。[2] 而 LCW 正是塑造了一个手工业者的庆祝共同体,在此节日空间中,人们基于对手工艺的共同兴趣爱好而结合,分享信息,认识匠人与技艺,甚至自己动手进行手工制作。

最后,注重国际交流,拓展销售平台。LCW 不仅为英国本土的手工企业与个人提供参加机会,也向其他国家或地区的手工艺展示提供平台。例如,“技艺中国”展就是 2018 年 LCW 的重要活动之一。来自中国各地的近40 位匠人和逾百件手工艺作品,展示了刺绣、陶瓷、木工、篆刻等不同领域的传统手工艺。[3] 类似的国际交流活动,使 LCW 已经突破国别的限制,为全球的手工艺者搭建了交流平台。而且随着活动每年举办,节日品牌的影响力逐渐扩大,这种全球化与本土化、传统与当代、商业与文化的激荡会更加频繁,也会为手工艺发展提供更多的动力。对于一些不知名的手工工作室或手工艺人来说,这样的平台更为可贵,因为 LCW 不仅搭建了展示、传播的平台,可以吸引更多人关注和从事该项手工艺活动;由于这是国际性交流平台,产品的销售市场也得到了进一步拓宽。

① 王霄冰:《节日:一种特殊的公共文化空间》,《河南社会科学》2007 年第 4 期。

② 王霄冰:《节日:一种特殊的公共文化空间》,《河南社会科学》2007 年第 4 期。

③ 参见《英国伦敦举办手工艺周 中国手工艺作品华丽亮相》,2018 年 11 月 26 日,http://www.chinanews.com/hr/2018/05-22/8519724.shtml.

四、结　语

在机械复制时代，各国都曾尝试过复兴传统工艺。例如，19 世纪30 年代至20 世纪初，英国就兴起了手工艺运动，并波及欧美及日本等国。这场运动以人文主义、浪漫主义为导向，试图通过复兴中世纪的手工艺，抵抗机械主义对日常生活的主宰。受此影响而兴起的日本民艺运动，也是希望手工艺能回到民众的手中，保持其原本的意义。[①] 但无论是以亨利·科尔、A. W. N. 普金、约翰·罗斯金、威廉·莫里斯和阿什比等思想家为代表的英国手工艺运动愿景，还是以柳宗悦为代表的日本民艺运动的理念，最终都只成为一种乌托邦理想，在强大的机器体系面前幻化为泡影。这种复归的失败说明，手工艺的发展还要面向未来。手工艺的回归需要以人为本，是要拯救被机械蹂躏的人类，但绝不是抛弃机械。[②]

LCW 体现的手工艺发展之路，是一种适应现代消费社会的新思路。

首先，在技艺上既注重手工的精良，也注重创新与时尚的元素，注重手工艺与现代设计的结合，努力发掘传统手工艺的现代性特质。

其次，在手工艺传承的内部保护之外，更加注重从外部开拓发展空间，讲求商业逻辑，搭建手工艺交流和销售的国际平台。法国的手工艺发展与英国类似，也注重经济的方式。例如 Wonder Lab 项目就是法国手工艺市场化运作的一次新尝试。该项目与 LCW 类似，以展览为切入点，也是以传播带动保护的生动案例。该项目由法国一家推动手工艺传播为主营业务的公司 Heart & Crafts 发起，在国际上举办法国手工艺展览的同时，配套研究研讨会、学习班、体验作坊等活动。通过在国际上，尤其是与西方文化背景具有很大差异的亚洲、中东等地区推介法国优秀的手工艺传承人及其作品，促进法国手工艺文化在国际上的传播，推动法国与世界各地在手工艺保护、传播、创新等方面的交流与合作。虽然项目是由私人公司发起主办，但得到了法国国家手工艺协会和法国文化部的支持。在获得法国政府支持的同时，

① 参见于文杰：《英国十九世纪手工艺运动研究》，南京大学出版社 2014 年版，第 1 ~ 2 页；刘晓春：《从柳宗悦到柳宗理——日本“民艺运动”的现代性及其启示》，《民族艺术》2018 年第 1 期。

② 参见［日］柳宗悦：《工艺之道》，徐艺乙译，广西师范大学出版社 2011 年版，第 96 页。

该公司也通过市场化运作，拓宽项目资金渠道，先后得到贝当古尔·舒尔勒基金会、梵克雅宝、法国著名甜品店 Pierre Hermé 等企业的资金支持。日本也有类似的推广活动，配合"酷日本"（Cool Japan）计划，将涵盖传统工艺品的地区产品在动画、流行、食品等较受国际认可的领域进行合作推销，开拓海外市场；在国际活动（如2010年 APEC 会议）上设立展台，利用现代科技对传统工艺品进行展示。

再次，以节庆的方式吸引公众注意，在产品性之外注重体验性，突出手工艺品的展示价值和体验价值。其实除了 LCW，还有其他国家通过大力举办节会赛事，传播传统手工艺。例如比利时每年举办手工业者日，所有手工业作坊对公众免费开放，可参观巧克力生产、啤酒酿造等50多种手工艺制作过程；布鲁塞尔首都大区政府每年组织手工及技术职业锦标赛，在全国城市设立分赛场，吸引众多手工业者参加。日本也会在每年的"传统产业推进月"中，举办纪念仪式、全国性研讨会、展示会等大规模普及活动。

综合 LCW 以及法国、日本等国家在手工艺传播、市场拓展等各方面的经验和优势，我们可以发现一种在新型节日空间中发展手工艺的新思路。以节日促交流，以交流促传播，以传播促传承。这既为手工艺作品在国际舞台上树立起口碑，同时也让更多的人认识到传统手工艺的价值，从而更加自觉地参加到手工业的保护中来，营造更加浓厚的群众氛围，为手工艺者的创作提供更好的环境。这对我国传统手工艺振兴的启示如下：

第一，创新保护模式。传统手工艺是"非遗"的重要组成部分，对于提升我国文化软实力有着重要作用。目前，保护传统手工艺已成为各方共识，各级政府对此都投入巨大。然而保护并不是目的，传统也不意味着因循守旧。让传统手工艺从濒临消失的边缘发展壮大，不断融合现代科技与审美，成为社会生活文化的重要组成部分，这才是保护手工艺的最终归宿。因此，在今后传统手工艺的保护工作中，应注意跳出"保护"思维的束缚，通过更加多样的方式来促进手工艺的发展，例如展览、旅游都可以为手工艺的传播提供平台，现代机械和计算机技术、时尚界的各种元素也都可以为手工艺行业提供发展方向和途径。

第二，整合市场资源。保护传统手工艺仅仅依靠政府是远远不够的。因此，引入市场机制，通过商业化运作，让优秀的手工艺作品和技艺进入市场,是引导传统手工艺行业自力更生、自我发展的重要手段。市场化的运作,能够让传统手工艺从业者更敏锐地捕捉普通民众的需求,从而为自身的发展开拓更大的空间。

第三,重视跨领域人才培养。在市场化运作手工艺保护的同时,应注意到相关人才缺失的问题。传统手工艺的保护和发展是一项系统性、跨领域的工程,需要多方面的人才共同协作。我们在重视非遗传承人的认定、传承和推广的同时,应同样关注媒体传播、市场运作、营销推广、公共关系等方面人才的培养和引导,让这些领域的人才关注到传统手工艺行业。同时,通过多方位的激励机制,让这些人才为手工艺的传播和推广服务,从而在最大程度上发挥商业化运作的效果。

田野报告

诞会*组织与轮值制度：广东诞会传承的核心民俗要素

王维娜**

摘　要

关于“诞会传统在地方社会如何延续”，需在长时段历史进程中思考影响诞会传承的核心因素。自明清以来，广东波罗诞主要民俗活动——“舁神巡游”和“赛会”，皆具有较为清晰的游神边界、稳定的诞会组织结构以及井然有序的轮流祭祀体系。经文献整理和田野调查发现，从传统到现代，诞会组织是关乎波罗诞能否稳定传承的一个核心民俗要素。在地方社会的民俗实践层面，参与波罗诞的各个祭祀组织单位，通过轮流值年的方式维系和巩固诞会共同体的秩序和稳定，举行“游神会景”达到娱神娱人、联谊乡里的社会功能。

关键词

诞会组织　轮值制度　波罗诞　传承

* 国家社科重大基金项目《中国节日志》波罗诞子课题设置之初，沿用北方“庙会”这一概念传统，将广东“波罗诞”“北帝诞”“龙母诞”等诞会的子项目命名皆为“波罗诞庙会”“北帝诞庙会”“龙母诞庙会”。后来，项目管理组在尊重南方民俗文化事项地域特征和独特文化表征基础上，取消“庙会”后缀，一律使用地域原有称谓。广东地区“诞”与“会”种类繁多，涉及领域较广，民俗特征存在一定差异，本研究中的“诞会”，主要指那些民众自发组织的以迎神赛会为核心的民俗活动，不涉及政府部门主办的各类文化展演性质的“民俗文化节”。

** 作者简介：王维娜，广东省民族宗教研究院副研究员（广东广州 510180）。

20世纪初期,时任教于广州中山大学的容肇祖关注到珠三角地区诞会的民间组织和展演形式:"游神前的首事集会,筹款,分配工作,以及游时的仪仗,鼓乐,顶马,彩亭,引彩,色子,文巡,武巡等等。另外还有演戏……这会是各社组合的……这些社的组织,及游会的状况也是很值得调查的。"①

近几年来,笔者在对广府地区、客家地区、潮汕地区的一些诞会进行历史文献整理和田野调查中发现:作为一种集体性民俗活动,从一个历史时期到另一个历史时期,诞会能够保持某种连续性和同一性,依赖于祭祀组织的存在和延续。本文选取广东最为鼎盛的诞会——"波罗诞"作为个案,研究自明清以来,波罗诞祭祀体系中的社会组织以及民俗实践路径的演变。

一、神明、宗族与村落

波罗诞,又称"洪圣诞",是民间为庆祝南海神诞辰而举行的迎神赛会活动,主要流行于广东、广西及港澳地区,珠三角地区尤盛。在广东,波罗诞专指广州市黄埔区南海神庙的诞会。

波罗诞主要祭祀场所是南海神庙。南海神庙位于广州市黄埔区庙头村,始建于隋开皇十四年(594),《隋书·礼仪志》载:"南海于南海镇南,并近海立祠……取侧近巫一人,主知洒扫,并命多莳松柏。"②作为官方祭祀场所的南海神庙,所在地古时隶属何处,由于缺乏隋唐文献记载,很难考证。目前所见文献中,与南海神庙有关的地名包括古斗村、南海镇和扶胥镇。学界普遍认同南海神庙所在位置古代隶属于扶胥镇。扶胥镇所处的位置是一处出海口,交通便利。曾昭璇从历史地理学角度考证,扶胥镇所在的黄木湾是狮子洋与广州珠江连接地点,由扶胥口转南,江面骤宽,洪潮转弱。③ 这里交通地理位置较为优越,是唐宋以来海上贸易的主要港口,因此,唐宋时期,南海神地位极为尊贵。

南海神为中国东、南、西、北四大海神之一,唐天宝十年(751),受封为

① 容肇祖:《妙峰山序》,顾颉刚著:《妙峰山》,上海文艺出版社1988年版,第3~4页。

② 《隋书》卷七《礼仪志》,中华书局1973年版,第140页。

③ 参见曾昭璇:《广州历史地理》,广东人民出版社1991年版,第249页。

"广利王",在国家礼制享受中祀的祭祀规制。唐宋以来,南海神不断加封为"洪圣""昭顺""威显"等封号,盛极一时。南宋人刘克庄《即事》诗文中明确记载了宋代南海神庙赛会的景象,这是目前确知有关南海神赛会最早的文献记载。

波罗诞,是广州南海神庙诞会独有的称谓,皆因南海神庙被民间称为"波罗庙"。屈大均认为,南海神庙被称"波罗庙",缘因"(南海神)庙植波罗树……庙有此树,故亦号曰波罗庙"。[①] 南海庙前种植波罗树的文献,宋代朱彧《萍州可谈》中有记载:"南海庙前有大树,生子如冬瓜,熟时解之,其房如芭蕉。土人呼之波罗蜜,渍之可食。"[②]目前可查证,"波罗庙"字样较早的文献为《明洪武三年重修南海庙记》一文。该碑主要记载了洪武二年(1369),因战乱不断,南海庙毁坏失修,中书掾高希贤负责修葺庙宇,整治殿堂、寝室、庐所、廊庑等事件。在该碑文末尾记有:"洪武二年三月日闽中徐宏撰,广州元妙观主持主领波罗庙焚修。"[③]从碑文来看,当时立碑的主要目的是纪念朝廷官员修建庙宇的功德,立碑者为地方乡贤,因此用了民间俗称的"波罗庙"说法,并未使用严谨的"南海神庙"官方称谓。这说明,至明洪武年初,"波罗庙"这种称法已广泛为民间所接受。

南海神庙及南海神诞称谓的改变,是明代乡村祭祀礼仪规范发生改变的体现。郑振满的研究表明:明代初期,为适应在基层社会推广的里甲制度,乡村建立了一套里社祭祀制度。明中叶前后,里甲组织趋于瓦解,里社祭祀也日益废弛,从而,里社祭祀开始演变为神庙祭祀,逐渐被迎神赛会所取代。[④] 这个过程,是国家礼制深入民间,为民间所吸收、转化为民俗的过程。[⑤] 笔者在查阅明清以来各版本《广州府志》《番禺县志》时发现,在官方修订的方志中,象征朝廷礼仪的南海神庙,其名称逐渐被地方俗称的"波罗庙"所替代,至清代末期,方志中基本已无"南海神庙"称谓,关于南海神庙的

---

① 屈大均:《广东新语》卷十七,中华书局2006年版,第474页。

② 朱彧:《萍州可谈》,鲁迅、杨伟群点校:《历代岭南笔记八种》,广东人民出版社2011年版,第116页。

③ 崔弼:《波罗外纪·碑牒》,清光绪八年刊本。

④ 参见郑振满:《神庙祭典与社区发展模式——莆田江口平原的例证》,《史林》1995年第2期;郑振满《明清福建里社组织的演变》,《民间信仰与社会空间》,福建人民出版社2003年版。

⑤ 龙圣:《"礼俗互动:历史学与民俗学的对话"学术研讨会评述》,《民族艺术》2015年第1期。

文献记载基本用“波罗庙”。另一方面，明嘉靖年间，广东进士田汝成《广州竹枝词》记有：“窄袖青衫白帢中，波罗庙里赛新春。圣重巫妪村村会，叠鼓鸣锣拜海神。”①描写的正是南海神庙周边村落举行波罗诞赛会的场景。这些都说明，明清以来，原本作为国家祭祀的南海神，其信仰日渐民间化和世俗化，由礼化俗后的迎神赛会在民间发展壮大，同治《番禺县志》载：“粤俗尚巫鬼，赛会尤盛。……极盛莫过于波罗南海神祠……”②

南海神庙祭祀由礼化俗的过程，伴随着地方社会中人口的发展、村落扩张以及宗族力量增长等重要因素同步进行。田汝成诗中的“村村会”“叠鼓鸣锣”表明，以南海神庙周边村落为主要参与者的波罗诞迎神赛会活动，在明代晚期已形成传统。地方社会中形成较为稳定的信仰体系、祭祀组织结构以及迎神赛会传统，与神庙周边村落的发展历史、人口增长和村落密集聚居以及农业、水利、经济发展等因素密切相关。据文献记载，北宋时期，南海神庙所处的扶胥湾，“民与海中蕃夷、四方之商贾杂居焉”③。《重修南海神庙》碑记载，北宋皇祐初年，侬智高进兵广州，掠扶胥，蕃汉数万家被席卷而去。平定侬智高叛乱之后，人口虽然陆续归还，但扶胥港已经没有昔日的富饶繁荣。

依据南海神庙周边十几个自然村的宗族族谱记载，华坑村简氏最早迁居此地，始于宋隆兴元年(1163)，大约同时期，夏园正心街李氏和徐氏、沙涌村区氏和何氏、庙头村张氏等相继迁居此地定居，依照现有村落规模、宗族力量以及当地势力大小来看，这几个宗族在宋明时期均未形成太大的发展规模。从元明时期开始，鹿步村的梁氏、何氏和唐氏、庙头岑氏、沙浦岑氏、南湾麦氏、双岗区氏、敦厚唐氏、夏园上街莫氏、夏园东平坊林氏以及墩美黄氏，陆陆续续迁居于此。结合各族族谱、民国文献以及田野调查资料可以看到，南湾麦氏、夏园莫氏和徐氏、双岗区氏、庙头岑氏和沙涌区氏几大宗族发展较快，宗族人口和财力相对比较强大，是波罗诞祭祀组织体系中较为核心的力量(见表1)。

① 雷梦水等编：《中华竹枝词》，北京古籍出版社1997年版，第2733页。

② 《番禺县志》卷六，清同治十年刊本。

③ 北宋治平四年(1067年)《重修南海神庙碑》，位于南海庙内礼亭西侧复廊。

表 1　　　　　　　　　　　波罗十五乡各宗族状况统计

	迁入时间	村名	姓氏	
1	宋隆兴元年（1163）	华坑	简氏	从车陂迁入华坑
2	宋淳熙年间（1174～1189）	夏园正心街	李氏	
3	宋绍定五年（1232）	夏园正心街	徐氏	从东莞迁居正心街（望头市）
4	宋代末年	庙头	张氏	张思铎为张九龄后裔，从曲江迁入庙头
5	宋代	沙涌	区氏	先祖区建沙，宋奉议大夫，置田产于笔村，长子文政迁居沙涌
6	宋代	塘头村	陈氏	宋代由增城沙村分支而来
7	宋末元初	沙涌	何氏	开村祖为四世祖元老公，宋末浙江省象山知县，任内避元兵居住广州诗书街，后迁来沙涌
8	元延祐七年（1320）	鹿步	梁、何、唐	鹿步为明代以来鹿步巡检司署所在地
9	元至正二十五年（1365）	庙头	岑氏	从顺德桂洲乡迁入庙头
10	元至正	沙浦	岑氏	庙头始祖岑佛成第六子，从庙头迁入沙浦
11	明洪武二十九年（1396）	南湾上街	麦氏	从东莞迁入南湾
12	明嘉靖	双岗	区氏	为避黄萧养之乱，自广州迁徙双岗
13	明嘉靖十二年（1533）	敦厚	唐氏	由南雄珠玑巷迁来
14	明万历前后	夏园上街	莫氏	从东莞麻涌迁来
15	明代	夏园东平坊	林氏	始祖居番禺穗石村，后迁徙东平坊
16	明代	敦美	黄氏	从番禺茭塘迁徙而来

二、跨村落祭祀体系的形成

南海神庙赛会的记载，最早出自南宋刘克庄："香火万家市，烟花二月时。居人空巷出，去赛海神祠。"①然而，结合南海神庙周边村落、宗族、人口发展等因素可以推断，传承至今的波罗诞，其现代民俗文化结构模型应建构于明代晚期，亦即田汝成诗中"村村会"简单勾勒出的跨村落赛会图景。至清代，文人笔记中对乡土文化的描述和记载才日渐丰富详细起来，为后人呈现了清代以南海神为祭祀核心的跨村落祭祀体系模型：

> 波罗庙每岁二月初旬远近，环集楼船花艇，小舟大舸连泊十余里……至十三日海神诞，谒神者仅三更烧鍜蜡，燕楮帛者络绎庙门，填塞不能进庙内。……庙前作梨园剧，近庙十八乡各奉六侯为卤簿，葳蕤装童女，作万花舆之戏。自鹿步、墩头、芳园，皆延名优，费数百金以乐神。②

"近庙十八乡"，即以南海神庙为核心的周围十几个村落，分别是：夏园、敦头、敦美、东平坊、正心街、南湾、东湾、西湖、贯街、鹿步、沙涌、大塘头、小塘头、双岗、沙浦、庙头、华坑、大庄。这些村落，自明清以来，行政上隶属于番禺鹿步巡检司。

明清以来，县以下的乡村基层行政区划极其杂芜，各种说法，珠三角地区就有"乡""里""约""隅""村""社""保""坊"等等，这种乡村社会的组织单位，无论是王朝国家基层组织变迁的层累叠加，还是乡村社会自治中的创新演进，都是一种多层次、多元的、错综复杂的网络系统，地方社会中具有极强的适应性。③ 基于田野调查和文献研究我们简单总结后发现，以南海神为信仰祭祀核心的跨村落祭祀体系中，各个祭祀组织单位划分，是结合了以地缘关系的里甲、血缘关系的宗族或房、道德驯化的"乡约"等组织单位，通过神明信仰和祭祀编织而成的一种社会网络。例如，"乡"作为一个村落单位，若该乡人口众多，宗族发达，则其下又分为以约或里坊为小单位的祭祀组

① 刘克庄：《即事四首》《广东通志》卷九十二《舆地略十》，清道光二年刻本。

② 崔弼：《波罗外纪·疆域》，清光绪五年刊本。

③ 参见傅衣凌：《中国传统社会：多元的结构》，《中国社会经济史研究》1988 年第 3 期。

织,每个约或里坊基本以一个宗族或某宗不同房为一个小集团。

"六侯",是宋时朝廷封给南海神的六位辅佐神,分别为:助利侯(达奚司空)、助威侯(杜公司空)、济应侯(巡海曹将军)、顺应侯(巡海提点使)、辅灵侯和赞宁侯。[①] 六侯是南海神的辅助者,在南海神庙中处于陪祀地位,各有立像。崔弼所言"各奉六侯为卤簿"中的"卤簿",原指皇帝出行时伴驾随行的侍卫、仪仗和车马等。崔弼此句,应指波罗诞期间,近庙十八乡分别抬着六侯神像,跟随在主祀神南海神行宫之后充当仪仗队伍。

值得一提的是,近代以来,在波罗十五乡一直延续着十五乡分乡祭祀南海神5个儿子的信仰传统。关于"五子"的来历,当地人有如下传说:

> 相传南海洪圣大王的太太曾册尊为"明顺夫人",生有五子俱以"安"名("安"乡音曾读为"案"),老大为大安,次元安,三始安,四祖安,五长安。……某年江中漂来一巨木,泊止在神庙前,土人取而雕为五安(又称五如)神像,俱黑须、大安金面、其他都红面。邻近村乡分而奉祀,每三乡奉一神,共十五条村乡……大安坐落在夏园乡、元安坐落在南湾乡、始安坐落在沙涌乡、祖安坐落在大小塘头乡、长安坐落在双岗乡。[②]

作为国家礼制中享受中祀的南海神,其配偶和子女同样受到朝廷的赐封。"徽宗宣和六年十一月,封显仁妃,长子封辅灵侯,次子封赞宁侯,女封惠佑夫人。"[③]南海神的长子和次子,就是南海神"六侯"中的辅灵侯和赞宁侯。崔弼"各奉六侯"的描述,究竟是崔弼对波罗十五乡"南海神五子信仰"的误读,还是说,近代文献所记载的"南海神五子信仰"是地方社会根据清代"各奉六侯"的事实演变发展而来,在缺乏历史文献佐证下,目前很难做出判断。从"五子"来历的传说来看,通过"江上飘来神木""感应神恩""雕成神像"供奉的传说来解释和建构某种民间信仰的来历,在民间传说中较为普遍,民众通过赋予神木以神秘感、神性从而取得信仰的合理性。

① 关于南海神六侯的考证,详见王元林:《宋南海神庙〈六侯之记〉碑考》,《暨南史学》2005年第3辑。

② 秦庆钧:《黄埔史话》,《黄埔文史》1985年第1辑,第15~16页。文内"祖安坐落在大小塘头乡""塘头乡"有误,应为"庙头乡"。

③ 《宋会要辑稿·礼二一》稿本。

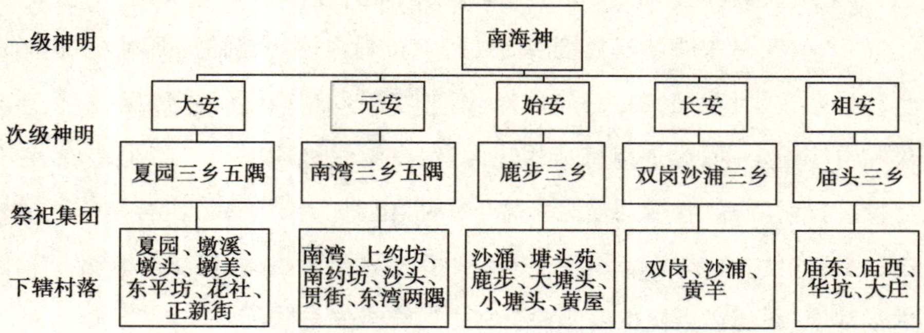

图1　清代波罗十五乡的两级神明信仰体系及祭祀组织体系

根据明清至民国波罗诞的文献记载和田野调查,结合区域社会村落、宗族发展历程,可以发现,明清地方社会中,南海神庙周边十几个村落以南海神信仰为核心,形成了祭祀边界清晰、范围固定的跨村落信仰祭祀体系。尤其特殊的是,与广东北帝诞、天后诞、金花诞、龙母诞等不同,以南海神信仰为核心的波罗诞,其神明祭祀体系中具有官方与民间、父与子以及兄弟之间多重政治与伦理关系,因此形成了两级祭祀组织和体系。

南海神处于一级神明信仰,其祭祀组织以朝廷为主,民间为辅。南海神是朝廷官方祭祀的海神。按照礼制,历来朝廷会派遣官员对其进行春秋两祭,其祭祀官员的品级、礼仪、祭品、祭乐等,皆需按照礼仪规制进行,祭祀所用经费,皆出自地方赋税。对此,乾隆《番禺县志》有记:“致祭,南海神,品物银一十八两。”①此外,南海神庙有田产,寺庙日常管理、祭祀、仪式等开支,由庙产的蒸尝支付。明宣德四年(1429),番禺沙亭乡人屈大均的先祖曾向南海神庙捐田五顷六十余亩(约310亩):“于是各益蜀田若波罗海心沙、东马廊、西马廊、北山田共五顷六十余亩以供祀事。以庙之羽士司其籍,列田形、税亩、册籍、条约,勒石于左庑下,盖宣德四年己酉二月庚子也。”②

南海神五子信仰处于次级信仰体系,分为5个祭祀集团,分别祭祀南海神的5个儿子:大安、原安、始安、长安和祖安。如图1所示,每个祭祀集团分别由其集团下的3个乡构成,每3个乡包括数量不等的自然村。波罗诞期间,各“安”只在其辖内的村中巡游,5个祭祀集团之间彼此不互相祭祀。

---

① 《番禺县志》卷之九“赋役”,清乾隆三十九年刻本。

② 《番禺县志》卷之十九“艺文”,屈士煌《南海庙施田记》,清乾隆三十九年刻本。

在地方社会的民俗实践中，波罗十五乡这个跨村落祭祀体系，通过轮值和游神会景来维护和巩固各个祭祀集团关系的稳定，从而培养和加强地缘关系的认同感，达到借神会乡、约纵连横、庆叙亲谊的社会功能。[①] 民国《越华报》记载：

> 查在该庙约内者，共有十五乡……每届诞期前后三日，迎神巡游，各乡互相轮值……今年会景将届，得知十五乡内有夏园乡徐姓十年出会巡游，热闹非常。[②]
>
> 每届洪圣诞辰，循行例会，举乡若狂，或演梨园助庆，联同鹿步、南湾、夏园、沙涌等乡轮流充当主会。[③]

三、轮值制度与游神会景

轮值，是在跨村落祭祀体系或跨里坊/社祭祀体系中，各村或各里坊/社、以年为周期，轮流充当主事者，负责组织游神活动的一种组织方式。

轮值传统在地方社会如何形成？应结合明代在基层社会实行的祭里社和祭厉制度进行思考。明代祭祀里社和祭祀乡厉制度在基层社会的践行，采用分社轮流祭祀的方式：“凡个乡村，每里一百户内，立坛一所，祭无祀神鬼……其轮流会首及祭毕会饮、读誓等仪，与里社同。”[④]明中叶，随着里社祭祀开始转向神庙祭祀，官方礼仪的祭里社和祭厉，逐渐演变为以神庙祭祀为主的迎神赛会。[⑤] 由此可以推断，原本在祭祀里社中使用的轮值制度，被延续到迎神赛会活动中。值得一提的是，轮值，并非南方“迎神赛会”所独有，北方“迎神赛社”也采用轮值制度轮流祭祀神明。山西晋南浮山“各有多社，轮流迎神，至前后社交接招待，备尽其礼……以天圣宫二十八社为最焉”[⑥]。山西闻喜每“村各有所迎之神，大村独为一社，小村联合为社，又合五六社及

---

① 参见刘晓春：《“约纵连横”与“庆续亲谊”——明清以来番禺地区迎神赛会的结构与功能》，《民俗研究》2016 年第 4 期。

② 《纪波罗会景》，1934 年 3 月 31 日《越华报》中山图书馆特藏。

③ 《波罗举行大会景：缸瓦船打虎 尽此一煲》，1934 年 3 月 29 日《越华报》中山图书馆特藏。

④ 《广州志 · 礼乐》。

⑤ 参见郑振满：《明清福建里社组织的演变》，郑振满、陈春声主编：《民间信仰与社会空间》，福建人民出版社 2003 年版，第 335 ~ 353 页。

⑥ 转引自赵世瑜：《中国传统庙会的狂欢精神》，《中国社会科学》1996 年第 1 期。

十余社不等,分年轮接一神"①。

"会景",是广东方言的独特表述,主要指神诞活动中、在特定的信仰空间,如村落、坊里等之间进行的"迎神巡游"中的一系列民俗娱乐表演,与华北地区的"社火"类似。"会景"分为"大会景"和"小会景"。举行"大会景",游神活动中有仪仗队、八音、鼓乐、舞龙舞狮、马色、飘色、地色以及彩亭等为游神助兴的展演,内容丰富多彩,花费较多资金,因而,一般几年才组织一次。"小会景"较为简单,没有仪仗、飘色、舞龙舞狮等辅助表演,只有鼓乐伴奏,村民抬神像巡游。每年循例为神明贺寿,一般称为"小会景"。顾颉刚比较南、北方赛会后认为,"赛会是南方好,因为他们的文化发达,搬得出许多花样,而且会得斗心思,一个地方有了几个赛会,就要争奇赌胜,竭尽他们的浮华的力量"②。顾颉刚所说"赛会"之"会",正是广东各地诞会中的"会景"。

在波罗诞中,轮值制度的落实,是通过建立与跨村落的两级祭祀体系相配套的两级轮值体系来完成的。

参照图1,波罗诞期间,处于次级神明信仰体系的南海神五个儿子,需向南海神祝贺,朝王仪式中必然有主祀者,如此,在南海神五个儿子之间形成了一个大的轮值体系,这个轮值体系,是按照"大元始长祖"的顺序依次轮流。充当主祀者的村,当年朝王仪式中站中位、上主香,同时,在本年"会景"活动中,地位最高。其他各安的"会景"活动,须等充当主祀的村开始仪式后才能进行。因而,才有了民国文献记载中的:"遂出门折入南湾,行至麦氏祠前,则见舞台在望,演国丰年班,当时正午尚未开演,所谓会景寂然无闻,余不能久候,乃问乡人询问。据云本年主会轮值夏园,雇演胜寿年班会景由该乡起马。"③

以5个"安"为信仰核心的5个祭祀集团有"三乡","三乡"下辖多个村落,各个祭祀集体内部又各自形成一个小的轮值体系。各"安"内轮值次序,

---

① 转引自岳谦厚:《传统庙会与乡民休闲——以明清以来山西庙会为中心的考察》,《山西大学学报(哲学社会科学版)》2009年第1期。

② 容肇祖:《妙峰山序》,顾颉刚编著:《妙峰山》,上海文艺出版社1988年版。

③ 《最后一次之波罗会景——大碌藕抬色,尽地快活》,1934年4月4日《越华报》中山图书馆特藏。

基本依照各村人口和财力进行分配，人口多、财力雄厚的大村，每个姓氏的宗族都可以参与轮值，举行“会景”。例如，供奉祖安的庙头村，庙头东的张氏和庙头西岑氏两大宗族人丁兴盛、财力雄厚，各自依次承担本“安”内的主祀者。刘志伟基于沙湾北帝诞研究发现，在具体的历史时空和地方社会文化权利结构中，轮值是地方社会中不同社会群体调整和确认社会关系的一种重要手段，因此，“轮值游神”和“会景”的安排，并非固定，会根据宗族势力不断变动。[①]

“舁神出游”是波罗诞中极为重要的活动，游神范围集中在各“安”所辖的几个村，由供奉各“安”的村根据各村人力、财力组织“会景”巡游。届时，民众抬着神像，依照约定俗成的巡游路线，在神明管辖境内的村中依次进行巡游。巡游途中，会集中在几个约定俗成的点，接受民众的上香、祭祀和上贡，当地称为“鉴供”。财力雄厚的鉴供点会设置供棚，供棚一般设定在祠堂前、各约（或隅）路口等。供棚内的供品主要由各约（或隅）内各家各户的捐资购买，供品主要包括烧猪、鸡鸭鱼、鲜果、粉面等。鉴供仪式结束后，各个供点的组织者会将供品按出资份数分给捐款的每户。一般来说，各“安”神像只在上年主祀者和当年主祀者两个村内的鉴供点接受上供。游神结束后，民众将神像抬入下年主祀村内进行供奉，由此，进入下一年轮值。

四、现代祭祀组织与秩序的重建

1934 年，随着国内战事不断，民国政府紧缩财政，广州政府“当局训令，创办建设公益各项，事事需财，从前神庙蒸尝，拨入会景用途者，实行改办公益，化无用为有用，遂决然裁撤会景”[②]。1934 年，“波罗十五乡”举行了最后一次波罗诞。直至 2004 年“首届广州市民俗文化节暨波罗诞千年庙会”，波罗诞权以“民俗文化节”的模式得以恢复。

现代政治经济体制下，作为现代政府职能部门的地方文化局，是管理、组织、推动和发展地方民俗文化的主要力量。现代社会，南海神庙的文化性

① 参见刘志伟：《大族阴影下的民间神祭祀：沙湾的北帝崇拜》，《寺庙与民间文化》，（台北）汉学研究中心 1994 年版，第 707 ~ 722 页。

② 《波罗举行大会景：缸瓦船打虎　尽此一煲》，1934 年 3 月 29 日《越华报》中山图书馆特藏。

质已经从传统时期朝廷祭祀场所转变为国家级文物保护单位，纳入区政府文化部门管理范畴，波罗诞的组织管理权力亦随之转移至地方文化部门。

2005 年，黄埔区政府决定重新恢复波罗诞的传统活动——朝王巡游，希望将其打造为广州民俗文化节中最具民俗风味的节目。第一步，就是重建波罗诞民间祭祀组织结构。作为首届波罗诞的策划和组织者，黄应丰说：

> 因为旧时十五乡的祖宗都有田产，叫“太公田”，这些太公田的田产都有租金的……所以波罗诞中的活动、朝王、抬神像巡游的活动经费，都是靠十五乡各个祠堂田产出租的收入来支付。现在要想十五乡重新来组织五子朝王活动，因为他们已经没有了原来的经费，所以要组织个联谊会。第一，他们要凝聚十五乡的人来参加这项活动；第二，他们要拿到经费，不管是政府给也好，民间赞助也好，他都要有个组织，他们都要有个核心，要有人牵头来做这些工作，所以一定要组织一个联谊会。没有这个联谊会，就没有了核心，就组织不起来了。①

地方文化部门联系了庙头东、南湾、夏园、沙涌、鹿步、双岗、沙浦以及庙头西各村有名望的长者，共同商议成立十五乡联谊会的事宜。最后经讨论决定，波罗庙十五乡联谊会会长由庙头村岑赐怀担任，总会下分设 5 个联谊会，分别是庙头联谊会、夏园联谊会、南湾联谊会、双沙联谊会和鹿步联谊会。

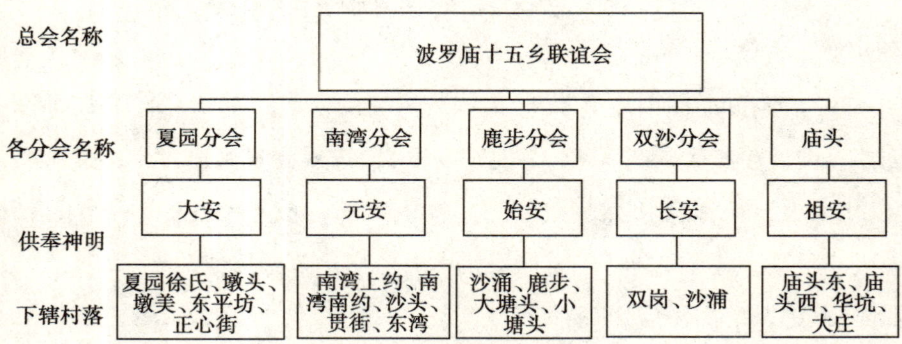

图 2　现代波罗庙十五乡联谊会组织结构

重建组织建立的十五乡联谊会，基本沿袭明清时期的两级神明信仰体

---

① 访谈人：王维娜；访谈对象：黄应丰；访谈时间：2013 年 8 月 20 日；访谈地点：南海神庙内。

系结构框架和两级轮值体系。按照新的行政区划，华坑和黄屋并不隶属于黄埔区，因而无法继续参与传统的轮祀体系。

十五乡联谊会活动经费由镇政府给予一定的补贴，再加上民间集资和群众捐助。按照联谊会职能和分工，十五乡联谊会每个分会主要负责菩萨神像的供奉轮流和每一年朝王的安排、神像的翻新维修、旌旗翻新、巡游队伍服装、供品等事项。①

与明清时期朝王仪式相比，重新恢复的五子朝王，是政府文化部门通过行政权力整合了民间祭祀组织力量，将传统时期的民间祭祀活动表演化和仪式化，使之成为一种集民间祭神与舞台表演为一体的文化活动。这集中表现在，5个分会于同一时间（正诞日上午）在南海神庙前广场举行拜祭南海神庙仪式，这些仪式由政府文化部门策划，有固定的流程，其中包括：当年主祭者宣读祝词、主祭者和各"安"朝王代表叩首敬香和奠酒、主礼人献贡、主礼人和各"安"朝王代表撒圣和派利是糖果、礼毕依次退场。待仪式化和表演化的"五子朝王"结束后，各"安"返回各"安"辖境内，开始传统的"异神出游"活动。

在传统到现代的转型中，地方社会中的基层社会结构和文化权力网络发生改变，基层社区政治管理强化、宗族力量的式微、生产方式和劳作模式的改变等等，这些因素，使得诞会的呈现方式、祭祀组织的主持者身份、资金来源、民众在诞会中的自主性、游神边界等具有了新的民俗文化特征。以夏园分会重建祭祀组织结构、游神路线以及活动经费来源所发生的改变为例：

夏园旧时分三乡五隅。三乡：夏园乡，墩溪乡（含墩头墩尾、东平坊、花社），正心街乡（分上街、下街）。五隅：夏园、墩头墩尾、东平坊、花社、正心街②。这三乡五隅供奉的是"大安"。2002年，黄埔区推行"撤镇设街、撤村建居"政策后，夏园村转制成为新型社区，传统时期供奉"原安"的东湾村被划入夏园社区。因此，在重新恢复的十五乡联谊会中，遵照传统巡游观念的边界范围，东湾归入南湾分会的轮值体系，并未按照行政区划范围纳入夏园

① 参见《关于成立南海神庙十五乡联谊会的请示》，黄埔区文化局档案馆，2005年（长期），档案编号：246；《关于协助波罗庙十五乡联谊会举办五子朝王活动的函》，黄埔区文化局档案馆，2007年（十年），档案编号：44。

② 广州市黄埔区南岗镇志编纂委员编：《南岗镇志》，中华书局2006年版，第410页。

"大安"轮值体系。

夏园分会内游神路线的重新制定,依照旧制,基本保留传统路线,又顺应新城镇发展,增加了两个新的巡游点。夏园新圩和大基为新增加的2个巡游点。20世纪80年代后,由于人口增长过快,将夏园第八、第九社的部分社员搬迁到一片果园地,后称"夏园新圩";大基亦是由于城里坊人口增长,原有居住地不足,便将土地申请改建住宅,发展为一条街巷。在重新制定巡游路线时,这两个点的居民们向夏园分会提出申请,经征求村民同意后方增加入神明巡游路线中。因此,大安巡游新的路线为:夏园新圩—夏园社区—正心街—东平坊—敦厚—敦美—大基—塘边坊—水关坊—兴贤坊—城里坊—兴贤坊南园徐公祠。

明清时期,夏园祭祀集团里,波罗诞迎神赛会所花费用由"大安"的庙产支出。现代波罗诞,活动经费来源分为两部分:一是以夏园社区(此处为行政社区)的名义,向黄埔区文化局申请"五子朝王"仪式表演的专项工作经费。原本,黄埔区划拨给各社区的工作经费约6000元,经过各社区申请,提高到8000元。[①] 然而,每年各分会游神实际支出费用为2万多元,政府补贴经费明显不足。因此,另一个经费来源主要依靠夏园社区(此处为行政社区)。然而,夏园社区内的东湾经济社,属于"原安"祭祀组织体系,并不参与"大安"巡游的各项活动,因此,这部分经费不能从夏园社区集体经济中支出。夏园社区有13个经济社,除东湾外,其他12个经济社集体分摊这部分费用。具体各项分摊方案,由经济社单独(或联合)向夏园社区提出,经夏园社区同意后按照方案进行经费分摊。

余 论

在探讨民俗学的学科本位问题时,赵世瑜反复强调"传承"这一概念对民俗学的重要性,他认为,"传承"是民俗学研究主体、"传承"是民俗学的核

① 参见《波罗庙十五乡联谊会经费不足请示》、黄埔区文化局档案馆,2009年(永久),档案编号:4;《同意十五乡经费补助》,黄埔区文化局档案馆,2009年(永久),档案编号:5。

心概念。[1] 对"传承"概念的理解,需具备一种历史的视角,这种视角并非对历史文献的单一运用和解读,它需要将民俗事象置入具体历史社会背景中,以一种"历史上的民众日常生活"的眼光去看待民俗事象及其演变,从而思考民俗传承机制、民俗结构过程和民俗实践路径。本文即是以长时段视野研究某一民俗事象传承的尝试。

将具体的民俗事象置于区域社会和历史文化生态中考察会发现,每一民俗事项皆有其核心传统因素,即在从传统到现代的变迁中,使此民俗事项保持"何以为此而不为彼"独特性的那些因素。作为一种延续千百年的集体性民俗活动,诞会具有历史性、社会性、宗教性、区域性以及现代性等复杂特征,除诞会组织这一核心民俗因素之外,必然还有其他因素在影响着它的传承,例如神明信仰、宗族竞争等因素,本研究只触及诞会研究冰山之一角,需要持续、多元视角继续进行研究。

站在民俗学学科本位研究从传统到现代转型的诞会,一方面关注区域社会历史文化变迁中,诞会的神明崇拜、诞会组织结构、信仰群体、组织方式、社会功能等,如何随之发生改变,在重构民俗事象历史形成发展过程中,试图探寻影响诞会传承和发展最为稳定、核心的民俗因素。一方面也是在思考,在现代非遗保护以及乡村建设中,在保持诞会民俗文化特征的基础上,如何发挥诞会祭祀组织的传统社会功能,为现代社区和乡村建设提供有益的借鉴。

① 参见赵世瑜:《传承与记忆:民俗学的学科本位——关于"民俗学何以安身立命"问题的对话》,《民俗研究》2011 年第 2 期;赵世瑜:《历史民俗学》,《民间文化论坛》2018 年第 3 期。

作为文化整合机制的清明节交流实践

——以辽西农村社区当下的清明节传承为观察对象

王　雪*

摘　要

以辽西农村社区清明节为考察对象，关注民众的交流实践与心理世界，可以发现民俗节日已深深嵌入当地民众的生活之中，其文化展演丰富而立体。民众在节日交流实践中，往往强调自身角色的重要价值，直陈自己对地位的要求，不愿接受匮乏所暗示的文化边缘化。在文化整合的视野下，清明节可以视为弱势方自我调节以达成适应的一种文化设置。

关键词

清明节　交流实践　文化整合　边缘与中心

清明节作为一项文化设置，源远流长，在当下民众生活中依然发挥着重要意义。正如张士闪所言："我们不仅要注意到节日期间的戏剧表演活动中的意义生成，而且要关注新生成的意义如何被社区或族群的日常生活所吸纳、改装或拒绝。"①将节日置放于日常生活的语境中予以观察，是近年来节

* 作者简介：王雪，北京师范大学文学院2016级博士研究生，中国现代文学馆馆员（北京100875）。

① 张士闪：《节日戏曲表演的乡土生态》，载张士闪、李松主编：《节日研究》（第四辑），学苑出版社2011年版。

日研究中富有活力的方向。本文将清明节置于辽西农村社区的现实生活脉络中,以民众的日常交流实践为观察对象,尝试探讨这项文化设置的基本特征与功能意义。

一、清明节的交流实践

(一)阳间与阴间的"交流"

清明节时,人们从家庭中走出,聚集在生活区域之外的田野或墓地中,在纸钱燃烧起来的那一刻,人与逝去祖先的灵魂"沟通交流",暂时离开世俗和日常生活的世界。坟前,年长之人可以退回历史深处,重温自己的少年时光;而年轻人则可以思考自己年老后的归宿,时间被延宕开去,在这里体会到的人生感受不同于日常时空中带来的感受,人们往往可以将平时压抑的情感释放出来,清明节正是以这样"阴阳交流"的独特方式实现了对日常时空的超越。

1. 民众与祖先

清明节中人们交流的对象主要是阴间的祖先,其交流方式也有些变化,与日常有所不同,形成一种特殊的文类。在辽西农村,当下人们去祭祀的先人一般是父母或者祖父母辈,这些人出现在活人的记忆中,有很多生活的细节、感情的交流以及留下的遗憾。与春节的祭祖上坟相比,这个节日是专门为逝去的祖先设置的,祭祖也是清明节最为核心的要素。村民王宝祥回忆了他印象最深刻的一次清明节情形:

> 印象最深刻的就是我妈去世第二年的清明节。那时候好像是清明节的第二天,当时我是跪在她的坟头,说了一句"没想到你去世得这么早"。真的是没想到。那会儿有点什么好吃的啊,都是先将就我爸来,因为他体格儿不好,寻思他会先走,能走在我妈前边。没想到我妈走前边,这个挺突然的,感觉挺伤心的,心情很复杂,挺后悔的那种感觉,愧疚太深了!她啥也没吃着,啥也没穿着,就这个记忆挺深的。别的都像

是一种形式感。[①]

祖先崇拜与中国对家族的重视不能分割。辽西农村社区中，人们祭祀祖先三代为止的现象表明，小家庭成为核心，大家族已经解体。人们会祭祀跟自己有过接触的先人，抒发自己的感情。有些女性在采访中表示，逝去的老人有时会给自己“托梦”，这些梦让祭奠的人感觉和被祭奠的人之间的联系更加密切。宗教学家斯蒂芬·格罗斯比认为：“人类对生存力，尤其是对人类本源极其关注。由于这种关注，他们围绕本源形成了关系。其中最显而易见的例子就是围绕父母这一生命来源而形成的家庭关系。注重本源可能是各种亲属关系具有持久性的原因。”[②]可以说，清明节习俗持久传承的动因之一，就是由人们注重本源这一心理欲求决定的。这是一种具有历史感的深沉的信仰，也是被实践证明的一种行之有效的信仰。在这一套家族的系统里，每一个人有自己的位置，也有自己的责任，人们活着有目标，死后有归宿。人心不再空无所系，无所依归。民众这一点点生生不息的信仰安放，是人们活着的动力和精神抚慰，是民众追求平安、幸福的精神寄托。

祖先与活人的关系还体现在祖坟的风水上，在民众观念中，风水对后人的命运会有所影响。正如村民所说：“其实这个坟啊，对他们儿子的下一代是好的。”[③]“挪了（坟）你就败，快则一年，慢则三年，可你这股先败！”[④]这使得清明节祭祖与否对后人产生一定的心理压力。对祖先尽心尽力，选到好的风水宝地，祖先会佑护后代；若伺候得不好，对祖先不上心，除了获得不孝的坏名声以外，还有对个人及后代命运的直接伤害。上述两重因素是清明节得以传承的重要原因。而细究其本质，这是人类应对社会风险而采取的一种心理安慰措施，这种措施又是人的能力可以控制的。这样就将不可控制的风险转化为人们可以把控的行为。

祖先是否保佑后代，祖坟是否风水好，这取决于现实中人的活动和行

① 访谈人：王雪；访谈对象：王宝祥，男，1958年生；访谈时间：2018年5月11日；访谈地点：辽宁省凌海市王宝祥家。

② ［美］斯蒂芬·格罗斯比：《民族主义》，陈蕾蕾译，译林出版社2017年版，第11页。

③ 访谈人：王雪；访谈对象：王金玲，女，1987年生；访谈时间：2018年5月9日；访谈地点：辽宁省锦州市王金玲家。

④ 访谈人：王雪；访谈对象：张香林，男，1936年生；访谈时间：2018年6月16日；访谈地点：辽宁省凌海市张香林家。

为。正如彭牧所言:“人不仅仅是人神互动的发起一方,而且从根本上而言,是人的信仰实践构建、改变和决定着神的灵验能力。神的灵验实在于人。换言之,灵验问题并不是神内在的超验能力问题,而是和人的关系问题。”①人是主动的,设计出一套程序和办法来确保自己可以控制不可抗力,不管这种控制力是真实的还是虚幻的。在这个过程中,因为和自己的切身利益紧密相连,民众都非常自愿地参加这个文化建设活动,并希望自己通过多付出而多获益。

2. 民众与神灵

清明节的活动具有一定的神圣属性,涉及民众对于死后世界和不可知领域的想象。对于人与死后世界及那个世界生命交流的方式,村落里的风水先生有一套自己的认知:

> 人去世后以幽魂的形式存在,到第七天,也就是“一七”的时候,小鬼让人的魂魄回家望望,这时家里设香案的话可能会看到灵魂留下的脚印,继而魂魄来到望乡台。“五七”时则是阎王来观花的时候,家人应给逝者烧花。第60天,魂魄要渡过阴阳河,家人给逝者烧船助其渡河。之后,人的幽魂来到阴曹地府,阴曹地府共有18层地狱,因此亲人一般给逝者哭18场。判官根据人在阳间的表现断案,如果在阳间做好事做善事、办事平衡、多做人心平等的事,到阴间能少受折磨,能得到好报。经过判官判,这股灵气12年后还可能转生为人。如果做恶事,打到阴曹地府的阴坑里头,就永远不能翻身了。②

在村民看来,对后人有直接影响的是坟地,祖先的灵气入土后,借着土地的灵气再反映出来。能否占到一块吉地,很大程度上也要靠祖先的灵气的助力。灵气可以使风水先生找到一块吉地。

除了掌握专门知识的风水先生外,普通民众的心目中没有一个完整的人与神灵的图谱,只有零星的记述,具体如下:

“叨咕” 人死之后的灵魂跟家人非常亲近,并且也具有某种灵力:“老人死了之后就像佛似的,都保佑子女嘛!”因此,上坟时都要请这些祖先神保

① 彭牧:《祖先有灵:香火、陪席与灵验》,《世界宗教文化》2012年第2期。

② 访谈人:王雪;访谈对象:张香林,男,1936年生;访谈时间:2018年6月16日;访谈地点:辽宁省凌海市张香林家。

佑自己以及家族的晚辈。请求的方式是在纸钱燃烧的时刻用语言表达,即"叨咕"。

"鬼打墙" 一位老太太在去给早逝的女婿上坟时,竟然在熟悉的村落边迷路了,怎么也找不到出口了。她便破口大骂起来,大意是:我是你的长辈,来看你,你来围住我,是不是太过分了?这样骂过之后,坟地果然出现在她眼前。老太太将此事称为"鬼打墙",并讲述给家人听。在村民心目中,鬼会因为活人伺候得不周到而生气,但仍然通情达理,保持了跟生前一致的性格特征。

"犯重丧" 当地村民认为,人在刚去世时,必须打开屋内的窗户,让灵魂西去。若不打开窗户,魂灵儿走不出去,就会落在屋内身体较弱的人的身上,不出100天,这个人会死亡。百天之内办两次丧事,是为"重丧",而这是因为犯了忌讳导致的,故称"犯重丧"。

周年祭 新逝去的人,单数的周年祭时,后人必须都参与,否则生活便会不顺利。一位中年妇女讲述了一个自己亲身经历的故事。她的父亲去世五周年的时候自己忘记去上坟,结果在那年她的母亲去世了。母亲死在她家的外面,好几天都没人发现,去世得不明不白。这也令她遭受自己兄弟和兄弟媳妇的谴责,心情十分沮丧、难过。因为自己平时对母亲照顾得很周到,这次是因为去城市给女儿带孩子,才导致对自己的母亲疏于照顾。最终,她将原因归结为自己没能在父亲五周年祭日时进行祭祀。可见,在村民看来,祭祀先人应力求周到,否则便会影响现实生活。

"三周年"的节点 在这一带村落,逝去的人满三周年,后人便可以在清明节时为其立碑了。村民认为,三周年意思是人去世超过1000天,可以正式离开人间,再不会"缠磨人"了。新死之人有一个三周年的过渡期。这期间他们处在阳世的边缘,并没有彻底离去。

(二)阳间的互相交流

清明节时民众的交流实践非常丰富,除了阳间与阴间的"交流"之外,阳间的人们以后人的身份共同面对逝去的亲人,互相之间交流的深度得以加强,生活矛盾也得到一定程度的消弭。

1. 家人之间

一位在城市跟女儿生活的老年妇女回忆了2018年的清明节情况:“清明节那天,我女婿开车,我们这几口人都去(上坟)了,到了一看,大家都上山了,人家都先走了,我们车后到,我们就赶紧去追。”[①]因这天是星期四,她提前给孩子在幼儿园请好假,一家人起了大早,途中停车购买了自己要烧的纸张、金色锡箔叠成的元宝,还有黄色、白色的纸花等物品。在这之前,母女之间已经就这次清明给老人立碑的种种环节和家族间人际关系有过多次谈话交流。这些谈话把一个人从对外部事务的关注拉回到亲人之间的关系上。母亲回顾人世沧桑,更加珍惜现在的平静,很多复杂的感情无法言说,上坟这件事令她有一种朝圣的感觉。女儿意识到母亲年纪渐大,自己应该多和她聊天谈心。

女儿对自己全家陪同妈妈回村祭扫的行动十分支持,事实上,她是一个非常积极的行动者。她自认为最重要的是自己对姥姥的感情:“我和我姥儿的感情不一样!我们娘俩处得好……那时我姥儿体重就七八十斤,我回家第一件事就是抱她转一圈,把她抱起来。真的是这种感情呢,特别想念……就像去我姥儿(的坟)那,每次都说:‘姥儿,来看你来啦!’”[②]叙述完这些,这位年轻的女士总结道:“我感觉我是一个挺热心肠、挺善良的孩子。”感情是极为真挚的,这也是亲人之间交往最为动人的地方。同时,她补充的自我评价也是她要主动和极力维护的,这涉及情境中人的特殊处境。

这位年轻的女士身世曲折,她并不是上述那位母亲的亲生女儿。她在14岁参加父亲的葬礼时才知道这个消息。整个葬礼她表现麻木,并没有哭。事后多年,她回忆起当时:

> 那时根本不是我不想哭出来,我心里想哭,我根本不会像大人那样,‘啊啊’地哭,只是偷偷地抹眼泪。因为我就不懂那些东西,就是感觉我爸没了,我就特别伤感,特别伤心。但是我没法用那个状态表

① 访谈人:王雪;访谈对象:小弟(匿名),女,1958年生;访谈时间:2018年5月9日;访谈地点:辽宁省凌海市小弟的女儿家。

② 访谈人:王雪;访谈对象:张小玲(匿名),女,1987年生;访谈时间:2018年5月9日;访谈地点:辽宁省凌海市张小玲家。

现出来。①

这件事情结束之后,初中二年级的她开始谈恋爱,相处的对象是学校里的小混混,母亲和大姨采取一切手段阻止,其结果是她离开家,搬到那个男孩子的家里去了,并因此正式辍学。之后母亲到男孩家里找过几次,她不肯回家,男孩的父母对她母亲言辞恶毒。一段时间后,她怀孕、人工流产。这件事对她的打击极大,她发现自己的男朋友不能给自己一个家,便偷偷离开了。

因为是偷偷跑出去打工,她的去向没有人知道。从此,她的母亲和大姨开始了漫长的寻亲之路。从一位她之前的好朋友口中得知她在"特步"工作。这个信息只是众多信息中的一个,但是极为准确,她并没有走远,就在离家最近的城市的特步专卖店做销售员。但是,长期生活在村镇的大姨没有听说过这个品牌,她听成了"拖布",因此她们姐妹俩的足迹几乎踏遍了城市中的每一家日杂店。

这期间,女孩儿继续谈恋爱,对象有大学生,也有年轻的小公务员,更多的是农村出来在外打工的男孩儿。她往往被男孩对她的"好"打动,其中一个男孩子在一个月工资不到 1 千元的情况下,给她购买了一部刚刚上市的 iPhone 4 手机。她把男友领回了自己的家,结束了离家出走的时光。

这段时间,她没有去给自己的养父上过坟,直到她和现在的丈夫——一位不工作但是生在商人之家、父母离异、生活优越的男性结婚之前。她们一起去给父亲烧了纸。她并没有告诉丈夫关于自己身世的任何信息。

从此,每个清明节,父亲的坟地、姥姥和姥爷的坟地,是她全家带着母亲必须要郑重回去祭拜的地方。她也是亲戚中购买祭品如纸品、鲜花等最多的人。

2. 亲属之间

上文提到的老年妇女跟自己的小弟弟之间是有矛盾的,起因就是母亲的去世。母亲死在自己这位女儿家的屋外,小弟弟媳妇认为老人是为了照顾她才去世的,自己没有任何责任,全是这位女儿的错。而女儿一方面因为

---

① 访谈人:王雪;访谈对象:张小玲(匿名),女,1987 年生;访谈时间:2018 年 5 月 9 日;访谈地点:辽宁省凌海市张小玲家。

母亲残酷的去世方式而悲痛欲绝，一方面又忍受着弟媳妇不堪的言语，几乎到了崩溃的边缘。在她看来，老人身体一直不好，一分钟也不愿意在自己的儿子家里呆，她在近20年的时间里一直陪伴和伺候着母亲，老人一起床就来女儿家，生病时更是全程住在那里。自己一辈子的孝敬和付出换来的却是这样的结局，她觉得十分委屈，她认为是自己丈夫早逝，生活贫困，才如此让人看不起。她的姐姐和姐夫坚决站在她这一边，导致矛盾最终爆发。在母亲的丧礼办完后，小弟弟和弟媳妇跟自己的大姐夫之间爆发了激烈的争吵，并因此断绝了往来。

三年过去了，到了给去世的老人立碑的时候。在坟地，小弟弟虽然跟大姐夫说话了，但是隔阂依然在，大姐夫没有参加立碑结束后的宴饮聚会。二姐的女儿先跟自己的小舅妈说话了，于是家庭聚餐时小弟媳妇在拿碗时张嘴："二姐你多晚儿到的？"这句再普通不过的问候深深印刻在二姐的心中，她清楚地记住了这几个字的音调。小弟弟的女儿在上次的家庭大战中也对她进行言语攻击。这次，是二姐的外孙女用稚气的声音和水汪汪的大眼睛打破了尴尬，小女孩对往桌子上填菜的小姨说："谢谢阿姨！"小姨非常感动。紧接着事情还发生了意想不到的进展。二姐在临分手前随意提了一句："谁家有葫芦籽儿给我两个，阳台上垒了个小砖池子，整棵葫芦秧。"小弟媳妇马上自告奋勇回家去找。但找的时间有点长，二姐一家没有再等，开车回城了。谁知道刚出村三里地左右，电话来了，不是小弟媳妇打来的，因为她们之间并没有电话号码，是二弟弟的儿媳妇打来的："我老婶儿骑摩托给你们送去了！"二姐一家便停车等待，最终接下一把葫芦籽。

过了几天，二姐回来在大姐家住了两天，集市上遇见了一个人。这个人一见面就问："二姐，你家葫芦秧出来没有？不够上我家取吧。"二姐心里十分惊诧，细聊后才知道，那天小弟媳妇发现自己家里没有，大老远从前街跑到后街，向集市上遇到的这个人要了一把葫芦籽。

这次立碑后的家庭聚餐，地点选在二弟弟家，对于二姐与小弟之间关系的缓和，他心知肚明，也有自己的看法："立碑这事儿大伙儿都同意了，心情都挺舒畅的。扭着别着的事不有得是嘛！今年还都行，主要是我们聚在一起吃了这顿饭,都挺和气。"①

3. 家族之间

围绕清明上坟与立碑的事,家族里的男性成员最关心的是挪坟。这个想法在修建坟地时就产生了,起源于坟所在土地的所有者的媳妇对该家族里男子的侮辱,而这种情况之所以发生,还关系到家族里另一个人物——一位在村里当了30年会计,跟逝去的父亲有着同样的姓氏和姓名中间的那个字。

父亲先去世,埋在二儿子的承包地里,当母亲去世的消息突然传来,合坟安葬的大事摆在了儿子们的眼前。对于坟地的选择,他们对可供选择的几处土地综合考量:一是祖坟地,已经完全没有任何地方可以埋了,这个选项几乎没有进入儿子们的排列里;二是埋在父亲原来安葬的地方,但地方太窄,没办法往下埋;三是埋在地方大的地块,虽然有地方但是名曰"南上坎子","南"与"难"谐音,再加上"坎",是绝不能埋的;四是老大家的树园子有一块理想之地,但之前被家族中逝去的一位"大婶儿"先占据了。

三个儿子非常焦虑,找到了家族中的一位"姑父"——村里最会看风水的人。"姑父"心中有数,张嘴说了一块地方,三兄弟立即前去查看:这里离村落非常远,但宽阔,上风上水。后面两个优点压住了前一个小缺点,三人非常满意。但问题也来了,这块山地不属于村里登记在册的耕地面积,在生产队解体时卖给了个人,所有权不是30年一变更,而是永久。

小儿子问到该土地的主人电话,上来就哭:"二舅……我妈老了……惦搁你那地方找个地儿,中不?"对方听后答应了埋坟的请求。到了晚上,三人来到地主人的家里,送上5000元钱,表示谢意。但是,对方并未接受:"家里媳妇说了算,这女的现在霸道,说话一点情面都不给!原来那阵还有点情面来着,现在……人家说'家人要是有啥病都找咱'。还说'人老张家坟串子让你老王家埋啊?'那话说的,你听着都受不了啊。"②

一早一晚,男女二人,由顺利埋坟转变为饱受侮辱。他们自己分析,源

---

① 访谈人:王雪;访谈对象:王文亮(匿名),男,1964年生;访谈时间:2018年5月12日;访谈地点:辽宁省凌海市王文亮家。

② 访谈人:王雪;访谈对象:王文亮(匿名),男,1964年生;访谈时间:2018年5月12日;访谈地点:辽宁省凌海市王文亮家。

于自己家族中的一位长辈“老叔”。他亲自跟随灵车去了火葬场，回来听说坟地已经选定，当场“翻儿”了。这其中的缘由既有不经过自己、感到尊严受到折辱的原因，也有那块地皮的原因。这块地，主人家因为常年在城市生活，已经不再耕种，而是让“老叔”耕种，坟地难免占去了一定的耕种面积，让他明里暗里都不爽，于是他在背后“使劲儿”进行阻拦。在他看来：“这么多年，你们这个（家）支都是不如我们，绝不能让你们翻身。”

他们虽对这位长辈有怨言，但也无可奈何，感叹着自己“人不行，没能耐”，同时却赞叹着“老叔”的儿子跟爹爹不同，是一个“人情好”的人，愿意帮别人的忙。

4. 朋友之间

清明祭祖属于小家族内部的事务，但村镇的熟人社会特征依然明显，一些事情总会需要朋友帮忙。在坟前新立的碑上用钎子补刻一个“于”字的是坟中二位老人的大女婿。他综合网上看到的知识和风水先生传授的内部知识，认为碑上的字数总和不符合吉利的要求，而坟的风水好坏对于自己的女儿以及外孙女可能都是有好处的。深思熟虑后，他决定瞒着儿子们，偷偷在“年月日”的上面添加了一个“于”字。

在石头上刻字，需要一个专门的工具：钎子。他开车到邻村一个石匠朋友那里借了一个，而且对方告诉他不用再送还了。因为对方是位“总在一块吃饭”的朋友，两人关系非常密切。这位姑爷边刻边对一边的女儿慨叹：“没有朋友可不行！”

5. 民众的“自我沟通”

清明节时民众自我灵魂的抚慰与情感的抒发亦不可忽视，其是对日常自我的一种审视与关切。清明节很多感触不能进入公共话题，显示出清明节抒发内心情感的特征。清明节的节日时空设置为人们进行“自我沟通”留出了场域。它是个人自我抚慰、自我修复的机制。通过哭泣、磕头的行为，洗刷对于长辈的愧疚，令清明扫墓具有某种清洁仪式的功能。正如村民所说：“到坟上之后，要表达自己的衷肠，表达一下自己对老人没有尽到的很多孝心”，“上坟烧纸，祭扫一下。坟墓得扫干净，墓地的话把墓碑擦一擦，如果是农村，坟上再添点土。这样做完会感觉心里轻松，就如同见到面儿了心情特别高兴”。卸去心理的负担，完成了一项“任务”，自己活得更有意义了。

尊重先人,就是珍视自己过去的时光和生活,或者是跟过去的自我和解。当一个人在生活中心理压力越来越大时,人们来到坟前从祖先这里获得力量。节日不仅维护了血缘和亲情,提倡和谐相处的内涵,还能感受亲人灵魂的气息,使人们不由自主地投入传统的怀抱,从中获得安慰,这迥然于工业社会中同质化、物质化的文明取向,具有独特的魅力。而这些魅力只有亲身感受才能领会一二。人们可以从很多地方获得精神力量和抚慰,但清明节中来自祖先、家族、亲情的力量不应被否定和忽视。这股力量可以被转化为新时代文明建设的资源。

6. 男女角色之间的交流

迄今为止,笔者观察到当地农村社区的女性都是以妻子的身份跟随丈夫埋进夫家的祖坟中。在坟地前,男性的权力得到支撑,女性俯首。在一次全家于清明节后给家中女主人的妈妈上坟的行动中,男主人在坟前这样说:"看你闺女,把我和你外孙女使唤得团团转。你闺女啊,这辈子没受着气啊!竟让我们受气啦。我得诉诉冤啊,一回来就收拾我呀。给你闺女托个梦吧,让她对我们好点。她自己还老生气,总说我们气她了。你这闺女可了不得啊!必须得听她的,不听她的不行啊!"

而我注意到,在现实生活中,女主人与男人的地位却恰恰相反,虽然女主人的见识和魄力都高于男主人,但男人却认为女性做饭、打扫卫生、伺候他是天经地义。在给自己女儿带小孩的过程中,他们有一次发生了剧烈的争吵。起因是女主人到隔壁剪头发,邻居留她多待一小会儿聊聊天,期间小孩子由于没人及时帮忙脱裤子,大便拉在了裤子里。等女主人回家,看到男人已经给孩子洗完了屁股,收拾好了现场,正在洗裤子。男人对女主人大发雷霆,训斥她不管孩子。显然,男子在自己老丈人和丈母娘坟前说的话是一种"表演",这种恭维的话让逝去的老人听了,知道自己的女儿没有受苦,是一种安慰。坟前的"表演"话语,却也正表明了它与现实生活之间的差距。

紧接着话锋一转,男子说:"这坟再好,她也不能埋这!别看她瞧不起我家那坟,明儿她还得归那去。这嘎(这里)哪有她的位置啊。"性别的区分在坟地的场域中再次得到再生产,女性在这里不得不承认自己从属于丈夫的身份。在祭祀的过程中,烧纸时都会要求女性"叨咕"几句,而对男性则没有这要求,但男性要准备好立碑前的一切事务,包括定碑、取碑、拉土等,男女合作颇为默契。

(三)对阴阳界限的态度

人们发明了很多清明节交流的礼俗,通过这些礼俗的禁忌可以看到民众对于阴阳界限的慎重态度。

1. 礼俗对人的规约

礼俗对人的规约体现在清明节祭扫祖坟时有很多“讲究”。这些“讲究”不是局限于风水先生的内部知识库,而是受访者亲身履行的。笔者本次调查搜集到的主要有:

(1)清明节是给逝去老人立碑的节令,但要在原配夫妻中最后去世之人死后三年才可以立碑。此时可以给坟填土进行“圆坟”,而不到三年是不能圆坟的。

(2)立碑时,要注意平衡坟与碑的高度,坟头要高于碑。同时,坟的顶不能是一个尖儿,而是要用土“盖个帽儿”。

(3)坟为阴宅,一定要讲究风水。风水简单说就是“面朝阳,背靠坎儿,有山有水儿的”。在城市里,公墓选址也必须考虑风水的因素。人们对阴宅的重视,除了对逝去亲人情感的因素之外,寻找风水宝地以利后人才是其最重要的目的。从日常生活的平安到事业成功,人们深信祖宗的保佑不可或缺。这力量既要依靠宅地跟某种神秘的联系,也依靠人的行动,包括寻找宝地、有能力争得这块地以及每年的敬拜,让居住在宝地的祖先有钱花、心情好等。

(4)清明上坟烧纸的时间必须是上午。其原因如村民所说:“上午他们(指去世的亲人)能收着了,下午收不着。”“北方是上午,不能超过 12 点,南方是上午 9 点到下午 3 点,都可以。因为这是阳盛的时候,不会把阴气带回来。阴气带回来对身体不好。”

(5)坟前所烧纸钱分为海纸形式和人民币形式两种。人民币形式是一捆面额为 5 元的“冥币”,厚度约为人手大拇指长度,现价为一捆 10 元。购买这些用品的钱是不允许代付的,必须亲自掏钱。

(6)墓碑上刻写的碑文,不论男女,不论字数多少,按“生、顺、死、哀”顺序往下数,最后必须落在“生”字上。

2. 礼俗的灵活运用

人们对清明节礼俗的灵活运用也是重视它的一种表现。人们重视它，创设出很多变通的办法来保证礼俗不断延续、传承下去。

(1)礼俗的弹性

①清明节应该去坟前祭奠,但确实有事不能前去坟地或者墓地,可以在路边儿画个圈儿,烧点纸。

②坟前上供的供品,具体多少样没有规定,但数量必须是单数。

③上坟祭拜的时间,清明节前后十天内都可以。既可以独自前去,也可以全家一起。

④阴宅的风水讲究在一定程度上与对阳宅的现实需求合为一体。在城市的公墓中,整体的选址已经不用家属操心,也讲究不了太多,人们便在有限的选择中进行挑选。村民张雪谈道:“就给姥姥选了一个阳面的,后面有个小亭子,就是(让姥姥)逛逛公园啥的(笑)。活着时候住楼的阴面儿,(姥姥)总吵吵屋里冷,(屋里)确实暖气也不好。(现在姥姥)没了,就选一个朝阳、高点的地方。人都愿意往高处走嘛。”①

礼俗的弹性表现在:规定了清明节的核心行动之后,又设计了替代措施,并有框架,让人不必茫然无所从。

(2)民众对礼俗的更改

①清明节给父母立碑,花费的金钱一般由儿子承担。“嫁出去的女儿泼出去的水”,但随着独生子女政策的推行,一家只有一个女儿的现象常见起来,女性开始承担更多的责任,其地位在实际生活中也有所提高。这表现在笔者调查的这次清明节给父母立碑的行动中,家庭中的两位女性主动要求平摊立碑花销。

②祖坟建设是一个家庭乃至家族的公共事件,谁能享受祖坟的风水带来的收益?女儿一方在平摊了父母的医疗费用后,认为风水好的话,闺女也是利益分享者。“风水学也是根据时代变迁不断在改,女儿和儿子是同等的。按道理咱农村讲,如果要是有儿子的话,这里头没有闺女的事儿,但是

① 访谈人:王雪;访谈对象:张雪,女,1988 年生;访谈时间:2018 年 5 月 10 日;访谈地点:辽宁省锦州市凌河区张雪家。

我后来在百度上看了那个风水学,说闺女、儿子各占一半。如果没儿子,都是闺女的事儿。有儿子,风水好坏,儿子、闺女都受益。”①

③清明节立碑是大事,按照固有的习惯,结束后要放炮仗庆祝。但是这次调查的家庭立碑并没有放。村民张雪提到:“风水先生告诉我,坟茔地不能放炮仗,(容易)惊动神灵。有些神灵都在这个坟地里,放炮会惊动一些鬼神,对家庭都不好。我认为也挺有道理,就这样我告诉他们没放炮仗。”②

人与礼俗之间的互动具有这样的特点:在没有特别需求的时候人们都会尽量遵守礼俗的约定;而当礼俗与自己的地位或者需求发生矛盾的时候,人们的策略是通过重新解释给自己找到逃脱或者更改理论的借口。解释不是随意进行的,有两个权威的支持渠道:一个是风水先生的内部知识支持,一个是网上的相关解释。这些解释一旦和自己的需求相符,就会被着重强调。在礼俗的规约与自己的需要之间,社区的居民体现出足够的灵活性,同时也区分出积极的主动者和被动的遵守者。这种应对的策略机制在村民与“非遗”的互动中得到了更多的呈现。

二、作为文化整合机制的清明节交流实践

文化整合的概念一般应用在经济学领域的企业并购研究中,指将不同的文化特质,经过合并、分拆、增强、减弱等方式,形成一种新的文化质。文化整合(Integration)常与文化适应(Acculturation)两个概念交替混同使用。“文化适应”是指“两个企业并购后,解决由于直接接触而产生的矛盾的过程”③。

在乡村普遍的相对贫困以及“愚昧、没文化、不讲卫生、不文明、没有上进心、被时代淘汰的低端人口”等污名下,村民文化与城市文化、贫穷与富裕、有权与无权在大众传播媒介与网络传播媒介的助力下得以相遇,似乎形

① 访谈人:王雪;访谈对象:张雪,女,1988 年生;访谈时间:2018 年 5 月 11 日;访谈地点:辽宁省锦州市凌河区张雪家。

② 访谈人:王雪;访谈对象:张雪,女,1988 年生;访谈时间:2018 年 5 月 11 日;访谈地点:辽宁省锦州市凌河区张雪家。

③ 转引自黎正忠:《并购企业文化整合的影响因素及策略研究》,暨南大学博士学位论文,2006 年,第 41 页。

成了与上文中企业并购中文化直接接触相类似的情况。两种文化遭遇后，关注到矛盾的激烈程度时，学者多用“社会崩溃”“社会解体”等概念描述。对清明节交流实践的观察中，笔者认为，清明节可以看成是弱势方自我调节以达成适应的一种文化设置，在清明节的交流实践中，当事者获得了一种文化尊严。

（一）营造身份感

在清明节的交流实践中，民众最关切和强调的有两点：一是以钱为核心的收入概念，一是对自己身份感的强调。细究之，钱也是营造身份感从而获得尊严的一种重要资源。

在田野调查中，笔者发现辽西农村社区的民众普遍存在一种被边缘化的感受，这集中体现在清明节中他们对于钱的反复言说与表达：“我一听，人家哥仨一人一百，我妈活着的时候，我和我姐搭的都有很多，不差这个，我说，咱也一人摊一百呗，定个大点的碑。别说是一家摊一百呀，活着的时候三千两千都摊呢，就定了 500 块钱的碑。”[①]钱在这里被上升到衡量尊严的高度。

村民王占杰讲道：“我叨咕时说的是：爸爸妈妈，我们来给你送钱来了，你们到阴曹地府也花花，也打通打通，钱多，尽量多花点，活时钱不够花，这死了钱送得很多，不光我自己送，你的儿子也给你送，孙子也给你送。能玩儿就玩儿，能旅游就旅游。花完了，我再给你，过年时我给你拿个银行卡，存上点。我二兄弟说，会存啊？我说会存不会存这是活人的眼望，活人的心情。我二兄弟媳妇也叨咕，花去吧！活着没钱，死了有钱了就花去吧！”[②]清明节主要的工作就是给去世的人送“钱”，此时钱不再取决于社会地位等种种因素，而只取决于儿女们的孝心，但钱的功能还是一样的，就是让人获得自由和尊严。

村落民众对钱的强调反衬出对钱的欲求无法得到基本的满足，与此同

---

① 访谈人：王雪；访谈对象：王占杰，女，1958 年生；访谈时间：2018 年 5 月 9 日；访谈地点：辽宁省锦州市王占杰女儿家。

② 访谈人：王雪；访谈对象：王占杰，女，1958 年生；访谈时间：2018 年 5 月 9 日；访谈地点：辽宁省锦州市王占杰女儿家。

时，清明节时人们也在处处强调自己的身份感和尊严感。年轻的女士在评价自己的两个舅舅白吃另一个舅舅的节后聚餐饭时，评价他们“多抠吧”，显然对这种行为充满鄙视，暗中强调所赞赏的是自己的大方。她在上坟时总会购买鲜花，“为什么老买花儿啊，因为我姥儿活着的时候就喜欢这些东西，二是我觉得不一样嘛”①。自己可以不在乎多付一笔钱购买花束，与其他人拉开了距离，建立起自己的优越感。村民王占元谈道：“有条件还是想扩大坟墓，逝去的老人也要有个宽敞的地方，地方越大，代表着对老人越孝顺。”②这是在与同村人的比较中获得身份感。同时各个家支坟前的聚集也带有一定的展示意味，正如坟地与碑的大小、壮观与否也展示家族的实力一样，这种略带竞争意味的比较也给了民众展示的机会，这种权力文化网络的运作给清明节的传承增添了动力。再如，一位风水先生在访谈中反复讲述自己的话语权受到尊重的例子。在这个例子中，本来决意要挪坟的人家听从了他的建议，以家庭纷争为代价放弃了挪坟的行动。作为一个年老的风水从业人员，他不光是为了赚钱，也是证明自己的专业素养，证明自己拥有影响别人决策的强大力量。对知识的拥有也能获得身份感。在墓碑上刻字以达到字数吉利的中老年男性自豪地说：“在我这家族里，我就算两头儿都是明白人儿！”③

可见，获得身份感的渠道有多种，但没有身份感则可以归结为一句话：“人不行，没能耐。”在村民看来，人活一口气，被人瞧不起的滋味比较难受。人在权力文化网络中生存，都要强调对自己地位的认可。

（二）抵制边缘化

清明节带给民众一种社会认可和文化尊严。清明节祭祀所需只有一些纸钱和一点供品，有时供品也可以省去，参与节日活动的资格是具有天然的血缘关系，在祖先和父母的面前，无论富贵贫贱，大家都有同样的身份：家族

---

① 访谈人：王雪；访谈对象：王金玲，女，1987 年生；访谈时间：2018 年 5 月 9 日；访谈地点：辽宁省锦州市王金玲家。

② 访谈人：王雪；访谈对象：王占元，女，1954 年生；访谈时间：2018 年 5 月 10 日；访谈地点：辽宁省锦州市凌河区王占元亲戚家。

③ 访谈人：王雪；访谈对象：王宝祥，男，1958 年生；访谈时间：2018 年 5 月 12 日；访谈地点：辽宁省凌海市王宝祥家。

和家庭的后人与子女。在清明节的文化中，没有人被置于边缘化的位置，人们对尊严的强烈需求得到了最低限度的满足。张勃认为清明节“为‘孤独’的现代人提供了一种充满温情和敬意的人际关系，一个令人产生认同感和归属感的精神家园”[①]。

在清明节的交流实践中，虽然不同角色强调自己不同的身份感，但人们充分表达着互相之间的尊重，真正顾及所有参与人的感受。村民王占元谈道：“我问我二兄弟给爸妈是否立碑，他说，那我得跟那哥仨商量商量。”[②]这个过程中每个人都有知情权，都可以表达自己的意愿，小团体之间达成充分的民主和交流。社区民众的高口碑评价也指向“人情好”的人，即在话语和行动上尊重别人的人。

在锦州地区，改革开放以前，重视工业的“剪刀差”政策使得该地的城市和乡村二元体制非常明显，城市的工人有很高的社会地位，他们成为人人羡慕的对象。农村整体贫困，内部贫富分化不明显，但在精神上，他们相对自足。改革开放以后，经济增长模式对农民群体较为不利，导致了巨大的不平等，农村人口从这种发展模式中获益较少，再次沦为扶贫救济的对象。

笔者调查发现，农民中经济极端贫困的已经非常少见，他们住的是高大宽敞整洁的房子，吃穿不愁。但他们常常将物质金钱与个人尊严挂钩。村民王晓明说道：“现在人都是势利眼，你要是有钱，有个十万二十万块钱，往当院儿一站，谁都愿跟你说话。你要一分钱没有，走过去都没人搭理你。人都是溜须捧臭，你中了[③]人家就围着你转，你不中他没人搭理你。”[④]人生活在群体中，尤为在意别人的评价，优越感和幸福感是从比较中得来的。笔者发现，村民话语中的幸福感最大的衡量因素是钱。这或许是近几十年经济单线发展带来的弊端。

---

① 张勃：《坚守与调适：城市化进程中清明节的传承与变迁》，《文化遗产》2016 年第 1 期。

② 访谈人：王雪；访谈对象：王占元，女，1954 年生；访谈时间：2018 年 5 月 10 日；访谈地点：辽宁省锦州市凌河区王占元亲戚家中。

③ “中了”，东北方言，意为“行、不错”。

④ 访谈人：王雪；访谈对象：王晓明，男，1964 年生；访谈时间：2018 年 5 月 12 日；访谈地点：辽宁省凌海市王晓明家。

三、结　语

当下积极开展的乡村振兴活动，尤为重视文化对民众的影响与作用。乡村振兴战略是要打破经济一元论，建立多元评价标准，力图让文化成为人们认同与团结的核心事物发挥力量。文化或许不能让人生活得更富裕，但能让人感到快乐与舒适。乡村振兴要注重文化保护，要尊重当地民众的文化创制权，发现文化持有者身上所体现的生活智慧。虽然民众物质生活往往比较匮乏，但他们更需要的是一种精神层面的尊重。正如斯科特所言："社会身份的破坏性丧失与收入的丧失同样严重。"①恰如访谈中的中年男子所认为的，自己家庭在这次清明节之后和睦的原因是自己"这顿饭供好了"。当民众百般强调自己的重要性时，他们直陈自己对地位的要求，他们不愿接受匮乏所暗示的文化边缘化。显然，清明节这一文化设置起到了让相对边缘的民众自我调节以达成适应的文化整合的功用。

① ［美］斯科特（J. C. Scott）：《弱者的武器》（第2版），郑广怀、张敏、何江穗译，译林出版社2011年版，第288页。

豫东"烧香人"群体的"唱经"与修行

孙艳艳*

摘 要

"唱经"是豫东庙会上的一种重要的信仰活动方式与民间文艺活动。通过对经歌文本的分析,发现豫东经歌蕴藏着丰富的信仰内涵,如去"远方"流浪与修行的浪漫气质、修行过程的苦乐参半以及其中隐含的"烧香念经成神仙"的超越性追求,"烧香人"的这种鲜活朴素的修行观促使我们重新审视民间信仰的特征与气质。而现实中信众的修行实践即"跑功"这一"活态文本",则相对多了一些沉重负担,少了一些超越精神。但二者仍然是息息相通的,"跑功"过程中的"唱经"活动,既是娱神娱人,又是在演唱"烧香人"自己的生活与心声。正是经歌的不断传唱,使得现实与历史互相印证,实践与文本互相呼应,今人与前人产生共鸣。

关键词

烧香人 唱经歌 修行 跑功

* 作者简介:孙艳艳,中山大学中国语言文学系,中国非物质文化遗产研究中心博士研究生(广东广州 510275)。

一、豫东经歌研究概况

近现代以来,凡是关注太昊陵庙会的调查报告或研究论文,均会提及“唱经”这一豫东庙会上较为独特的文化风景。如郑合成于1934年在《淮阳太昊陵庙会调查》一文中注意到前来太昊陵朝祖进香的“朝祖会”或“烧香会”,并对他们朝祖时演唱的“祝歌”以及“挑花篮”时伴唱的歌词进行了记录,认为这好像是“巫婆唱耍”。① 梁木森在《淮阳人祖庙会研究》(1989)中专门介绍了原始的“担花篮”舞,认为该舞“至迟不会晚于先秦时期”。他不仅对“担花篮”的唱词中关于伏羲、女娲神话的经歌内容进行了分析,还注意到经歌中“出现很多反映现代人民生活及现代情感类的唱词”。②

与淮阳太昊陵毗邻的西华女娲城,也有着悠久而丰富的“唱经”传统。杨利慧在关于西华的女娲神话与信仰的调查中就遇到不少自称被神灵“附体”或“梦中点化”而学会了唱经的妇女。③ 张翠玲在对西华女娲城里的祭祀歌舞进行调查时,曾对庙会上各种形式的经歌演唱活动进行介绍,如“宣传功”“对功”“盘功”或“接功”等,并辑录多首经歌。④ 庞倩华也以西华县女娲城庙会为例,描述了庙会上妇女们唱经歌、跳“担经舞”、附体、守功等信仰活动。⑤

也有部分研究涉及经歌目前的生存状况。如仝云丽以社会变迁的视角描述了淮阳人祖神话与庙会自20世纪30年代到21世纪初所经历的变化。她指出,“神话讲述”与“经歌”是淮阳地区传播人祖信仰和口承神话的两种主要方式,当“神话讲述”在现代社会有所“内缩”时,“唱经”仍是人们传承

① 参见郑合成:《淮阳太昊陵庙会概况》,李文海主编:《民国时期社会调查丛编·宗教民俗卷》,福建教育出版社2005年版,第263~266页。

② 参见梁木森:《淮阳人祖庙会研究》,北京师范大学硕士学位论文,1989年。

③ 参见杨利慧:《女娲的神话与信仰》,中国社会科学出版社1997年版,第155页。

④ 张翠玲:《女娲城祭祀歌舞研究》,郑州大学硕士学位论文,2002年。

⑤ 庞倩华:《女性与女娲:女娲信仰对女性主体地位的凸显——以西华县女娲城庙会为例》,河南大学硕士学位论文,2008年。

神话的一种重要的、公开的方式。[①] 杜谆对“担经挑”舞蹈及其伴唱“经歌”的关注，主要通过对四种香会组织类型的描述中呈现。在四种香会组织类型——传统的朝祖会、“堂口香会”、守功香会、祝寿香会中，前三种香会组织均伴随有“担经挑”舞蹈与经歌的演唱活动。[②] 这里的舞蹈与演唱活动依附于一定的组织与仪式活动中，而仪式活动通常具有一定的稳定性，只要这些祭祖或还愿仪式还被人们所需要，仪式中的“担经挑”舞与经歌的演唱活动就不会消失，因为它们本身是仪式的一部分。

以上多为民俗学者的庙会调查研究，均涉及其中的“担经挑”舞及其伴随的经歌演唱活动。而经歌作为一种主要用于演唱以及为舞蹈伴奏的音乐形式，自然也吸引了民间音乐学者的目光。与民俗学者倾向于对庙会上的各种信仰活动做民族志式的研究不同，音乐学学者重点关注庙会上的音乐形式，对经歌这一民间音乐进行概念界定、分类，并追溯其由来，从音乐学角度分析经歌的艺术特点，如歌词特点，旋律特点以及与民歌、地方戏曲的关系等等。同时他们也辑录了大量经歌的乐谱，弥补了民俗学者在搜集辑录经歌文本时的不足。[③]

笔者于2017年春对豫东地区的“烧香人”群体的信仰活动进行调查时，发现他们的经歌演唱活动依然很活跃。在综合上述研究成果的基础上，笔者尝试结合“烧香人”群体的信仰经验对他们的“唱经”活动与民间整理的经歌文本进行描述分析。与以往研究侧重经歌作为传承神话的一种方式，或将其作为一种特殊的民歌形式而进行音乐特点的分析不同，笔者更为关注经歌作为信众表达其虔诚信仰的面向。毕竟，经歌最核心的要素还是关于信仰的，“唱经”首先属于一种信仰实践，具有神圣性，既追求世俗平安，也追求超凡入圣，娱乐性只是它的第二属性。“烧香人”正是以身体实践即“唱经”这一方式追求与神灵的沟通以及对世俗生活的超越。

---

① 参见仝云丽：《神话、庙会与社会的变迁（1930～2005年）——河南淮阳县人祖神话与庙会的个案》，载杨利慧等：《现代口承神话的民族志研究：以四个汉族社区为个案》，陕西师范大学出版总社有限公司2011年版，第235～282页。

② 参见杜谆：《作为人文资源的民间信仰——以民俗生活中的伏羲信仰建构为例》，北京师范大学博士学位论文，2012年。

③ 参见屠金梅：《豫东太昊陵音乐文化研究》，福建师范大学博士学位论文，2011年；张蒙蒙：《神圣的娱乐——淮阳古庙会“担经挑”民俗艺术研究》，武汉理工大学硕士学位论文，2014年；王莹：《洛阳经歌的考察与研究》，西安音乐学院硕士学位论文，2006年等。

屠金梅曾指出唱经歌是“信众向神灵表达诚心、求得身后能够成佛成仙的一种方式”①,但她并没有就这一论点展开更深入的论述。她在分析经歌文本时,根据经歌内容将其分为三类:歌颂神灵类、积德行善类和历史故事类。② 若对前两类经歌加以细分,会发现有大量表现“烧香人”跑功与修行生活、表达对神灵的崇拜以及对成佛成仙渴望的内容。这正是本文尝试进行分析的重心。经歌演唱的场景一般发生于庙会上的朝祖,或守功,或“龙华会”过会的还愿仪式中。对于“龙华会”过会中的仪式过程与经歌演唱,屠金梅与张蒙蒙已作详细的描述,③本文暂不涉及。本文主要关注的是“堂口香会”在朝祖或朝山的路上与到达目的地后在神灵面前演唱的经歌。

下面笔者以一个“堂口香会”④的唱经者“老李”所演唱的经歌为例,并辅以田野中搜集的《经歌集锦》以及其他学者所辑录的经歌文本,对经歌所表现的“跑功”与修行生活加以描述分析,然后将之与“堂口香会”组织的“跑功”实践加以对比分析,以增进对民众信仰生活的理解,也即通过经歌这一渠道来进入香童群体的精神世界。

二、“堂口香会”唱经歌

老李所在的香会组织属于杜谆所说的“堂口香会”,它在庙会上停留的时间最短,烧香、拜神、跳几段“担花篮”舞之后,当天就返回。⑤ 该类型香会的会首通常在家中设有神坛、会给人“看香”⑥治病问事,这种“灵媒”型的人

① 屠金梅:《豫东太昊陵音乐文化研究》,福建师范大学博士学位论文,2011 年。

② 参见屠金梅:《豫东太昊陵音乐文化研究》,福建师范大学博士学位论文,2011 年。

③ 参见屠金梅:《豫东太昊陵音乐文化研究》,福建师范大学博士学位论文,2011 年;张蒙蒙:《神圣的娱乐——淮阳古庙会“担经挑”民俗艺术研究》,武汉理工大学硕士学位论文,2014 年。

④ “堂口”是指得神的灵媒在家设坛看香,又称“坛里”。看香的灵媒有时也会带领徒弟或香客一起到庙上烧香,又叫“跑功”,这样的临时组织起来集体烧香的香会,被杜谆称为“堂口香会”。见杜谆:《作为人文资源的民间信仰——以民俗生活中的伏羲信仰建构为例》,北京师范大学博士学位论文,2012 年。

⑤ 参见杜谆:《作为人文资源的民间信仰——以民俗生活中的伏羲信仰建构为例》,北京师范大学博士学位论文,2012 年。

⑥ “看香”活动是指得神的“香童”在神案前,在神灵附体的情形下,通过一攒香的燃势,为前来求助的人预言吉凶祸福。从求助者一方来说,当人们在生活中遇到各种疑难问题想要诉诸“香童”时,他们就去“坛里”找香童“看香”,以求问题的协调、缓和或解决。参见孙艳艳:《被动的表述与主动的实践——以河南周口地区的“看香”与“跑功”信仰活动为例》,载陈进国主编:《宗教人类学》(第 7 辑),社会科学文献出版社 2017 年版,第 166 ~ 167 页。

物，在当地又称“香童”。

香童一般不只坐在家里给人问事治病“挣钱”，也会去庙院“跑功”。“跑功”的通俗说法是“烧香”，二者有时被香童等同或并列使用。不过，“跑功”活动本身并不仅仅只是烧香。它指那些声称被神找上了的香童，经常奔跑在各个庙宇烧香拜神，为神办公差。这些香童自信秉持天命，能与上天（“老神灵”“老人家”）沟通。大多数“跑功”者因为是“老神灵逼着”他们跑的，再苦再难也要跑。有一部分跑功者是为了自己以及家人的健康平安，也有一部分是为了替天行道，救护万民。①

香童出门“跑功”，名气小的多是自己一个人跑，名气大的则是带着徒弟或信徒集体跑。如老李所跟随的香童叫“西林”②，西林 20 岁开始看香，已有 12 年的看香经历。他在当地有一定的名气，每次“跑功”都有 100 多人跟随，这些人并非他的徒弟，而是经常去他那里“看香”的香客。而香客跟随香童“跑功”，也是治疗其疾病或消除灾难的一种方式，其中有些香客跑得多了，也可能会成为香童。

西林的“堂口香会”还组织了一个“挑花篮”（又叫“担经挑”）队伍，道具服装都由西林备好，人员则是经常跟随他“跑功”的香客。每次去庙上“跑功”，他都会带着这些道具服装，烧香拜神之后，香客们就在大殿前“挑花篮”。西林虽能被神灵附体给人看病问事，且是组织者，但他本人并不跳，也不唱经。香会里负责唱经的是老李与老王。③

老李已经 60 多岁了，年轻时曾是演唱“道情筒”④的说唱艺人。用他自

① 参见孙艳艳：《被动的表述与主动的实践——以河南周口地区的“看香”与“跑功”信仰活动为例》，载陈进国主编：《宗教人类学》第 7 辑，社会科学文献出版社 2017 年版，第 166～167 页。

② 为保护被访谈人的隐私，田野材料中的人名均为匿名。

③ 老李与老王分别在前往普陀山朝圣的大巴车上唱经，这是路途中的唱经。在到达目的地后，也会在神前唱经，这时通常是老王唱经。由于老王的唱经大多遵照经歌本子上的内容，且吐字不太清晰，故老王的唱经暂不赘述。

④ “道情筒”，又俗称“道筒子”，属于道教乐器。它是一个长长的竹筒，一端用猪油皮包着，用手敲打猪油皮，会发出一种较为沉浊的“蓬蓬蓬”或“咚咚咚”的声音。道情筒既是一种乐器，也是一种民间曲艺的名称，是当地民众喜爱的一种说唱艺术。河南太康道情戏于 2005 年被列入国家第一批非物质文化遗产名录，列入“传统戏剧”类；河南郸城的渔鼓道情（又称“郸城道情筒”）于 2015 年被列为第四批河南省非物质文化遗产代表性扩展项目，列入“曲艺类”。太康、郸城二县均属于豫东的周口地区。老李应该曾是唱“道情筒”的艺人，加入“跑功”活动后，改为演唱经歌，但难免仍带有“道情筒”这一说唱艺术的特点。比如，他会把经歌中的七言、十言等长句切断，成为三言、五言；经常根据节奏随即地加入一些缀词，自编自演的成分较多；语言也更为通俗，贴近民众的生活。

己的话说,他又矮又瘦也说不上帅,但他的媳妇却是又高又胖长得还漂亮,之所以愿意嫁给他,就是看上了他的口才,人机灵、风趣。讲到自己说书卖艺的经历,老李也很自信:“只要你说的‘到家’[①],就能‘砸’[②]着他(指观众),叫他走他也不走;就看你会说不会说,说不到家,‘砸’不住他,他就走了。”[③]老李虽然有才有艺,但日子过得并不顺遂,主要是他的儿子不好好工作,在外面胡混。老李听说西林“看香”很灵验,就常常过来“看香”,并跟着西林“跑功”,正好也可以发挥他能唱能跳的才能,成为了香会里的“开心果”。

西林经常“出功”[④],有很多是“远功”,如普陀山、武当山、峨眉山、泰山、五台山、嵩山等,他每年都要带领香客到这些名山圣地朝拜一次,甚至有时还去西藏。而豫东一带的“近功”,如淮阳太昊陵、鹿邑老君台、项城的鬼修城以及安徽界首的大黄庙等,则一年要去两三趟或不止。所以,一年跑下来,大概需要1万多元的花费。这对以种地为生的农民,特别是年纪大的老年人而言,是一个很大的负担。

虽然“跑功”花费不菲,老李也一直在坚持,他向别人解释自己的经历时说:“以前烧香,都让邪神享受香火了,结果家里越烧越乱,烧得银钱越多越不得安生,自从跟着西林烧香,(不管)烧多少,都是正神接收了。找到正路了,家里也就顺利起来了。”西林帮老李“愿意”[⑤]时,会特别提到,希望神灵保佑老李儿子在外好好工作,每月给他寄500元的烧香钱。当然,后半句有点开玩笑的意思,老李并不指望儿子寄“烧香钱”。

老李现在虽然不再靠“说书”挣钱,但也没闲着。每年的春天,豫东一带的庙会特别多,时间上有重合也有错开的,老李就在各个庙会间“赶庙会”,卖花茶。在没有庙会的日子,他就去集市上卖。有一次,西林组织香客到项城鬼修城“跑功”,就在去项城“跑功”的前一天,老李还“赶”了一天安徽的大黄庙会,下午6点才从大黄回来,8点到家,天都黑了。60多岁的年纪,每

① 到家,即说得好,达到炉火纯青的境地。

② 砸,形象性的说法,指以自己的才艺“吸引”住观众。

③ 访谈人:孙艳艳;访谈对象:老李,男,60多岁;访谈时间:2017年4月19日;访谈地点:去项城鬼修城跑功的车上。

④ 出功,即出去跑功之意。

⑤ 愿意,指向神灵祈求,请求,祈祷。

天骑着三轮车，骑行三四十公里。如此辛苦挣来的钱，均被用来烧香跑功，以祈求家庭平安顺利，儿子争气。

第一次听到老李唱经，是在去普陀山给观音菩萨烧香、拜寿的大巴车上。[①] 老李抱着他的乐器“道情筒”，左手握竹板，右手拍打“道情筒”包有猪油皮的一端，腰间挂一个扩音器。他走到大巴车的中间，背靠旁边的座椅侧面，站着给“神灵”与在座的各位香客唱经。

老李作为说书艺人来演唱经歌，不仅说明不同艺术形式之间可以互通，而且他以其说书的功力，将经歌演唱得别有一番味道。在田野调查过程中，笔者曾听过很多唱经、传功，感觉他们所唱的“经歌”更像是“顺口溜”，或者只是串起一些神名和故事，内容大多是程式化的，听起来没感情，没趣味；而被神灵附体后的“引吭高歌”，则是大部分都听不清歌词，不知所云的。即使是做中学老师的老王，其发音吐字也不够清晰。老李的唱经则与众不同，这与他的说书经历有关。他吐字相对清晰，语言更通俗，更日常生活化。他既非“乱唱”，也非“照本宣科”，而是能把枯燥的经歌内容给唱“活”了，唱得“有味道”，同时也能即兴编唱，添加新词等，也因此能更好地传达出“烧香人”内心的声音。

三、经歌中的跑功生活

“跑功”中的唱经，不仅是歌颂神灵，也唱香童们的“跑功”生活本身。他们以边走边唱的方式，将经文与行为实践本身融为一体，难分彼此。听者与唱者，唱者与文本都更容易产生共鸣。这一部分经歌是唱香童们自己的生活，不仅是唱给神灵听，也是唱给香童们自己听的，与仪式上的祭祀经歌[②]迥然有别。

---

① 2017 年 3 月 23 ~ 26 日，老李所在的“堂口香会”组织香客去普陀山跑功，有 100 多人，坐满了 2 辆大巴车。老李与老王分坐在 2 辆大巴车上，趁大家有兴致，各唱了几段经歌。

② 如朝祖仪式或龙华会过会仪式上唱的《上香经》《问安经》《挂号经》等，这些经文大多比较简短，较少流露情感。参见屠金梅：《豫东太昊陵音乐文化研究》，福建师范大学博士学位论文，2011 年。

（一）坐在车上唱经歌：边走边唱

老李的唱经，仔细听起来，会发现都比较应景，正如我们此刻行驶在前往普陀山的路上，老李所唱的经歌，也多是关于“烧香人”“上高山”去“修行”。如开头一段唱给观音老母的经歌：

> 哎……众家姐妹喜盈盈，众位神灵那个在上听，您老人家莲台上来坐稳，听弟子我给您传传经。俺唱的是观音老母，烧香人往前挪，又靠山来咱又靠河，去时撒着莲花籽，回来莲花那个充满了河哎。众善人，又穿绿又穿红，脚踩莲花那个去修行。黄表纸，金银箔，烧香念经那个都给神。烧香人，腿又重，脚又轻，走起路来那个一阵风，多哩多行善，多哩多念经，莲花盆里那个去修行，莲花盆里那个去念经哎。南弥陀佛，南弥陀僧，这本是观音老母的一本经。

老李的唱经，有的能在《经歌集锦》上找到原文，有的则找不到，比如这段唱词基本上是老李的即兴编唱。虽然在经歌本子上找不到原文，但这又并非老李的原创。其中的每句歌词，甚至每个词汇，听起来都很熟悉，它们如同经歌演唱的一个个“程式”①，唱经者在掌握了大量经歌基础上，根据脑中储存的“程式”可以轻松随意地进行自由组合、即兴编创。该段唱经提到一些核心词汇，如“观音老母”“莲花盆”“烧香”“念经”“行善”“修行”等，前两个词汇是关于信仰对象，后四个词汇则与信众的信仰实践有关。大部分涉及“跑功”修行的经歌都少不了这两个层面。

而唱词中的“众家姐妹”“众善人”“烧香人”指代的是同一个群体，它们之间可以替换使用。“善人”通常指经常烧香、建庙或行善的人；“烧香人”表明他们的主要信仰实践方式是到各个庙宇上“烧香”；而“众家姐妹”的称呼则表明这些“善人”“烧香人”多是女性。豫东的“担经挑”舞蹈以及伴随的唱经均有“传女不传男”的禁忌。这表明传统经歌的创造者与演唱者多为女性。目前，这种禁忌已经有所打破，我们在庙会上也经常会听到男性在唱经。但在经歌演唱中，唱经者仍需以“姐妹们”相称呼。比如，老李本人就是

① 相关的“口头程式理论”参见［美］约翰·迈尔斯·弗里：《口头诗学：帕里－洛德理论》，朝戈金译，社会科学文献出版社2000年版，第97～103页。

男性,在唱经开始之前,他这样给大家打招呼:

> 这新来的姐妹也好,原来的姐妹也好,咱都是姐妹相称,不是哥们相称。咱都是一块烧香的,可以说都是一家人,我给大家传经,不是唱戏,这是唱经的。出来烧香就是修行的,条件艰苦,咱忍耐一点,招待不好的,咱宽宏大量一点。我给大家传传经,趁还不瞌睡,咱给'老人家'①唱会儿经。

如今,虽然老李与其他朝拜者是乘车前往普陀山,这似乎与经歌中演唱的过去担着经书步行去朝山拜顶有所不同,但"出来烧香就是修行的"一句表明,老李此刻演唱的经歌以及他们朝山拜顶的行为,正是这些"烧香人"所理解的现代人的"修行之旅"。下面我们从唱经中所表现的修行旅途中的苦与乐两个方面入手,具体呈现经歌所演绎的"跑功"与修行生活。

(二)修行之苦

体现烧香人修道成仙难同时又坚忍不拔地坚持修行的经歌,莫过于《十二月担经》。这首经歌比较经典,对它的辑录有多种版本。② 不同的版本表达的主题是相同的,即以"担经""修行"作为主题;形式上也相似,均是以"十二月"作为经歌的结构,但歌词并不完全相同。或许因为经歌本身多是口耳相传,导致辑录的经文有多种不同的版本。

通过对所搜集到的四个文本进行对比,我们可以推测,老李的唱本对其他版本有所传承与吸收,同时也不排除"老李本"中含有即兴编唱的成分,即那些其他版本所没有的内容,很可能是老李自己的编创。当然,这里的编创是根据经歌中已有程式基础上的编创,而非发明创造,如其中的"饿了俺吃

---

① 老人家,指神灵,是对神灵的一种亲切的称呼。

② 《经歌集锦》(简称"集锦本")里也有收录,名字是《担经十二月》,参见佚名:《经歌集锦》第三部(未出版),第 23 ~ 24 页;民国时期的社会调查中,郑合成也记录了一首《担经歌》(简称"郑本",参见郑合成:《淮阳太昊陵庙会概况》,载李文海主编:《民国时期社会调查丛编 · 宗教民俗卷》,福建教育出版社 2005 年版,第 265 ~ 266 页);此外,杨复竣编著的《史话太昊伏羲陵》的第七章"太昊陵经文"也辑录了一首《担经歌》(简称"杨本",参见杨复竣:《史话太昊伏羲陵》,中州古籍出版社 1995 年版,第 138 ~ 139 页)。对四个文本进行对比,发现"老李本"与"郑本"不仅在结构形式上相似,在内容上也更为接近,二者经文中的"正月""六月""十一月""十二月"的内容大体一致。"老李本"与"集锦本"中则只有"九月"的内容是一致的。而"郑本"与"集锦本"在内容上基本没有一致之处。"杨本"除了结尾处"西天有个临颍寺(灵隐寺)"置换成"北关有个太昊陵"外,这个版本的经文内容与"郑本"基本相同。

点百年籽，渴了俺喝那山清泉”，是表现烧香人艰苦修行生活的“经典名句”，也常常会出现在其他经歌中。

下面我们看看老李如何演唱烧香人的“跑功”与修行生活：

众善人，恁[①]是听。恁听我给您传传这部经。

春天到，咱百花开，俺与师父担经篮，俺是佛门的真弟子，为什么没带钥匙来，取出师父那个金钥匙，咱一打三簧两面开，打开师父那个金箱子，五经四书那个取出来。

正月里担经过新年，咱收拾衣服和盘缠，前院后院都舍完，为的是生死苦修莲。

二月担经龙抬头，俺四人担经好忧愁，忧忧愁愁往前走，为的是生死苦来修。

三月里担经三月三，桃花梨花它都开满园，桃花开得那个成成串，俺四人担经上高山。

四月担经四月八，我唱唱姑嫂二人打莲花，打了莲花把山上，一去修行那个不回家。

五月担经五端阳，鬼魔奸人那个还清凉，换来清凉治世界，全心敬意敬上苍。

六月天担经三伏天，俺四人担经上高山，饿了俺吃点百年籽，姐妹们，渴了俺喝那山清泉。

七月里担经那个七月七，织女牛郎配夫妻，织女牛郎那个河边站，一站这次的两相离呀。

八月担经，八月十五月又圆，月饼水果咱都敬老天，人家圆月都在家里，我的姐妹们，咱们担经还在那高山。

九月担经九重阳，九月里山上那个秋风凉，担经善人那个在山上，咱烧上纸人没衣裳（不通顺，两句合起来：担经善人没衣裳），担起经挑，哭三声，哭得个全神都不安宁哎。

十月担经好冷的天，咱们烧香在高山，冰棱碰在冰板上，姐妹们，咱咬咬银牙上高山。

---

① 恁，方言，指“您”。“您是听”，宾语倒置，指“您听是”，古词用法。

十一月担经下大雪，天上的大雪铺满山，咱们烧香还在高山。

十二月担经整一年，咱背着经包上西天，西天有个云台寺，担到云台那个成神仙，咱担到云台万万年哎。弥陀佛，弥陀僧，这本是十二个月担经的一本经。[①]

从内容看，经歌讲述了“烧香人”担经上“高山”，为“生死”问题去修行的经历。一年十二个月，他们不间断，不放弃，不畏艰难，“风雪”无阻，最终“修成神仙”。经歌前半部分交代修行缘由以及自己的决心，如“前院后院都舍完，为的是生死苦修莲”；“一去修行那个不回家”；“家田家地都舍了，生死一盘去担经”[②]，均生动展现了烧香人舍弃一切，为生死大事而修行的悲壮精神。而修行的过程则更是充满了艰辛：“饿了俺吃点百年籽，渴了俺喝那山清泉”；“人家圆月都在家里，咱们担经还在那高山”；十一月天气已经很冷了，仍然“咬咬银牙上高山”；十二月“大雪铺满山”了，烧香人却“还在高山”。这种具有苦行色彩的修行精神，不仅需要虔诚的信仰，还需要坚强的意志，恰如经歌里所总结的“学法修行下大雪，真心修念无畏惧，哪怕冰霜与严寒”。[③] 其中，“高山”一词可谓是该经歌的高频词汇，它既是实相，又具有象征意味。整个豫东地区，一马平川，尽是平原，因此，经歌里的“高山”代表了远方。“烧香人”走出家门，往往要步行到很远的地方烧香。

“烧香人”不仅会去很远的地方，而且会去很多的庙院“跑功”、烧香。经歌中常有赞叹“走的庙院多”的经文。如：

担起经挑走得远，远走千里去烧香。烧香拜佛走前边，大小庙院都走遍。

各庙神上把灾免，神免灾难得平安。全家平安得吉祥，远近庙院都走光。[④]

---

① 老李演唱的《九品莲》，录于2017年3月24日，从西林的“堂口”前往普陀山的大巴车上。

② 郑合成：《淮阳太昊陵庙会概况》，载李文海主编：《民国时期社会调查丛编·宗教民俗卷》，福建教育出版社2005年版，第265～266页。此“担经歌”与郑合成于民国时期辑录，“家田家地都舍了，生死一盘去担经”一句虽未出现在老李演唱的经文中，但却被收录在郑合成的文章中，可与老李演唱的经歌文本互为补充、印证。

③ 佚名：《经歌集锦》第三部（未出版），第23～24页。

④ 佚名：《经歌集锦》第三部（未出版），第14页。《经歌集锦》第三部同时还收录了一首《担挑经》，主题同样是关于“担经”与“修行”，但形式上不是以“十二个月”为结构。

金香炉装沙罗，大庙小庙都走过。金童玉女认识我，把门将军不拦我。[①]

太阳底下有块云，云下有块菊花盆。盆里开的千万朵，哪里烧香都有我。[②]

而修行之路总是充满坎坷与艰苦，这不仅指“上高山”过程中长途跋涉、忍饥挨饿的辛苦，而且，“烧香人”的“南跑北跑瞎胡窜”的“跑功”行为还会遭受周围人的不理解与猜疑。不过，那些经常到各处烧香的“烧香人”之间，也形成一种无形的情感凝聚与行为认同，有的互相结拜为“姐妹”，一起朝山拜顶。[③] 她们知道自己在干什么，想要什么，从而可以不在乎别人的猜疑与嘲笑，坚持自己的修行。如老李在《九品莲》里所唱：

我唱唱，咱成仙得道苦里熬，为人你不识个三节礼，枉在红尘走一遭……

俺为莲台去修行，反被世人说俺赖，任你说好或说歹，咱各人心里有安排……常言吃亏人常在，咱看看谁赖谁不赖，吃斋好善咱不改，老母她渡咱个儿上天台，天堂路上那个乐无边……

七品莲台(咱)修道难，我的姐妹们，咱还有苦来还有甜，咱走了不少冤枉路，咱花了不少怨霉的钱，咱自己还忍了多少饿，别人背地里多少谈呐，说咱懒惰怕干活，南跑北跑瞎胡窜，有的说咱去学邪，有的说咱成了仙，有的说咱去学佛……他说吃斋能得道，牛驴它们那个都成仙。背后恶言无其数，听见咱也不敢把理反……[④]

这段经文生动地呈现出他人对“烧香人”的各种“非议”，具有很强的现实意义。而面对他人的不理解与嘲笑，“烧香人”只能忍在心里，同时，他们心里有自己的“安排”。而神灵也会以美好的“前景”劝慰他们：“叫男女你听心间，世上恶人毁谤你，老娘我也替你心头酸，奉劝儿女们要忍耐，苦后自然会变成甜。踩着莲台活翻翻，金童玉女那个站两边，成仙咱得到逍遥乐，

① 佚名：《经歌集锦》第三部(未出版)，《过桥经》，第15页。

② 佚名：《经歌集锦》第三部(未出版)，《鲤鱼经》，第18页。

③ 《朝九连》：“叫大姐，别多言，咱结拜，朝九连。走一连，又一连，连连里头进香烟。”见杨复竣：《史话太昊伏羲陵》，中州古籍出版社1995年版，第141页。其中，“连”字有误，应为“莲”。

④ 老李演唱的《九品莲》，录于2017年3月24日从西林的“堂口”前往普陀山的大巴车上。

再生成人间做高官。”因此，怀揣着心中的信念与梦想，“烧香人”仍不改“吃斋好善”，继续“跑功”修行。

（三）修行之乐

修行“前景”的美好固然是感召“烧香人”坚持修行的重要动力，但修行之路不仅有苦，也有乐，后者对“烧香人”也有一定的吸引力。人们借烧香之际，走出家门，到远方，大开眼界，看到不一样的风景，心情也变得开朗起来。如老李演唱的《九龙经》就有大段描述沿途风景的句子：

众善人，喜盈盈，恁再听我给您传传这部经。（清晨早起身心宽，不盼忧愁盼喜欢）[①]唱的这是烧香念经保安乐。口念真经那个凭天过，清早起来那个念弥陀，身上有为那个自消各。念佛念到观音母，天地老爷那个保佑我哎。弥陀弥陀真弥陀，谁念弥陀那个谁安乐。真心向善心齐整，咱一心朝山去拜顶。山又高，路不平，姐妹们，咱走路全靠着众神灵。宅神灶君送一程，一送送到那个前佛殿，宅神灶君那个转回还。左右不过三五里，那边厢，才来了，金童玉女接着咱哎。（一接接到高山上）咱在这个高山上，咱站到高山之上用目观。

这座山，真好看，山前山后岭挨着岭，山左山右那个山连山。花斑豹，怪石以上盘头卧。高耸耸，风景以上难免七百间。静潇潇，神仙洞，四扯蹬蹄地老龙盘。山前的野鸡一个一个都晒红了脸；山后面，野猪衔着那个野猴玩。山左边，咩咩叫，老虎抱着那个来回跑；山右边，吱吱叫，野狼衔着那个小孩玩哎。高山以上长流水，高山以下流清泉……那山底下，有条大河奔着东南。在对准河的两岸观几眼，长得景致实在鲜。河南岸，正有个青蛙来吸水。河北岸，整个流河那个戏金蟾。河的中间，仔细看，莲花瓣正长到这条河的那个正中间。漫山遍野仔细看，松柏树正栽得一棵一棵照着山。（这一整段均为老李的即兴编唱）

山上还有那个九龙盘哎，两条黑龙乌云罩，两条白龙罩着山，两条青龙来吸水，五谷条苗它浇完，打的粮食用不了，老百姓人人都喜欢。

---

① 对照《九龙经》经文，补充了老李演唱不清晰的地方。参见佚名：《经歌集锦》第一部（未出版），第17页。通过对比两段经文，发现老李的唱本增加了很多唱词，多属于即兴编唱；并灵活地打散一些唱词，或加入一些衬词，如“那个”，以符合或适应口头演唱的需要，唱得更有节奏感。

两条黄龙来念经，一条老龙来得功。谁要念念九龙经，消灾免难那个寿长生；谁能念念九龙经，强似朝山去拜顶。

香莲子，咱撒着。小金狗，别咬我。个个朝台我去过，金桥银桥那个神收过。莲花盆里我也去坐过，莲花盆里我也念弥陀。弥陀弥陀真弥陀，谁念弥陀那个谁安乐哎。弥陀佛，弥陀僧，这本是九龙圣母的一本经。（最后一段也是老李的即兴编唱）①

该经歌描绘了清早起来去“朝山拜顶”，一路上神灵对“烧香人”的相助、相送、相接以及“烧香人”站在高山上所看到的美好风景与各类野生动物，呈现出一派生机盎然的景象。老李也唱得生动有趣，让人有身临其境之感，充分彰显了唱经者朴素的审美趣味以及词汇的丰富与奢华，也彰显了“烧香人”的乐观、豁达与智慧。

与该经歌内容与风格相似的，还有一首《朝九连》，描述一对师徒一起到“庙宇里进香烟”的路途中所见的自然风景、所经历的艰难险阻。其中自然风景的描述与老李的演唱有异曲同工之妙：

……说二连道三连，三连风景真稀罕。石头缝里淌清泉，清泉水，往上蹿，淌个珍珠倒卷帘。山下水，也不多，顺着小河淌得欢。善人坐在天桥顶，咱看鲤鱼耍水玩。鲤鱼耍水跳龙门，鱼耍水儿泥里钻。鲢子耍水噘着嘴，蚂虾耍水把眼翻。剩了一群小泥鳅，七哩喀喀炸响鞭。真心实意朝九连。

说四连道五连，五连路径也不宽。抬头看见名山高万丈，没底的深海在左边。蛟龙盘，十八盘，徒弟看见害了怕，老师看见打寒战。叫徒弟，站稳步，手扶山，真心实意朝九连……

说六连道七连，七连风景真稀罕。忽的一阵变了天，只听空中云加响。乌云都把太阳墁，雪天飘飘在面前。叫徒弟，水多路滑咋上山？徒弟说：师傅也，咱站稳步，扶着山，真心实意朝九连……②

烧香路上所见风景之美好有趣，路途之艰辛险峻与朝山拜顶的意志之坚定不移，通常是这类经歌的主要内容。而这两首经歌中所描绘的高山之

① 老李演唱的《九龙经》，录于2017年3月26日，从普陀山返回至杭州灵隐寺的大巴车上。

② 杨复竣：《史话太昊伏羲陵》，中州古籍出版社1995年版，第141～142页。

上的自然风景,非豫东平原所有,而是属于河南北部的辉县境内的九莲山。该山属于太行山的一段,因九峰相连,酷似莲花而得名。山上的西莲寺香火旺盛,主要供奉九莲老母与无生老母。[①] 老李所在的"堂口香会"每年到晚秋的时节,都会组织香客来这里朝山拜顶。现在生活富足、交通发达,香客们大多包车前往。而在车上唱经,则是传承以前的烧香人步行朝山时的边走边唱的传统。

从上述两首描述"朝拜九莲山"过程的经歌可以看出,以淮阳太昊陵为中心的豫东经歌的内容并非局限于特定的地域之内,而是会随着烧香人的脚步呈现出不同的地域风景。同时,烧香人在各大庙宇之间频繁地流动也促进了不同地域间经歌与信仰的交流、融合。[②]

经歌《五进宫》本是讲述烧香人到了庙里,进入宫殿,拜神灵、焚香、念经的过程,但在向神灵倾诉心声、表明修仙决心时,老李不由得又唱起了"跑功"修行过程的苦与乐:

> ……五进宫,咱跪神前,咱跟老娘娘有牵连,黄香咱焚到香炉里,发谢咱跪到地平川,手捧黄香把真经念,真心实意那个去修仙,修仙咱不怕那个身受苦,我的姐妹们,咱没有苦那个哪有甜。
>
> 八九月进宫天气寒,金童玉女那个站到两边。金童挎个真经包,那玉女都把那个真经担。担着经书那个上西天,西天有个雷音寺,咱雷音寺里那个去修仙。饿了咱吃的百年籽,我的姐妹们,渴了咱喝的山清泉,热了打着一把黄(老)伞,冷了咱穿着宝蓝衫。上午没事,咱给老人家那个把经念,到下午又爬到后山,去看猕猴王逗着玩。西天也好比莲台会,吃仙果,喝仙茶,同享荣华那个万万年。善人呐,恁看那自然不自然[③],恁看那自然不自然哎。咱弥陀佛,那弥陀僧,这本是五进宫的那个一本经。

该经歌的正文应该在跪拜完"老娘娘"之后就结束了。但老李没能打住,顺势又编唱了一段;或因为唱得正酣,过于投入,顺着修仙的主题"顺"出

① 参见屠金梅:《豫东太昊陵音乐文化研究》,福建师范大学博士学位论文,2011 年。

② 豫西豫北都有经歌的传唱,参见屠金梅:《豫东太昊陵音乐文化研究》,福建师范大学博士学位论文,2011 年;王莹:《洛阳经歌的考察与研究》,西安音乐学院硕士学位论文,2006 年。

③ 自然,方言,自在之意。

或“嫁接”出一段新的唱词。换言之，最后一段更像是老李的即兴编唱，他把不同的“程式”拼接在一起，把经歌所表现的时空扩展开来，一边返回进庙烧香之前的路途中，一边描述进庙烧香拜神之后的修行生活，如“上午念经”，下午去后山“看猕猴王逗着玩”。这既说明经歌中确实有一定的程式，即那些经常用来描述修行的句段，成为一种程式，可以自由调换使用；也说明修行是经歌的一个重要主题，用来描述修行的歌词相对比较丰富。

（四）“流浪式的宗教活动方式”

这种走出家门，上“高山”或去“远方”，边走边唱的修行方式，与董晓萍所描述的马街书会艺人的“流浪式的宗教活动方式”有些相似。讲唱艺人们“年复一年地从华北各地赶到马街书会，过去全靠步行，一路流浪，一路讲唱，风餐露宿，形同乞丐，历尽千辛万苦，最后结聚为一个庞大的讲唱群体，见面三天后，再流浪远走，却不以为苦”[①]。讲唱艺人的这种在流浪中的苦并快乐着的状态，与经歌中所体现的行“苦行”而又兴奋豪迈的“烧香人”的状态比较接近，二者有着一致的精神气质。“烧香人”在出远门跑功烧香的过程中，省吃俭用，不辞辛苦，风雨无阻，某种程度上也形同讲唱艺人的乞丐形象。

走出家门，到各大庙宇里跑功烧香、唱经，既是祈福、修行，同时也是一种放松，通常会让人有一种兴奋的感觉。如对老李来说，唱经虽然辛苦，但也是一种蛮不错的享受：“不管唱好唱歹，我就好唱。”值得注意的是，虽然有快乐、兴奋，但在信仰方面，“跑功”烧香过程中的唱经活动与马街书会艺人的讲唱民间文艺活动一样，都是“在过另一种严肃的精神生活，不是娱乐”[②]。

此外我们需要注意的是，如前所述，传统经歌的创造者与演唱者多为女性，“烧香人”这一词汇本身即暗指中老年妇女。歌词中也时常会加入“我的姐妹们”，以表明面对面演唱时，唱者与听者的互动。这些由普通的女性所创造与演唱的经歌，特别是上述描绘修行生活的经歌，体现了她们怎样的一种情感？可以说，她们是既辛苦又自豪，虽是苦行却又兴奋雀跃。

---

① 董晓萍：《华北说唱经卷研究》，《北京师范大学学报（人文社会科学版）》2000年第6期。

② 董晓萍：《华北说唱经卷研究》，《北京师范大学学报（人文社会科学版）》2000年第6期。

在经歌中,“姐妹们”较少讲述地狱之残酷,更多描绘神仙生活的美好以及为追求这种美好生活而不怕吃苦受累、锲而不舍的精神。因为心中有了一个美好的去处,美好的寄托,生活中的一切艰难都可以跨越,甚至都可以抛弃。借此,她们也得以以一种神圣的名义走出繁琐家务缠绕的家门,到“高山”上,为家庭祈福,为神灵歌唱,由此实现了对日常生活中的困难与琐碎劳务的超越。同时,某种程度上,跑功与唱经也实现了女性对男权世界的反叛,如经文中的“担起经挑走四方”“担起经来走世界”,这是女性发出的一种多么悲壮而又豪迈的情感!她们在信仰的世界里倾情释放、挥洒自我,并希冀成神成仙,充分做自己的主人,永得自在逍遥。

四、“跑功”与“唱经”

上文我们主要分析了经歌文本中的“烧香人”的“跑功”修行生活,而现实中的“烧香人”是如何修行的?它与经歌中所演唱的修行生活是一种怎样的关系?

如前文所述,“堂口香会”所组织的“跑功”、烧香活动与“唱经歌”是一体的,确切地说,“唱经”是“烧香人”“跑功”生活的一个重要组成部分,而经歌中的部分内容则正是表现“烧香人”自己的“跑功”生活的。换言之,他们既是为神灵歌唱,也是为自己歌唱,歌唱自己的生活。

但现实中的“跑功”生活与经歌中所表现的“跑功”生活也有所不同。经歌演唱是一种民间艺术形式,它既是现实生活的反映,同时也是对现实生活的超越。经歌中表达更多的是烧香人的修行决心以及为此不辞辛劳、不畏艰难险阻的精神,它在一定程度上反映了“烧香人”的“跑功”生活,但“跑功”活动本身比经歌所唱的更为复杂和沉重。

比如,经歌与“跑功”之间存在一个“时间差”,经歌中所表现的“跑功”生活,时间更早一些。而当下的“跑功”已发生了一些变化,如交通更为方便,庙宇收取高额门票等。也因此,“烧香人”通常面临的不再仅仅是信仰与意志是否坚定的问题,而更多是经济问题。如2018年春,笔者父亲参与西林的“堂口香会”组织的朝拜普陀山的“跑功”活动时,已经看不到老李的身影了。据说,他的儿子仍然不争气,而他自己在庙会上靠“卖花茶”挣的钱已经无法供应他“跑功”的高额花费了,这个消息让人颇感唏嘘与无奈。

而那些勉力支撑着继续“跑功”的香童们,其“跑功”的首要动力,并非为了修行成仙,很多时候他们是被神灵“催促”,不得不跑,因为不跑身体就会生病,或家庭就不顺遂。或者反过来说,很多人到庙上“跑功”的背后,都有着一段难言隐情与苦衷,或因为难治的病,或因为不顺遂的事,正是这些“病与事”“催促”他们出来跑功。因此,不管多么艰难辛苦,他们“咬咬银牙”,拿着血汗钱,走出家门,到“高山”上,为神灵“送银钱”“办差事”“唱经歌”,以求得家人的健康、平安与顺遂。而“修道成仙”则成为第二位的,位于世俗的“修平安”之后。这与经歌中所体现的“只要不畏艰难坚持修行就能成神成仙”的积极乐观的态度形成一定的反差。

如在普陀山“跑功”时,有位70多岁的香童拖着经常抽筋并贴着膏药的病腿,坚持与大家一起爬山、拜神。她一边说着“出来跑跑,跟这些人一块儿欢乐欢乐”,一边又殷切地祈求观音老母,只要让她的腿疾痊愈,她明年还来普陀山朝拜。经常“跑功”的老香童自然也想修仙成神,但由于这一目标过于遥不可及,于是就祈求自己能“修个好身体”,儿女们平安顺利。对于修行,这位老香童认为:

> 先修仙,成道,再成佛。佛修好了,就到头了。临终的时候,观音菩萨老佛爷该来接你了,把你接到极乐世界,坐着莲花盆。或者把你安排到哪个庙上坐着受香火,你就成神了。永久脱离这个六道轮回,不再受这个人间苦了。
>
> 可是你修成修不成呀?一万个人里面能修成一个不能呀?咱这样的,只要能修得不受罪,大人小孩都平平安安的,就不错了。现在的修行,第一是(修)你自身,第二是(保佑)你的小孩。[①]

老香童的“跑功”经历以及对于修行的观点,具有一定的典型性与普遍性,即不奢求成神,只求合家平安。可见,相比经歌中的修行生活的描述,“跑功”作为一种修行方式,戴着现实的沉重枷锁,被人们赋予保佑家人平安以及战胜现世苦难的重任。在“跑功”的过程中,人们尽管也有去“远方”朝

① 访谈人:孙艳艳;访谈对象:老香童,女,71岁;访谈时间:2017年3月25日晚;访谈地点:普陀山旅馆。

圣的欢乐与兴奋,但这表面的欢乐背后有着困顿中生命的沉重哀叹以及沉重的经济压力。现实中背负着各种压力而"跑功"的人们,少了一点经歌中"烧香人"的浪漫气质,不再奢求成神成仙,而更多是追求一己的福祉。不过,"经歌"与"跑功"中所体现的修行之艰难是相似的,人们有苦有乐的情感是相似的。

如前所述,西林经常去全国的各大名山大庙里"跑功",那些经常跟随西林"跑功"的香童,会面临很大的经济压力。但他们同时又觉得,越是大山大庙,"功"就越大,获得的福报也越大。因此,他们宁可"勒紧腰带"苦自己,也要坚持"跑功"。他们通常把钱花在那些不得不花的地方,如车费与门票,而在吃住问题上,则能省则省。如跟随西林"跑功"已有三年的香童翠芝,她在讲述自己第一次跟随西林去普陀山"跑功"的情形时说:

> 去普陀山第一年时,俺三天只吃一碗面条子,不饿,急得不能行。……俺一直跟着西林,怕走丢了。那天下雨了,下得特别大,跟往地上倒似的。穿几层衣裳都淋透,俺的袄啊,能拧出来水,脚泡得穿不住鞋。
>
> 三天吃一碗面条子,也不解手。一碗面条子一小点儿,十五块钱。别看我瘦唧唧的,我特别能吃饭。俺去饭店里吃饭,俺掏十五块钱,我说,您咋就端这一点儿呀,俺几天没吃饭了,她说,这就是一顿饭。①

农历二月的天气还是很冷的,碰上下雨天,更是阴冷。香童们的衣服被淋湿透了,仍坚持拜神。即使如此受罪,他们也不舍得吃好点。普陀山岛上的物价很贵,他们吃不饱,只能靠喝汤来充饥。有的人则带着干粮,如馒头、方便面等,除了车费、门票与住宿外,在吃饭上几乎不消费。他们不仅在吃饭上节省,在住宿上也是如此。据翠芝说,之前他们来普陀山"跑功",为了省下住宿的费用,夜里就在大巴车上睡觉。

尽管"跑功"是个"苦差事",花钱又受罪,但香童们还是能够苦中作乐或以苦为乐。如翠芝所说:"一跑起来,再生气的事都忘完,一跑啥事都没有了。看见一块儿烧香的都称姐妹,都认识,跟一家人似的。见了面,亲得不

① 访谈人:孙艳艳;访谈对象:翠芝,女,59 岁;访谈时间:2017 年 3 月 28 日;访谈地点:从西林的堂口返回的路上。

行，要不是烧香咋会认识恁[①]些人呐。”[②]其他香童也说：“来烧香了，心情可好，可高兴，弄啥都得劲。该烧香不来，就不能行，心里像猫抓了似的，看见谁都烦。”[③]

出门“跑功”，特别是跑“远功”，也相当于一种旅游形式。人们可以走出庸常繁琐的日常生活，与一群“志同道合”的人到“远方”走一走，散散心，看看风景，这确实是一件很美妙的事情，但我们不能夸大这一点。如同行的一位香童反问笔者“你为啥跑？”笔者随口说自己是“跑着玩的”。这位香童很严肃地告诉笔者：“别说跑着玩的。”的确，旅游只是“跑功”活动所附带的功能，并非主要功能。若不是因为疾病，或者说神灵的“催功”，谁也不愿意“跑功”。在他们看来，“跑功”花钱不说，这么累，又这么远，光是为了玩的话，来一次就够了，没必要年年来。

结　语

豫东经歌是当地民间信仰活动中的一道独特的风景，大量经歌在庙会上、堂口里、民众中经久不息地传唱着。“唱经”不仅是一种民间文艺活动，同时具有神圣色彩，既可以免灾难，也可以积累功德。而经歌本身也有着丰富的文化内涵，它不仅融合佛、道教以及民间教派的宗教思想，还带有远古的神话信息，并以民歌小调、说唱艺术等形式融会世俗生活的悲与欢。对经歌中的“跑功”修行内涵的分析，不仅可以使我们更好地理解经歌这一传统本身，同时也有助于更好地理解“烧香人”群体的宗教信仰。

其中，豫东经歌文本中所体现出来的去“远方”流浪与修行的浪漫气质、修行过程的苦乐参半以及其中隐含的“烧香念经成神仙”的超越性追求，都给人以极其鲜明而又深刻的印象。信众这种鲜活朴素的修行观也促使我们不得不重新审视民间信仰的特征与气质，即民间信仰并非尽如研究者所说

① 恁，方言，除了表示“您”之外，又表示“这些”“这么多”之意。

② 访谈人：孙艳艳；访谈对象：翠芝，女，59 岁；访谈时间：2017 年 3 月 28 日；访谈地点：从西林的堂口返回的路上。

③ 访谈人：孙艳艳；访谈对象：香童，女，40 多岁；访谈时间：2018 年 3 月 24 日；访谈地点：于中灵山跑功的路上。

的“功利性强”，其中也包含有超越性追求；部分“烧香人”的信仰实践方式以及由此体现出来的虔诚程度，并不亚于制度性宗教的信徒。而现实中信众的修行实践即“跑功”这一“活态文本”，则相对多了一些沉重负担，少了一些超越精神。但二者仍然是息息相通的。“跑功”过程中的“唱经”活动，既是娱人娱神，也是在唱“烧香人”自己的生活，并唱出了“烧香人”自己的心声——掺杂着生命的困顿与坚守以及对平安的渴盼，还有那遥不可及的“成仙”梦想。当“唱经者”在人群中演唱经歌的那一时刻、那一场景，现实与历史互相印证，实践与文本互相呼应，今人与前人产生共鸣。

标志性文化生成中的多元复合性

——以登封地区大禹文化考察为中心

朱　鹏*

田野报告

摘　要

一种文化事象的生成与演变总是处于与其他文化事象的不断交流、碰撞与融合之中。具有地方代表性的标志性文化在生成过程中更是与其他的文化事象进行着不断的交流、碰撞与融合。大禹是中国千百年来家喻户晓的神话人物,同时又作为历史人物被认为是夏王朝的开创者。作为历史人物的大禹,其出生地与相关文化遗迹历来存在争论。登封地区存在着大量的大禹文化遗迹,这些遗迹既有历史的遗存,也有当下的创造。登封地区的文化精英与村落精英一道将大禹文化打造成本地区的标志性文化。在这种具有地方标志性的大禹文化的生成过程中,伴随着对其他文化元素的吸纳与融合使得大禹文化具有了一种多元复合性。正是这种多元复合性,使得登封地区的大禹文化内容变得丰富多彩。

关键词

标志性文化　多元复合性　大禹

* 作者简介:朱鹏,山东大学文化遗产研究院2017级中国民间文学专业博士生(山东济南250100)。

一种文化事象的内涵并不是一成不变的，而是与其他的文化事象在交流、碰撞与融合中不断得到更新与丰富。在这种交流、碰撞与融合中，一种文化事象的内容变得多元，成为由多种文化元素复合而成的文化事象。具有地方代表性的标志性文化，往往反映着一个地方一定的历史进程和民众生活，关系着一个地方群体的自我认同。标志性文化的生成除了具备某些核心内容之外，还包括某些地方内不同的小群体所创造、承继和享有的事象以及对其他文化事象的借鉴、吸收和竞合。这种不同文化事象的交流、碰撞与融合，使得标志性文化成为一种多元复合的结果。

一、多元复合性与标志性文化

文化复合是一种普遍的文化现象，没有任何一种文化可以长期自我封闭而不与其他文化进行交流。在经济全球化的今天，文化多元并存互鉴也是人类和谐相处、彼此尊重的重要前提。对于文化复合的关注已经见于部分学者的研究，尤其是民族学与人类学的研究。冯晓在《文化的复合作用与艺术的反弹效应》一文中指出："作为人类一切活动方式和产品全部丰富性的文化，是一个由诸多文化质构成的复合整体……一定类型的文化是一个由诸多文化质构成的多层次的复合体。任何文化结构中，都有一个活泼而富有能量的文化质，我们称其为基础文化或根文化。根文化是脱胎于旧文化并对新文化具有建构力的文化质，它一出现势必迅速瓦解旧文化结构，同时依赖与自己相关的衍生质构建起新文化。由于根文化的作用对文化发展是一个推动力，因此我们也称之为动力文化。在一个文化整体中，动力文化与衍生文化，新文化与旧文化交织成一个极为复杂的变量模式。"①日本学者畑中幸子于 1988 年 7 月在南斯拉夫贝尔格莱德召开的第 12 届国际人类学和民族学大会提交了《中国北方少数民族的民族关系和文化复合》的报告，通过其在内蒙古呼伦贝尔地区的实地考察，论述了中国北方的通古斯族、满族、蒙古族、达斡尔族等族之间的互动和形成文化复合的过程。② 刘宁波在

① 冯晓:《文化的复合作用与艺术的反弹效应》,《求索》1986 年第 6 期。

② 参见[日]畑中幸子:《中国北方少数民族的民族关系和文化复合》,何一兵译,《内蒙古社会科学(文史哲版)》1989 年第 1 期。

《北京都市民俗文化的复合性》一文中从上层文化与下层文化复合、民俗文化与宗教文化复合、多民族民俗文化复合、城市文化与农牧文化复合、民俗文化与经济文化复合等几个方面分析了北京都市民俗文化是多元文化复合而成的特点。[①] 黄德诚在《论日本文化的复合性》一文中认为，日本虽然是单一民族的国家，但“在长期与其他外来文化的相互交流和影响中发展起来的，当然日本文化中存着两种或多种文化的因素，两种或多种文化要素深入交织在一起，构成‘你中有我，我中有你’但又若即若离的复合文化体”[②]。同时指出，“所谓‘复合性’是与‘单一性’相对的概念。‘复合性’与‘多样性’‘多元性’不同，前者是多种性质的事物的有机结合，后者指多种性质的事物并存”[③]。连镇标在《多元复合的宗教文化意象——临水夫人形象探考》一文中从宗教哲学角度出发，以分析临水夫人的原型入手，着重阐析了临水夫人儒释道三位一体的宗教形象。[④] 刘稚在《傣泰民族多元复合的民族文化特征与民族形成》一文中分析了傣泰民族固有的百越文化与华夏文化、印度文化、东南亚文化的长期的相互交融、整合形成了傣泰多元复合的民族传统文化。[⑤] 黄瑾通过对黔西北基督教盛行地区威宁彝族回族苗族自治县板底乡的实地调查，论述了彝族文化变迁现状与政府参与彝族文化复兴策略，认为基督教盛行的少数民族地区的文化是一种以基督教为内核的、民族文化为物质外壳的复合文化。[⑥] 王铭铭在《文化复合性：西南的仪式、人物与交换》一书的导论中总结并详细论述了文化复合问题，并在前人分类论和关系论的反思性继承下提出了文化复合性的概念。他认为：“文化复合性的意思是，不同社会共同体‘你中有我，我中有你’，其内部结构生成于与外在社会实体的相互联系，其文化呈杂糅状态。文化复合性有的生成于某一方位内不同社会共同体的互动，有的则在民族志地点周边的诸文明体系交错影响之下产生，是文化交往互动的结果。文化复合性是自我与他者关系的结构

① 参见刘宁波：《北京都市民俗文化的复合性》，《北京社会科学》1993 年第 1 期。

② 黄德诚：《论日本文化的复合性》，《日本问题研究》2001 年第 2 期。

③ 黄德诚：《论日本文化的复合性》，《日本问题研究》2001 年第 2 期。

④ 参见连镇标：《多元复合的宗教文化意象——临水夫人形象探考》，《世界宗教研究》2005 年第 1 期。

⑤ 参见刘稚：《傣泰民族多元复合的民族文化特征与民族形成》，《云南社会科学》2005 年第 3 期。

⑥ 参见黄瑾：《复合文化：基督教背景下的彝族文化变迁》，《贵州民族学院学报（哲学社会科学版）》2011 年第 2 期。

化形式，表现为同一文化内部的多元性或多重性格。这种结构的存在表明，没有一种文化是自生、自成的孤立单体，而总是处在与其他文化的不断接触与互动之中，即使有些文化相对于其他文化'封闭'，但其现实存在避免不了'外面的世界'的'内部化'。"[①]邴正认为："任何文化在发展过程中，都不可避免地与其他文化发生碰撞、交流与融合。这种跨文化传播产生的文化交流，会或多或少留下痕迹和影响，乃至改变原有的文化形态和特点。跨文化传播的多样性和复杂性，会形成新的文化特点，即文化的多元复合性。"[②]

学者们对文化复合性问题的研究多集中在民族文化或东北文化、中原文化、西南文化乃至中华文化、日本文化、东南亚文化等较大地域范围的文化共同体的文化特征之上，对于具体的文化事象或民俗事象的文化复合性问题则关注不够。本文旨在通过一个地方的标志性文化构建过程，来分析一个具体的民俗事象如何在挖掘、打造、传播与互动中变成一种多元复合体。"所谓标志性文化，是对一个地方或群体文化的具象概括，一般是从民众生活层面筛选出一个实际存在的体现这个地方文化特征或者反映文化中诸多关系的事象。"[③]本文将以河南登封地区的大禹文化为考察对象，来阐述一种标志性文化的构建与多元复合性问题。

大禹是中国千百年来家喻户晓的神话人物，同时又作为历史人物被认为是夏王朝的开创者。自顾颉刚先生在《与钱玄同先生论古史书》中认为"禹或是九鼎上铸的一种动物"[④]之后，关于大禹的认知便引起了很大的争论。大禹治水的故事在中国流传极广，不同时期不同地域均存在着大量关于大禹的庙宇或其他遗迹。目前，大禹文化流传的地域主要包括宁夏、陕西、山西、河南、山东、湖北、四川、浙江、安徽、江苏等。以河南为例，大禹相关神话故事和庙宇分布在洛阳、三门峡、桐柏、浚县、洛宁、卢氏、禹州、开封、登封等多个县市。大禹神话在不同地域不同时期的兴衰并不相同。在一个

① 王铭铭、舒瑜：《跨越边界与范式——〈文化复合性：西南的仪式、人物与交换〉导论》，《云南民族大学学报（哲学社会科学版）》2015 年第 1 期。

② 邴正：《跨文化传播中的多元复合性》，《社会科学战线》2015 年第 7 期。

③ 刘铁梁：《"标志性文化统领式"民俗志的理论与实践》，《北京师范大学学报（社会科学版）》2005 年第 6 期。

④ 顾颉刚：《与钱玄同先生论古史书》，载顾颉刚：《古史辨》（上），河北教育出版社 2000 年版，自序第 7 页。

地域的生成或演变是多重复杂因素的综合结果，登封地区的大禹神话也是这样一种在多重复杂因素影响下不断演变的文化事象。

登封市地处河南省中西部，嵩山南麓，为河南省会郑州市下辖县级市，以嵩山、少林寺、中岳庙、嵩阳书院等标志性文化驰誉海内外。当下，登封地区的一些知识分子和民俗精英也正在致力于当地大禹文化的挖掘与阐扬，并逐步将大禹文化打造成登封地区的一种标志性文化。“标志性文化”是刘铁梁教授“在借鉴民族志书写模式与解释人类学等相关理论的基础上，结合对《北京市门头沟区民俗文化志》调查与写作实践的反思”[①]而提出的概念。本文中的“标志性文化”既借鉴了刘铁梁教授的概念，又有所区别，它指的是一个地方的各个群体所打造的一种具有地方标志性的文化品牌。一项标志性文化是如何被打造，需要哪些条件，产生什么影响，是一个值得关注的问题。

二、登封地区大禹文化重构的历史基础

在重视经济发展的当下，许多地区对于旅游文化资源的挖掘尤其重视，于是也出现了大量对于历史名人、小说人物或神话人物故里、遗迹等争夺的案例，如黄帝、诸葛亮、大禹等。而地方知识分子在挖掘地方文化或者争夺故里、遗迹的时候，常以文献记载或文物遗迹为基础。对于登封地区的大禹的记载，历史文献中多有出现。

在先秦文献中已出现对大禹的记载，后世的文献中又不断对其承袭、丰富和演变。我们可以从《汉书》中的记载和后人的注疏中窥见登封地区大禹信仰在当时的情况。《汉书·武帝纪》载：

> 春正月，行幸缑氏。诏曰：“朕用事华山，至于中岳（文颖曰：嵩高也，在颍川阳城县。）获驳麃，见夏后启母石。（应劭曰：启生而母化为石。文颖曰：在嵩高山下。师古曰：启，夏禹子也。其母涂山氏女也。禹治鸿水，通轩辕山，化为熊，谓涂山氏曰：欲饷，闻鼓声乃来。禹跳石，

① 刘铁梁：《“标志性文化统领式”民俗志的理论与实践》，《北京师范大学学报（社会科学版）》2005 年第 6 期。

误中鼓，涂山氏往，见禹方作熊，惭而去，至嵩高山下化为石，方生启。禹曰：归我子。石破北方而启生。事见淮南子。景帝讳启，今此诏云启母，盖史追书之，非当时文。）翌日亲登嵩高，（应劭曰：翌，明也。）御史乘属，在庙旁吏卒咸闻呼万岁者三。（服虔曰：乘，同乘。属，官属也，如淳曰：汉仪注御史亦有属。晋灼曰：天子出，御史除二人为乘曹，护车驾。荀悦曰：万岁，山神称之也。应劭曰：嵩高县有上中下万岁里。师古曰：乘属，如，晋二说是也。乘音食证反。）登礼罔不答。（师古曰：罔，无也。言登礼于神，无不答应。）其令祠官加增太室祠，（韦昭曰：嵩高山有太室、少室之山，山有石室，故以名云。）禁无伐其草木。以山下户三百为之奉邑，名曰崇高，（师古曰：谓之崇者，示尊崇之。奉者扶用反。）独给祠，复亡所与。①

嵩高即是现在的嵩山，有太室山和少室山，颍川辖境大致相当于现在的登封县。从这段文献中可以看出，汉武帝时期登封的嵩山就已经有了启母石，据此也可以推测出当地流传有大禹的相关传说。西汉武帝游览嵩山时，还在此地增加了太室祠。

又如，明嘉靖年间修纂的《河南通志》中载到："登封县。夏。禹避舜子于阳城，即此。"②对大禹治水的故事又详细载到："夏禹，姓姒氏，名文命，黄帝之玄孙，鲧之子。当帝尧时，鸿水滔天，鲧治水无功，于是舜举鲧子禹，使续父业。禹既受命，伤先人功之不成，乃劳身焦思，居外十三年，三过其门而不入。陆行乘车，水行乘船，泥行乘橇，山行乘檋，以开九州，通九道，陂九泽，度九山。乃相土田草木之宜，以作贡赋。东渐于海，西被流沙，朔南，暨声教讫于四海。于是帝锡禹玄圭，以告成功于天下。及尧崩，舜为天子，复代舜典百揆，三十四年而舜命以位，禹辞，辟于阳城。弗获，乃以正月朔旦受命于神，宗率百官，若帝之初，国号曰夏，在位二十七年，寿一百岁，按《括地志》，阳城在今登封县。"③又，同在明嘉靖年间修纂的《登封新志》中载："启母石，在县北五里，嵩山之麓。按《淮南子》云，启毋，涂山氏之女也。禹治洪水，经轩辕岭，谓涂山氏曰：欲饷，闻鼓声乃来，禹跳石误中鼓，涂山氏来见，

① 《汉书》卷六《武帝纪》，唐秘书少监颜师古注，中华书局 1962 年版，第 190 ~ 191 页。

② 邹守愚修，李濂纂：《（嘉靖）河南通志》卷三，明嘉靖三十五年刻本。

③ 邹守愚修，李濂纂：《（嘉靖）河南通志》卷二十二，明嘉靖三十五年刻本。

禹方化熊,惭之而去,至嵩下化为石。禹曰:归我子,石破而生启。其说不经,唐弘文馆学士崔融有启母石铭。”[①]可见在明朝的方志材料中,虽然对于大禹神话有“其说不经”的文人评价,但仍有大禹神话在登封地区流传。

在清朝康熙年间的《河南通志》中,登封地区的大禹神话记录仍是不曾缺少的一项。其中记载到:“夏禹,姓姒氏,名文命。黄帝之玄孙,鲧之子。当帝尧时,洪水滔天,鲧治水无功,于是舜举鲧子禹,使续父业,禹既受命,伤先人功之不成,乃劳身焦思,居外十三年,三过其门而不入。陆行乘车,水行乘船,泥行乘橇,山行乘撵,以开九州,通九道,陂九泽,度九山,乃相上田草木之宜,以作其赋。东渐于海,西被流沙,朔南,暨声教讫于四海,于是帝锡禹玄圭,以告成功于天下。及尧崩,舜为天子,复代舜典百揆,三十三年而舜命以位,禹辞,辟于阳城,弗获,乃以正月朔旦受命于神,宗率百官,若帝之初,国号曰夏,在位三十七年,寿一百岁。按《括地志》,阳城在今登封县。”[②]通过对比可以看出清初关于登封地区大禹的记述在内容上完全承袭了明朝的方志。

大量的关于大禹的文献记载,尤其是定位在登封地区的大禹的记载,为当下登封地区重构大禹文化奠定了文献基础。另外,登封地区遗存的大禹旧庙、古迹与地方风物传说,为大禹文化的重构提供了物质基础。据登封学者统计,目前登封地区的大禹文化遗迹有息壤岗、石钮石、夏地、擂鼓石、姚沟、金牛峰、禹王洞、禹王庙、启母石、启母阙等 20 多处。[③] 以禹王庙为例,登封沁水村有大禹庙,供奉有大禹、关公、太上老君。登封市唐庄乡郭村、屈村的有大禹庙,供奉有大禹、观音老母。创建年代无考,清康熙三十四年(1695)重修,1949 年后被拆毁,1992 年重建。登封市君召乡常寨村有大禹庙,供奉有尧、舜、禹,清代尚存大殿三间,1949 年后被毁。这些在历史上曾存在的大禹庙,为大禹文化的重构提供了信仰基础。文献记载、地方风物传说、文化遗迹与庙宇等多种事象,共同为大禹文化重构提供了历史基础。

① 侯泰修,王玉铉纂:《(嘉靖)登封新志》卷一,明嘉靖八年刻增修本。

② 顾汧修,张沐纂:《(康熙)河南通志》卷二十一,清康熙三十四年刻本。

③ 参见常松木主编:《登封大禹神话传说》,河南文艺出版社 2014 年版,内封。

三、登封地区大禹文化的当代重构

20 世纪 20 年代以来,在持续不断的科学主义的张扬与封建迷信的负面话语的压制下,民间的庙宇陆续被毁。大禹虽然带有中华民族精神的象征意义,但在时代的发展中仍然不免受到冲击。到了改革开放之后,民间的庙宇和信仰活动才逐渐恢复。尤其是非物质文化遗产概念的引入,为民间庙宇和信仰活动提供了保护。在中国的"非遗"运动之前,登封地区的地方文化精英也对大禹神话进行了不少收集工作,但"非遗"之后,对于大禹文化的打造进入了新的阶段。

在刘白雪、常松木主编的《大禹与嵩山》中记录到:"2007 年 11 月 1 ~ 2 日,由中国民协副主席夏挽群带领的中国民协专家组一行九人到登封考察验收'中国大禹文化之乡'申报工作,考察嵩阳书院、启母阙、启母石、大禹园、太室阙、古阳城遗址陈列馆、王城岗遗址、禹洞等大禹文化遗迹后,一致认为:登封市大禹文化遗迹众多,源远流长,史料记载丰富翔实,文化传承脉络清晰,民间文化厚重深邃,命名登封市为'中国大禹文化之乡'完全符合中国民间文化之乡评定标准,是实至名归。"①又记录到:"2008 年 10 月 16 日 ~ 19 日,'中国大禹文化之乡'授牌仪式暨'2008 中国登封 · 中国大禹文化'研讨会在新世纪大酒店举行,本次研讨会由中国民协、河南省民协主办,中共登封市委、登封市人民政府承办。中国民协副秘书长吕军,河南省文联副主席何白鸥,中国民协副主席、河南省文联副主席、河南省民协主席夏挽群,中国民协人事处处长李亚沙,河南省民协秘书长程健君,登封市委书记张学军、市委副书记常继红、市人大主任董焕德等出席了会议。"②如同各地类似的文化活动一样,从这些活动中可以看到地方文化精英对于本地文化发掘与阐扬的积极参与和推动。

以目前在登封地区推动大禹文化的地方精英团体中的关键人物之一——常松木来说,他既是一个长期生活于登封的本地人,又是一个熟悉登

① 刘白雪、常松木主编:《大禹与嵩山》下卷,中州古籍出版社 2009 年版,第 529 页。

② 刘白雪、常松木主编:《大禹与嵩山》下卷,第 530 页。

封大禹文化，有能力上下联系的非物质文化遗产传承人。常松木为登封市君召乡常寨村人，毕业于郑州大学中文系，曾任登封市民间文艺家协会主席、登封市政协文史委主任、中国先秦史学会夏禹文化研究中心副主任兼秘书长等职。非物质文化遗产推行之初，常松木即开始致力于登封大禹文化的发掘工作，其明显的地方精英身份也为其推动登封地区大禹文化提供了条件。在以常松木为代表的地方精英群体的推动下，登封市在 2007 年被认定为“中国大禹文化之乡”，常松木在 2010 年被评为郑州市非物质文化遗产代表性传承人，2013 年被评为河南省非物质文化遗产代表性传承人。2011 年，大禹神话传说被评为河南省非物质文化遗产；2016 年，登封市因大禹文化被授予“河南省最具魅力中国民间文化之乡”。这些文化精英在地方上层的努力，无疑是登封将大禹文化打造成一种标志性文化的重要组成部分。

除了登封的地方文化精英之外，有大禹文化遗迹的村落精英也积极参与了这一重构的过程。2011 年，登封市大冶镇祖家庄郜南松、蒲建舟等人组织创办了登封市大禹故里文化研究会。祖家庄曾称“左庄”，在郜南松等人的努力下，2014 年 9 月 25 日，登封市人民政府正式批复左庄村更名为“祖家庄”。在非物质文化遗产运动之前，祖家庄已经没有关于大禹神话的流传，只有一块被当地人认为灵验的石头。据郜南松介绍，与祖家庄紧邻的几个村庄，被外人统称为“一溜石钮屯”，但在登封地方进行大禹文化发掘之前，当地人并不知道与大禹有什么关系。后来，郜南松等人在本村发现一块清代墓碑，上书有“祖家庄”，据此认为当时的村名“左庄”乃是“祖家庄”简称“祖庄”后又转讹为“左庄”。为了发扬大禹文化，故将“左庄”改回“祖家庄”，并将村名与村庄周围的一些地名与大禹相联系。在祖家庄的禹王祠内，由郜南松撰写的大禹故里禹王祠简介写道：

> 古禹王庙在少溪河畔。据考禹王祠始建于汉，兴盛于宋，明末清初遭匪患焚毁。乙未年夏由河南大禹文化产业开发有限公司总经理王君青山选址重建。禹父曰鲧，受封崇伯，居嵩山之阳自古称“一溜石钮屯”。少康复国后回故里祭奠先祖大禹始称祖家庄。村西少室山南岭曰禹岭，大禹治理水患经常登临俯瞰洪水处，村庄东称东军地，是当年大禹王操演军队之地；南曰夏地毗邻夏店河村，夏地之中有官道，至今

称南官路是西进东下北上南巡的交通(枢)纽,村庄内石纽石保留至今,一溜石钮屯也因此闻名中外,石钮石被远近百姓奉为神石,许愿有应,抚摸能消灾祛病,因此,民众纷至沓来,香火极盛。为保护石纽石免遭风雨之侵,故迁移至禹王祠内,永久保护,供民众参拜。①

正是由于常松木、郜南松等人的上下推动,登封地域的大禹文化才在一步步的发掘与创造中形成一个内容丰富的体系,并逐步成为登封地区的一项标志性文化。

四、登封地区大禹文化生成中的多元复合性

在登封地区的大禹文化重构中,姓氏与宗族文化被地方文化精英积极地融进了大禹文化中。在登封大冶镇祖家庄禹王祠的修建过程中,除了常松木等地方文化精英与郜南松等村落精英的积极参与之外,还有来自山东、陕西、浙江、安徽等地的涂氏、董氏、蒲氏、鲍氏、夏氏、刘氏、弋氏、禹氏等多个姓氏的宗亲会等团体的代表人士的捐资与往来。

祖家庄禹王祠前的董氏碑正面书:"治水书千秋良史,执中开百代儒宗。"后面碑文"董氏源流记"写道:

昔云尊祖故敬宗,敬宗故收族,凡同宗者无不宜溯源导流也。吾董氏主要渊源有三:一曰出自皇帝后裔姬姓,飂叔安之子,董父为帝舜驯养龙,赐姓曰董,左传有载。一曰出自夏禹,禹子启封其庶子与莘因氏,乌莘音转为辛辛氏,世为史官,周大夫辛有二子,后封诸董国故地,遂以董为氏……今恰大禹故里登封祖家庄禹祠焕新,遵追远之古训,承先祖之遗风,河南天一文化传播有限公司董事长董现仓捐资立碑,以明董氏源流,以彰宗祧远承。夏禹祠堂永著嵩山,此乃光前裕后燕翼遗谋也,余虽不才,拙笔述之,以昭后昆

河南省民政厅副厅长董颖生沐手拜撰。董芮铭书。禹历乙未冬。

中华董氏全体敬立②

---

① "大禹故里禹王祠简介"纸版位于登封市祖家庄村禹王祠内东墙,内容为祖家庄村民郜南松撰写。

② 董氏碑位于登封市祖家庄禹王祠前,立于2015年。

祖家庄禹王祠前的蒲氏碑正面书:“溯源报本,守护故里。祖家庄全体蒲氏敬立,乙未冬蒲平凡敬书。”背面碑文记道:

> 夏禹,名文命,黄帝玄孙,颛顼帝孙。父曰鲧,封崇伯。据史载,四千多年前的今天,禹生于崇山之阳的石钮屯。尧之时……帝尧三十三年,受禅摄政,舜帝崩,居天子位,以民为本,克勤克俭,五音听政,铸九鼎以定九州,终成太平盛世,奠我中华数千年基业,华夏先生立国始祖。据十六国春秋载,上古有扈氏酋长,家中一池生蒲草,长约五尺,时人异之,称为蒲家,因以为姓。蒲姓始祖蒲衣曾称舜帝之师。又据《路史》载,蒲姓出自姒姓,上两据确凿,况禹属华夏先圣,应为我蒲氏先祖。蒲氏后世历代不乏名人……祖家庄蒲姓,自文星文月兄弟由清康熙年间由山东迁此,至今已十有四代,承继大禹精神,艰苦创业,曾富甲一方,清代有文武秀才产生,当今盛世更是英模辈出……为弘扬大禹精神,蒲延中、蒲中岳、蒲建舟同部南松、刘秀英组织大禹故里文化研究会,并积极参与大禹文化产业园筹建,为建设家乡实现中华民族伟大复兴的中国梦做出努力和贡献。值禹王祠复成之际,为感念先祖大禹功德,特立此碑以示永继……
>
> 公元二零一五年夏历六月初六①

从碑文可以看出,祖家庄的蒲氏人在大禹文化的发掘中有意将本族的姓氏起源向大禹靠拢。

祖家庄禹王祠前的涂氏碑正面书:“司马迁——夏之典也以涂山。世界涂氏经济文化促进会。岁次丁酉年秋,涂其超书。”背面碑文书:“涂。涂夏表亲骨断连筋,大禹治水涂山国挺。结盟夏立九州定鼎,历史过往未来辉煌。世界涂氏经济文化促进会。丁酉年秋涂明文,涂其超书”②在祖家庄禹王祠的修建和大禹文化的发掘过程中,常松木和祖家庄的部南松等人也积极了解其他地方的大禹文化并与相关人士积极联系。这块涂氏碑即是祖家庄与安徽巢湖方涂巷相互联系与支持的产物。并且,祖家庄与方涂巷已经结为了友好村落。

---

① 蒲氏碑位于登封市祖家庄禹王祠前,立于 2015 年。

② 涂氏碑位于登封市祖家庄禹王祠前,立于 2017 年。

登封地区在大禹文化的推动过程中，不仅将姓氏文化积极融入其中，还与武则天文化相融合。在登封告成镇冶上村有一土丘，当地人多称其为“毛女冢”，传说为武则天女儿的坟冢。登封地区的常松木、董天才等登封大禹文化研究会成员则认为其为启母冢。除了姓氏文化和武则天文化，地方风物与大禹治水的结合更是不可或缺的一项。登封市大冶镇阳城山下的东施村有一石底大坑，形似簸箕，人称“石簸箕”。相传大禹治水时，有独角龙为兴风作浪的蛟龙助战，而独角龙就藏在阳城山下的一个深潭里。大禹用神斧将潭壁砍出一个口子，将潭水放出，而后杀死了独角龙。被大禹砍过的深潭就变成了这个石簸箕。登封市中岳街道办事处有一焦河村。相传大禹治水时，嵩山东溪的蛟龙曾帮助颍河恶龙和大禹交战，大禹最终杀死了它们。后人就称这条河为“蛟河”，现经演变而称为“焦河”，焦河沿岸的村庄也就称为“一溜焦河”。登封市大冶镇北部有沁水村，村中有小河名“沁水河”。相传这一带原是一个大湖，大禹治水时化为和尚调动民众积极性，劈开秦五龙，将湖水排出。因此地泉水外翻，当地人称为“外沁”。

五、结　语

正是由于登封地区的文化精英与村落民俗精英在原有的历史文献与文化遗迹的基础上共同努力，使得登封地区的大禹文化一步步丰富其内容，一步步扩大其影响力，逐渐成为登封地区一项标志性文化。在这个过程中，地方文化精英与外来精英、地方文化精英与村落民俗精英、村落民俗精英与普通村民等多个群体之间的互动，共同建构起登封地方上的大禹文化。在这项地方标志性文化的生成过程中不同群体之间的交流、互动，使登封大禹文化丰富、多元，成为一项具有多元复合性的标志性文化。

礼俗互动视角下的民间节日祭祖体系

赖　婷*

田野报告

摘　要

当代嘉兴“请太太”祭祖活动带有体系化的特点。大量方志资料表明，自宋至明清时期，节日祭祖的体系化传统已十分普遍。节日祭祖体系是礼俗共建的结果，其中儒者是祭祖礼俗互动的主要推动者，尤其以朱熹作《家礼》的影响最为深远。此外，节日祭祖体系也展现了礼俗共存、礼俗融合、礼俗冲突等互动形态。民俗礼制化与礼制民俗化是礼俗互动的两条基本路径。节日祭祖的体系化传统既沟通了礼俗，又有效地发挥了“礼治”的作用，有助于理解传统节日与社会“礼治”的关系。

关键词

节日祭祖　体系化　礼俗互动

* 作者简介：赖婷，北京大学中文系 2016 级博士研究生（北京 100732）。

一、个案与问题：体系化的节日祭祖活动

据笔者的田野调查，浙江省嘉兴市新丰镇①一年的节俗中共有四次祭祖活动，分别在除夕、清明、七月半、冬至进行，当地方言统称为“请太太”。“请太太”活动简介如下：

除夕“请太太”：祭品有香烛、黄纸、锡箔。供品有酒、荤素菜肴（六或八种），平行摆成两排，标示性食物是糖圆子。祭祖场地一般在家中正厅。祭祖前先“请菩萨”，供素菜肴、水果等。上香参拜完后就可以“请太太”，供上荤素菜肴、糖圆子等。这些供品摆放的供桌通常是自家吃饭用的八仙桌。这时的摆放与平时不同。有的人家“请菩萨”时就将平时南北向摆放的八仙桌改为东西向，等“请太太”时再换回南北向，理由是祖先回家吃饭时应和人们平时用餐方向一致。有的人家在“请菩萨”后则不再将八仙桌换回平时用餐的方向，他们认为菩萨和祖宗都是神，与人平时用餐的方向要有区别。上香祭拜完毕，给祖宗焚烧黄纸、锡箔等。祭祖结束后，供桌上的菜肴加热后才可以食用，否则人吃了会生病。

清明节“请太太”：人们一般会在清明日之前在自家主厅祭祖，家祭的仪式与除夕“请太太”类似，而最主要的活动还是去墓地祭祖。从田野调查的情况看，扫墓的高峰是清明日前一天和清明日当天。清明“请太太”的祭品除了备荤素菜肴、酒、黄纸、锡箔、银锭之外，一定要备清明节的标志性食物青团，有的人家还会准备粽子。

七月半“请太太”：时间一般在七月初二日至七月十五日之前，仪式与前述的“请太太”活动类似，但这时只能供素菜。七月半的标志性食物是糖馄饨。此外，七月半还有法会道场。过去，当地家家户户的生死事宜由当地寺

① 笔者于2018年3月31日至4月7日参加嘉兴二十四节气调查小组，赴嘉兴市新丰镇进行田野调查。新丰镇位于嘉兴市东南部，辖区东与平湖市白马、曹桥交界，南与秀城区凤桥镇相连，西、北与大桥镇接壤，全镇东西宽9.8公里，南北长12公里，总面积69.3平方公里。新丰镇河流以嘉平塘（汉塘）为主道，于中部以东西向横穿全镇9.8公里。据旧志记载，当地在五代时就有新坊之名，当是唐后期嘉兴大规模屯田，新辟田园命名新坊。另据有关府县志记载，北宋末年，陕西新丰人南渡居此，故将新坊改称为“新丰”。参见《新丰镇志》编纂委员会编：《新丰镇志》，安徽美术出版社2008年版，第1页。

庙的和尚主管,这些和尚又称“门徒和尚”。他们手中有本“阴册”,记录各户人家祖先的名字。“断七”时,家属会到寺庙找门徒和尚将死者名字登入阴册。农历七月初,门徒和尚开始到各家分发写有一户人家所有祖先名字的疏纸,以备七月半拜忏时使用。待给祖先焚烧纸箔时,要将疏纸一起烧掉,这样祖先才能“收到”烧去的东西。[①] 过去还有水陆道场,有放焰口、破地狱等仪式。

冬至“请太太”:冬至日前一天为“冬至夜”,仪式与除夕“请太太”类似,标志性食物是米粉团子或咸粑粑。过去,焚烧黄纸时同样要烧疏纸,由门徒和尚于“十月朔”(也称“十月朝”)分发。当地还有句俗话是“有么冬至夜,勿么大年夜”,意思是有钱人冬至夜要请祖宗,穷人家冬至夜不“请太太”,等除夕时再请。冬至还可是迁坟动土的日子,因为这天是姜太公生日,百无禁忌。

根据以上情况,当地祭祖仪式具有以下特点:首先,祭祖时空的神圣性,祭祖“请太太”的时间与日常时间有别。当地人认为,这四次“请太太”是祖先该回家的时间,其他时间不应该回家,怕惊扰家中的小孩。如果小孩生病,可能是祖先思念儿孙,回来“跟着”小孩的结果。所以,祖先在“请太太”之外的日常时间降临就会造成不祥。而“请太太”的时间则是属于祖先应该到场的神圣时刻,只有本家人可参与,外人一般不能在场。而八仙桌的摆放问题也是体现祭祖时空间有别于日常的标志。其次,祭祖仪式符号化。四次祭祖基本上都按照先“请菩萨”敬神,然后献供品、焚香、烧纸、送祖先等仪式流程进行。其符号化表现在不同祭祖时间有特殊祭祖食物,如清明的青团、七月半的糖馄饨、冬至的米糕圆子、除夕的圆子、咸粑粑等。客观上,因不同季节有不同的食材,祭品也需取材于当季的蔬果献给祖先,带有古礼的荐新之意。当这些标示性食物固化为一种节俗符号,就成为了区分不同祭祖活动的标志。祖先专用的碗、筷、酒杯等祭具,平时单独存放。祭祖时按祖先的人数摆放碗筷酒杯,适时给祖先斟酒等仪式,也是祖先在场的符号。第三、四次祭祖的内涵略有不同。冬至、除夕“请太太”更强调家庭团圆、祖先护佑后代子孙的意义;而清明祭祖扫墓的重点是给至亲送祭品,烧大量纸

---

① 参见《新丰镇志》编纂委员会编:《新丰镇志》,安徽美术出版社 2008 年版,第 516 ~ 517 页。

钱，以备祖先使用，而且这些祭品往往留在墓地，不能带回家分享，更重追远之意。七月半除了祭祖先，还包括无人祭祀的孤魂野鬼。

目前看来，嘉兴新丰镇"请太太"祭祖活动呈现出体系化特点。过去的许多节日研究着眼于单个节日的流变或田野个案的分析，而完整节日体系中互相关联的节俗还缺少关注。所以，嘉兴"请太太"个案所生发的许多问题，比如，一年多次于节日祭祖的现象如何形成，彼此有何关联，其文化意义与价值何在等等，还有待我们进一步探究。下文将从礼俗互动的角度入手，初步把握节日祭祖体系的重要性，以引起更多的关注和探讨。

二、明清方志中民间节日祭祖体系的普遍性

历史上官方史料对百姓的日常生活缺少记录，而明清时期涌现的大量方志资料为我们初步了解民间节日祭祖活动提供了一些参考。我们仍以嘉兴及周边地区的方志资料为中心，同时也参考其他地区的部分方志资料，以考察明清时期节日祭祖的体系化传统。

明崇祯年间的《嘉兴县志》记录了明代的节日祭祖情况。明代嘉兴百姓于正月朔元旦"焚香谒神祀先"；清明节前先于寒食节"挂纸毬先茔，曰标墓。前后半月内，各具青团、角黍、牲醴以上坟"；端午节"祀先，收药草"；"夏至祀先"；七月十五日中元节"地官赦罪之辰，以素食祀先，曰鬼节。延僧诵经荐亡，判斛，放灯，僧舍为盂兰盆会"；十月朔"家祭祖先，有祭墓如清明者"；冬至"赛神祀先"；除夕夜"设殽酒祀先、供神"。[①] 可见明代嘉兴地区的祭祖活动比如今更丰富完备，正月朔、寒食、清明、端午、夏至、中元、十月朔、冬至、除夕夜皆有祭祖祀先活动。到了清代，在嘉兴人项映薇著于乾隆三十四年(1769)的《古禾杂识》[②]一书中，端午、夏至祭祖之俗渐渐消失，清明、中元、十月朔则增添了"奉城隍神诣万坛祀孤"的习俗。根据"寿增：中元，例祀先以素食。前二夜设西瓜茶果，谓之接亡人。前一夜城隍庙烧香者，以亿万

① 《嘉兴县志》卷十五《政事志·里俗》，明崇祯十年刻本。

② 《古禾杂识》，项映薇著于清乾隆三十四年(1769)，清道光十九年(1839)嘉兴人王寿增补，后由嘉兴人吴受福再增补。这三人于不同时期的记录，展现了清至民国嘉兴节日祭祖传统的流变过程。

计,谓之烧阴香";"寿增:九、十月之间,亦有扫墓者,谓之秋祭。冬至节,祀先而不拜节。寿福案:秋祭,俗用十月朝"[1],可知,清明、中元、十月朔都带有鬼节的特点。这一特点在嘉兴以北的苏州地区也存在。据清代顾禄的《清嘉录》,苏州及周边地区的清明、七月半、十月朝为鬼节,端午、冬至、年夜为人节。[2] 鬼节和人节都有祭祖仪式,但祭祖内涵略有差异。鬼节是专祭亡灵的节日,而人节则更指向"护生"意义,请祖先到场共度节日,祈请护佑子孙后代。

在嘉兴周边的湖州地区,据明代《乌程县志》记载,当地除夕、元旦、清明、中元节、十月朔日、十月望日、冬至都有相关的祭祖以及祀孤魂活动。"除夕,家户祀先及众神";"正月元旦,灶悬先像";"清明俗重墓祭,亦有祀于家者","亦多有赴道场山烧香者";"中元节,相传地官赦罪之辰,人多结会诵经,又斋祀祖考","僧家建盂兰盆之会";"十月朔日,俗多祀先,其举墓祭与清明同";冬至"僧家则送节关用以祀先"。[3] 据清《严州府志》记载,严州地区亦有体系化的祭祖传统:"元旦必拜墓。清明日则扫墓。中元则祭于家,多用蔬食。下元亦有墓祭";"中元祭享祖先,亦有倩僧作焰口法事者";"冬至祭祖于家庙";"除夕悬祖父遗像奉祀"。[4]

此外,曾为王朝都城的西安、北京及其他北方地区也曾有体系化的节日祭祖习俗。清代临潼地区即有寒食、清明、七月十五、十月一日、冬至拜扫祭祖的体系。不过,"民籍用百五日,军籍用清明日"[5],呈现出明显的阶层差异。清代北京地区也有清明、中元、十月朔、冬至祭祖的仪式,具体到官方与民间层面,也略有差异:"清明扫墓,倾城男女,纷出四郊"祭扫;"中元祭扫,尤胜清明""庵观寺院,设盂兰会""舁清城隍像出巡,祭厉鬼";"十月朔,孟冬时享宗庙,颁宪书,乃国之大典。士民家祭祖扫墓,如中元仪",还有送寒衣;冬夜祀祖"以细肉馅包角儿奉献,谚所谓'冬至馄饨夏至面'之遗意

① 项映薇:《古禾杂识》,范笑我点校,文物出版社 2016 年版,第 8、11、12 页。

② 参见顾禄:《清嘉录》卷三,清道光刻本。

③ 《乌程县志》卷四《风土》,明崇祯十年刻本。

④ 《浙江通志》卷一百《风俗》,清文渊阁《四库全书》本。

⑤ 《陕西通志》卷四五《风俗》,清文渊阁《四库全书》本。

也”。[①] 其他北方地区，如明代山西文水县也有元旦、端午、中元、十月朔、冬至节祭祖的活动。“正月元旦，夙起，祀神、祀先”；“清明节，拜扫坟墓，添土”；端阳节“是日祭先祖”；中元节“取麻谷，设瓜果，祀祖先”；十月一日“拜祭祖茔，焚寒衣”；“十一月冬至日，祀祖先”。[②] 此外，根据《中国地方志民俗资料汇编》一书可知，在华东、华北卷、东北卷、西北卷、中南、西南地区的明清方志中都不乏节日祭祖体系的记载。

总之，明清以来部分地区的官民祭祖礼俗都有较为成熟的节日祭祖体系化传统。虽然各个地方的节日祭祖时间、仪式流程、人员参与形式等方面略有差异，但其体系化的特点较为普遍。嘉兴“请太太”节日祭祖体系也是这一体系化传统的当代复兴。可见节日祭祖传统有深远的文化根基。这一现象也有助于我们理解节日和祭祖的关系以及它在传统文化中的重要性。而“礼俗互动”为我们把握节日祭祖体系提供了一个理论工具。

三、礼俗共建、礼俗冲突与礼俗融合

当前学者对礼俗互动的讨论多围绕据俗成礼、礼化为俗、礼俗共处、礼俗冲突、礼俗应用这几个方面。其中，从礼俗对立的视角转向“礼俗如何共同构建一个地方社会、共享一种文化”[③]的视角，有助于我们理解节日祭祖的体系化传统。

（一）礼俗共建

祭祖体系的形成要考虑节日自身的演变因素。有些节日本身就起源于早期的祭祖礼制，并在唐宋礼制下移的过程中，与节俗融合，最终共建成节日祭祖的体系。例如，中元节的起源之一即上古秋季祭祖活动，古礼称“秋尝”，是将秋季新成熟的粮食先敬献给祖先，以示对祖先的崇敬与怀念。中古中元有“预报秋成”之礼，宋至明清时期多称之为“麻谷祭”。清代顾禄

---

① 潘荣陛、富察敦崇：《帝京岁时纪胜·燕京岁时记》，北京古籍出版社 1981 年版，第 16、27、28、34、37 页。

② 《文水县志》卷一《舆地志·节序》，明天启五年刻本。

③ 赵世瑜：《小历史与大历史：区域社会史的理念、方法与实践》，三联书店 2006 年版，第 27 页。

《清嘉录》记录苏州地区“中元节祀先用麻谷窠儿，寓预报秋成之意”[①]，向祖先敬告秋收成果，感谢祖先保佑丰收。前文提及的部分地区也有中元献谷祀先之俗。而在与佛教盂兰盆会活动的融合中，中元祭祖的内容也变得更加多元，而寒食—清明节上墓拜扫在唐代成为官方承认的节日活动。随着唐宋节日体系的发展，祭祖节日逐渐自成体系。元明清时期，祭祖体系经历了由俗入礼，再到由礼化俗地普及的过程。“改变了祭祖礼仪专属社会上层的分层特性，实现了祭祖礼仪的庶民化、世俗化”[②]的正是北宋中期以后文人士大夫关于士庶家礼的重建，即重建以家族为基础的礼治社会秩序。宋代的张载、程颢、程颐、朱熹等大儒皆为代表：

> 张子和程子学问努力的核心，都是重建礼制秩序。他们意识到宋代的社会现实已经和以前不同，因而要顺应时宜，不惜改变礼经中的庙制。朱子沿着北宋儒者的方向继续努力，建构了一个更加系统的理学体系和祠堂制度。……一方面，他深知“礼时为大”的道理，意识到官方的庙制等杀之法必然失败，不会削足适履地强行推行礼经中的古代庙制；另一方面，他又不会为了时宜而有意曲解礼经，因为礼意最好地保存在礼经本来的语境当中。[③]

“礼时为大”可谓礼俗互动的时代动因。一旦礼制不适时局，因循守旧，只会出现削足适履的不适，而秉承礼意、改革礼制、兼取时俗，则成了统治者和儒者的应时之举。他们希望选用少数有志于道德事业的儒生，成为“道统”的继承者与发扬者，上可教君王，下可化民庶。[④] 而下化民庶的重点在于家礼、乡约的制定。制作家礼启自司马光《书仪》。继程颐之后，朱子《家礼》大行天下。“早在宋仁宗下诏许立家庙之前，宋代社会上的宗族祭祀已由士庶皆祭于寝向建立祠堂祭祀过渡。北宋中期以后，祠堂逐渐在社会上推广开来。至南宋时期，朱熹撰写《家礼》，将祠堂列入了首要的地位，这就更使其在社会上日益普及了。”[⑤]明代以后，《家礼》被纳入国家礼制。而家礼的实

---

① 顾禄：《清嘉录》卷七，清道光刻本。

② 邵凤丽：《朱子〈家礼〉与宋明以来家祭礼仪模式建构》，《中原文化研究》2015 年第 1 期。

③ 吴飞：《祭及高祖——宋代理学家论大夫士庙数》，《中国哲学史》2012 年第 4 期。

④ 参见陈壁生：《理教与经教之间——朱子政治哲学中的帝王、士大夫与庶民》，《现代哲学》2014 年第 6 期。

⑤ 王善军：《宋代的宗族祭祀和祖先崇拜》，《世界宗教研究》1999 年第 3 期。

质，即为社会之宗教立法，使宗族成为稳定的血缘共同体。[①]

《家礼》作为从“礼不下庶人”过渡到“礼下庶人”的“士庶通用礼”，其中不乏取俗入礼的设计。例如，《家礼》规定，“俗节则献以时食”，每逢俗节需将节日食的物敬献祖先，乃应当时民间所尚节俗之举。“节如清明、寒食、重午、中元、重阳之类。凡乡俗所尚者，食如角黍；凡其节之所尚者，荐以大盘，间以蔬果。礼如正至、朔日之仪。”[②]朱熹则将此俗化到他的祠堂制度中，或可理解为朱熹将与传统礼意相通的节俗转化为庶民礼制的一种构建。除了吸取借鉴，《家礼》也不乏对民俗所尚的针砭。在节日祭祖体系的“礼俗共建”过程中，也伴随着“礼俗冲突”。

（二）礼俗冲突

对抗民间佛道的影响，是儒生群体构建和推广《家礼》的原因之一。

> 世人亲死而祷浮屠，是不以其亲为君子，而为积恶有罪之小人也。何待其亲之不厚哉，就使其亲实积恶有罪，岂赂浮屠所能免乎？……甚者至有倾家破产然后已，与其如此，曷若早卖田营墓而葬之乎？[③]

司马光、朱熹等儒者都认为佛事实属“诳诱”百姓，将父母、亲人视为“积恶有罪之小人”的思想有悖于儒家伦理。虽然《家礼》禁止丧礼作佛事，但民间此风依然不减。这种礼俗理念的冲突，儒生群体有时也无可奈何。易俗失效的情况颇为常见。例如，《大明兴化府志》所记录的兴化府（今福建莆田）太守王公弼禁中元“送纸”之俗失败一事：

> 七月为中元节送纸……其费尤多。太守王公弼以其无益，尝出条约禁之，终莫能止。今据此有三失，祀父母为罪人，一也；以钱厚诬鬼神，二也；以今日来飨祭祀，则于四时馈献、朔望参谒，皆视为虚文也。[④]

王太守持有“移风易俗”理念，认为中元送纸俗有三大不妥：其一，中元

---

① 参见陈壁生：《理教与经教之间——朱子政治哲学中的帝王、士大夫与庶民》，《现代哲学》2014年第6期。

② 朱熹：《家礼》，王燕均、王光照校点；载朱熹撰，朱杰人、严佐之、刘永翔主编：《朱子全书》第7册，上海古籍出版社、安徽教育出版社2002年版，第878页。

③ 朱熹：《家礼》，王燕均、王光照校点；载朱熹撰，朱杰人、严佐之、刘永翔主编：《朱子全书》第7册，第905～906页。

④ 《大明兴化府志》卷十五，清同治十年重刻本。

节是地官赦罪、放死者归家的日子，这就意味百姓亡故的父母、祖先是被地官赦罪的"罪人"。其二，用大量的货币买冥币烧给祖先，被儒者认为是浪费钱财的"厚诬鬼神"之举。其三，四时馈献祖先、每月朔望拜谒才合于正礼。中元节俗盛而不绝，会使传统礼制难以垂范于民。王太守想办法禁止此俗，但"终莫能止"。平民百姓并未认可和顺从太守颁布的禁令，依然照自己的习俗祭祀祖先，毕竟按照《家礼》仅需中元"荐食"。这对百姓而言并非相沿成习的主要节俗。面对太守下令禁而不止的风俗，儒者也只能批评而已，民俗依旧保有其自身发展演变的规律。

（三）礼俗融合

明清时期，有些地区的祭祖习俗并未完全照搬《家礼》。例如，明代福建地区的《家礼》虽已普及开来，但据明代《八闽通志》记载，对于家有祖先祠堂、宗族祠堂的世家大族而言，其祭祖活动一般会围绕一年的节日体系开展。例如，元旦"序拜"活动，世家大族需拜谒本家祖先祠堂，再拜谒宗族祠堂祀宗祖；清明"扫松"即谒墓祭扫；冬至日谒墓祭扫；端午"荐角"于祖先祠；中元有盂兰盆供，故家世族一般专设田租作为盂兰盆的费用，七月十五日需请僧人到宗族祠堂修设盂兰盆；冬至"序拜"需专备糯米丸子，于冬至日一早煮熟，荐于祖考，宗族成员拜谒族祠，礼仪同于元旦。① 其中，七月十五请僧人到宗族祠堂修设盂兰盆等节俗，与《家礼》的礼意并不相符，甚至有悖于《家礼》反对佛道的初衷。可见，具体到某一个地方，士庶阶层也会在遵照《家礼》的同时，结合当地传习已久的节俗，实现节日祭祖的"礼俗融合"。比如，与前文极力反对中元节的王太守不同，有些儒生也愿意默许百姓中元节烧纸尽孝的节俗：

> 士大夫往往以为非礼妄费，欲禁止之。或以莆士夫家各有时祭以展孝诚，闾左细民终岁或不能一荐，苟于此又禁止之，则是遏其孝思之良心，终无以自尽矣。故卒莫有禁之者。而议者以为，有贤师帅为节其无益之费而定为中正之礼，使得以伸其孝而不伤于财，亦未为不可也。②

---

① 参见《八闽通志》卷三《地理·风俗》，明弘治刻本。

② 参见《八闽通志》卷三《地理·风俗》，明弘治刻本。

儒者则认为，士大夫“各有时以展孝诚”，而平民百姓多集中在中元节敬祖尽孝，如果被士大夫禁止，遏制了百姓孝心，反不利于国计民生。儒者更希望由贤者作表率，减省无益开销，使此俗成为“中正之礼”，引导百姓既显孝心，又不伤财。

上述例子体现了官方士大夫、儒者、平民百姓在礼俗互动中所处的角色。

地方民众除了拒绝来自统治阶层与儒者的影响，在礼俗融合或礼俗冲突中保留地方特色之外，也会自下而上地影响上层，实现“民俗礼制化”。例如，隋唐时期民间流行寒食“上墓”的风俗。唐高宗龙朔二年(662)，唐政府发布诏令禁止寒食节上坟，也禁止民众在扫墓之后宴饮奏乐。但是禁令在民间无效。唐玄宗开元二十年(732)，朝廷顺应民意，发布新诏令，准许寒食扫墓，编入礼典。扫墓获得了国家礼制承认的原因之一是为了让无法享有庙制之礼的士庶阶层可以展孝思。不过“食于墓地、作乐”的行为仍被禁止。在民俗礼制化过程中，俗意与礼意不通的方面也会被排斥在外，保留并提升的只是与礼意共通的部分。

四、启示：在礼俗互动中实现“礼治”

本文从当代嘉兴“请太太”祭祖活动的个案入手，在历时维度中梳理并分析了节日祭祖的体系化传统，据此讨论节日祭祖体系中的礼俗互动问题。民俗礼制化与礼制民俗化是礼俗互动的两条基本路径，二者既影响了节日祭祖体系化传统的形成，又使该传统有效地发挥了“礼治”作用。

《礼记·祭统》：“孝子之事亲也，有三道焉，生则养，没则丧，丧毕则祭。”自古以来，祭祖都是行孝的重要方式。宋以后，尤其明清时期，体系性的节日祭祖活动十分普遍，自上而下，官方和民间都认可和接受它。这其中的关键就在于抓住了孝文化的核心，打通了礼意和俗意，使礼俗共建的节日祭祖体系确实有助于国家“礼治”的实现。正如刘铁梁所说：“国家礼治理想的实现，从根本上来说，必然要依靠民间大众的认可和践行。”①

节日祭祖体系除了始终贯穿孝文化的核心，还有助于践行祖先崇拜、构建民间基层的“祖宗之法”。祭祖仪式引导人们将祖先视为超越性的神圣存在，祖先之尊灵降临祠堂神位的仪式使祭祀时空具有神圣性。人们也通过斋戒、荐献时令食物、洁净的器皿和祠堂等场所，表达虔诚的敬祖情感。祭祖的礼意与西方人敬上帝、信佛人敬佛等宗教教义有相通之处，体系化的节日祭祖活动至今都在影响着民众对家与祖先的信仰构建。由此可见，朱熹在《家礼》中反对丧礼作佛事之举，其实也是怕佛教影响了祖宗崇拜的根基。他对祠堂制度的诸多设计和考量，也有助于对抗佛道，加强祖宗之法的神圣性，保证民间基层礼治的合法性。

节日祭祖的礼俗互动对于当今基层文化建设也有重要启示。如今部分乡村地区仍较好地保留了传统礼制，朱子《家礼》中制定的丧礼框架影响至今。我们应充分理解土葬传统对中国礼治根基的重要意义，结合实地情况，尊重传统礼俗，以俗意与礼意相通的方法来解决问题，才真正有助于基层文化建设。

① 赵世瑜、李松、刘铁梁：《“礼俗互动与近现代中国社会变迁”三人谈》，《民俗研究》2016 年第 6 期。

往返、聚散与村庄仪式生活

——基于太行山区某村元宵节的民族志调查

罗士洞 赵旭东*

摘 要

节日研究不能仅仅局限于历史考究、文本分析及仪式过程的描述,更应在结构主义的视角之下把握仪式生活与日常生活之间的关系。关注仪式的组织以及组织之下的仪式内容,可以看到"闹"与"静"、结构与反结构、"聚"与"散"的整体特征恰恰存在于仪式生活与日常生活的二律背反之中。往返于城乡之间的农民在很大程度上就是在仪式生活与日常生活之间来回摇摆。破除单一的功能论视角,对于我们全面地把握村庄自身的仪式生活乃至日常生活逻辑大有裨益。

关键词

元宵节 仪式生活 日常生活 往返 聚散

* 作者简介:罗士洞,中国人民大学人类学研究所、中国人民大学社会学理论与方法研究中心博士研究生;赵旭东,中国人民大学人类学研究所所长,教授、博士生导师,中国人民大学社会学理论与方法研究中心兼职研究员(北京 100872)。

本文系教育部人文社会科学重点研究基地重大项目"乡村社会重建与治理创新研究"(16JJD840015)阶段性成果。

一、问题的提出

元宵节是节日研究的重要议题。作为中国一个重要的传统节日，它至今仍在民众的仪式生活中扮演着至关重要的一环。既有的研究或者侧重从历史角度追根溯源地考察元宵节的起源及流变①，或者从文化研究角度细究元宵节的文化特征及意义②，抑或从功能主义角度的分析其文化经济功能③，从而将元宵节描绘成一个喧闹、狂欢、仍具有重要的文化价值的传统节日。无疑，我们并不是说元宵节的这一形象就应该遭到否定，事实上，这的确是元宵节的事实呈现，但是这种呈现并不完整。毋庸置疑，如果将结构主义的视角纳入其中将会极大丰富既有的元宵节研究。首先，既有的研究显然太过关注元宵节中的“狂欢”④特征而忽略了与之不同的其他特征，比如在元宵节的仪式生活中不仅有“闹”的成分，也有“静”的仪式安排，仅仅关注其中一个方面显然无益于整体把握此类民俗文化活动。将元宵节的“闹”与“静”的双重画面整体呈现，有助于理解民众赋予元宵节的文化意义。其次，仪式生活也并非固定地乃至一成不变地由当地民众所体验，在外来力量介入之下的仪式生活本身就处于建构过程当中，这点尤其体现在村庄干部在上级领导安排之下调整仪式的传统以更好地迎合外来者的“凝视”。最后，如何在节日传统与社区生活的关系之中关注仪式生活中的结构性特征以及反结构特征，对于我们理解民众的日常生活逻辑也是大有裨益。在当前日益快速的人口流动风潮中，民众往返于城镇与乡村的过程，也是在仪式生活与日常生活之间的来回摇摆，这一现象呈现出一种“聚”与“散”的特征。这种显现

① 参见向松柏：《元宵节的起源及文化内涵新论》，《中南民族学院学报（人文社会科学版）》2000年第2期；曹飞：《元宵节起源辨析——与向松柏先生商榷》，《文化遗产》2008年第1期；韩梅：《元宵节起源新论》，《浙江大学学报（人文社会科学版）》2010年第4期。

② 参见陈连山：《元宵节的文化意义》，2011年2月17日《人民日报》（海外版）；张凤霞：《元宵节中的女性文化》，《晋阳学刊》2009年第1期。

③ 参见石奕龙、丛云飞：《一个客家山村的元宵游神赛灯活动》，《民俗研究》2007年第3期；马明奎：《元宵节的生态文化价值研究》，《鄱阳湖学刊》2013年第2期。

④ 梁川：《论中国灯民俗“狂欢”文化特征》，《中华文化论坛》2016年第8期；翁敏华：《呼唤元宵狂欢精神的回归》，2008年2月21日《文汇报》。

于诸多场合的“聚”与“散”的结构性特征也是我们辩证看待“乡村成为问题”[①]的一个应有的切入点。本文将借助河北井陉某村元宵节的田野调查，试图从上述各个方面阐述当地民众的仪式生活，在此基础上讨论仪式生活与日常生活之间的紧密联系。

二、仪式的组织与组织的仪式

段村位于井陉县西部，处于晋冀交界处，全村共有 9 个村民小组，2033 人。作为全镇人口最多的村庄，同时也是该镇为数不多的能够以单个村为单位组织起来顺利“闹红火”[②]的村庄，显然与井陉其他村庄不太一样。[③] 在集体化以前，元宵节期间村中的 13 个会都将在会头的组织下“闹红火”。据地方史料记载：“陉俗相沿，谓‘神过十五，人过十六’。元宵日，向神前焚香楮，供祭品，燃爆跪拜，必恭必敬。十六日，盛服美食，扮演文武会出，鼓乐歌舞，终日不歇。”[④]由此也能想象元宵节期间的热闹场景。段村从正月十四开始做好串灯与试火等就绪工作之后，从正月十五至正月十八开始“闹红火”，期间有“扇令官”“九曲黄河阵”“打树花”“花会”等节目。2017 年元宵节，笔者第一次参与该村的元宵节活动，便被其热闹非凡的场景所吸引、震撼。笔者所在的团队前来该村主要是为了拍摄该村的元宵节，作为文化部民族民间文艺发展中心的一个节日志影像的项目，我们试图通过影像志的方式记录该村的元宵节。2017 年暑假，笔者再次前往该村做了 10 余天的短期调查，并决定将其作为准备博士论文的调查。2018 年的元宵节前夕，笔者又一次进入村庄，正式开始博士论文的田野调查。截止到目前，已经开展了 3 个多月的田野调查。通过大量的深度访谈以及参与式观察，得到了较为丰富的资料。

---

① 赵旭东：《乡村成为问题与成为问题的中国乡村研究——围绕“晏阳初模式”的知识社会学反思》，《中国社会科学》2008 年第 3 期。

② 闹红火是当地对于元宵节期间活动的统一称呼。

③ 参见刘铁梁、赵炳祥：《联村组织与社区仪式活动》，载王铭铭、王斯福主编：《乡土社会的秩序、公正与权威》，中国政法大学出版社 1997 年版，第 205 ~ 257 页。

④ 傅汝凤主编：《风土·（三）礼俗》，《井陉县史志料》（民国本）第 313 页，转引自刘铁梁、赵炳祥：《联村组织与社区仪式活动》，载王铭铭、王斯福主编：《乡土社会的秩序、公正与权威》，中国政法大学出版社 1997 年版，第 205 ~ 257 页。

（一）仪式的组织

在我们尚未正式放映的影像志作品中，最开始就有一个镜头：村书记通过广播方式，让村民小组的组长前往大队统一安排元宵节活动。目前该村的村干部由村支书、副支书、村主任、副主任、妇女主任（兼任会计）5个人组成，整个仪式的组织以这5个人为主，加上村民小组的组长以及在全村范围内挑选熟悉整个活动的村民组成该活动的组织机构，即“红火委员会”。红火委员会的主要任务是统筹协调不同组的村民在元宵节期间的活动。不过村民都是以某个“会”的成员的身份参与其中。这里有必要说明的一点是，集体化时期本村依据村民的居住格局划分了9个生产小组，也就是现在的村民小组，这就使得村内各个会基本上与村民小组重合在一起。换言之，村内的9个会大体与村民小组挂钩，如表1所示。

表1　村民小组对应的“会”

组别	“会”的名称
1	苍山圣母庙会（俗称“奶奶会”）
2	文章会（包括药王爷、财神爷）
3	山神会（包括药王爷）
4	关帝会
5	全神会、三官会、社火会
6、7	龙神会
8	牛王会
9	玉皇大帝会

如果说红火委员会主要是统筹协调各会的行动，那么“坐会”便是各会的自我组织形式。村民对于各自的“会”源自于何时都不甚了解，只是在村内的碑文之中尚能够看到“泰山会”“苍山会”“新圣会”等字样，村民便断定“坐会”至少可以追至碑文上刻写的“乾隆二十年”。[①]“苍山会”便是如今仍

① 此处参考该村村志撰写者提供信息。

然存在的"苍山圣母庙会",而村民们习惯称之为"奶奶会"。[①] 至于碑文中的"泰山会"与"新圣会",如今在村中已经不存在。当然,我们在此不过多地细究"坐会"的历史源流,而更主要侧重其组织的分析。所谓"坐会",指的是元宵节期间在轮值会头的组织下,通过聚餐的方式将本会成员聚拢在一起,并且持续三年。"坐会"期间,聚餐当然只是一种"在一起"[②]的形式,实际上更主要的还是借此将本会成员聚拢在一起,共同商量元宵节期间的节目安排,所有本会成员在此时间内都能集中操练会鼓、编排节目。毕竟在元宵节期间,每个会都将出品相关节目,这种来自村内其他各会的竞争无形中也迫使他们异常重视这些节目的表演。此外,他们还赋予"坐会"以这样的功能:"一年下来要是没个热闹,有什么意思。一起坐坐,相互交流交流。如果没有这个会的话,那么大家就没有机会一起坐坐,就可能去赌博、摸牌。"[③]

以往,"坐会"的花费主要来自于共同劳动而获得的粮食。在元宵节之后,各会会头带领本会成员前往山上刨荒,丰收之后收获的粮食便是"坐会"期间的经济来源。当然,也有给家户集中做小工的方式,换取粮食作物。"坐会"这种形式在集体化时期曾经遭到了中断,毕竟对于村民来说,"坐会"原本就是村民自发组织起来,并以此为单位参与村内"闹红火",而在集体化时期,各会的成员都在国家的介入之下被划分至生产大队之中,这种行政层面的组织形式从一定意义上取代了原本的自组织,换言之,村民本身就处于被组织的状态。及至改革开放之后,中国社会逐渐走向一条个体化的道路,曾经组织起来的个体成为我们今天所谓的原子化个人,从集体生活的组织而言,村民自身需要有这样一种组织的状态,因此这种形式又再次显现在村庄的集体仪式生活之中。

2011 年,龙神会中的六队率先启动了原本的"坐会"形式,直至 2013 年结束,并且在 2012 年邀请到河南某地区的剧团前来本村唱戏。"文章会"则

---

① 该村的苍山圣母庙被认为是苍岩山三皇姑的下庙。关于三皇姑传说的流演,参见《井陉县志》编纂委员会:《井陉县志》,河北人民出版社 1986 年版,第 563 ~ 564、777 ~ 778 页;赵倩、岳永逸:《华北三皇姑的传说体系与层累生成》,《民俗研究》2014 年第 6 期。

② 赵旭东:《在一起:一种文化转型人类学的新视野》,《云南民族大学学报(哲学社会科学版)》2013 年第 3 期。

③ 摘自 2017 年元宵节调查田野笔记。

紧随其后,2013～2015年也组织本会成员“坐会”。七队虽然与六队同属于龙神会,不过在2011年并未“坐会”,直至2015～2017年才得以实现。2018年,五队启动了本会的“坐会”。此时期的“坐会”与以往不一样,在具体花费上除却六队主要是依靠本队的5个人负责之外,其他各会的“坐会”开销都是依赖各会成员的捐资,并且其他会的成员也可以参与其中。

(二)组织的仪式

段村以其内容丰富、形式多样的元宵节而吸引了大量外来人口前来参观,尤其是近几年该村先后列入河北省“美丽乡村建设”项目的名单以及“中国传统村落”的保护名录之中。随着此类项目的推进,该村的基础设施正逐步完善,原本的古民居与古庙也得到了修缮。该村也加大了宣传本村悠久历史文化资源的力度,河北省的新闻媒体乃至俄罗斯的新闻记者纷纷前来了解当地的民俗文化。该村元宵节期间的丰富程度从表2可得知。

表2　段村2017年元宵节活动安排表

时间		活动名称	组织人员
正月十五	上午	扇令官	村内各会的轮值会首组织本会中的人员参加
	晚上	九曲黄河阵/打树花	村内的“九曲黄河会”负责组织/村内的“龙王会”负责组织
正月十六	晚上	九曲黄河阵/打树花 聒虚耗	村内的“九曲黄河会”负责组织/村内的“龙王会”负责组织 村内各会的轮值会首组织本会中的人员参加
正月十七	白天	拉街(扭秧歌、社火等)	村内各会的轮值会首组织本会中的人员参加
正月十八	白天	戏台节目表演	村内各会的轮值会首组织本会中的人员参加

“扇令官”“打树花”“拉街”“九曲黄河阵”等项目作为本村的传统项目尤其受到青睐,而市级非物质文化遗产“拖刀面”也让每个抵达村落的人想要品尝一番。

“扇令官”是该地区一项独特的民俗活动。据村里人介绍:

> “扇令官”就是扇秦桧，秦桧是个大奸臣，他杀害了精忠报国的岳飞，老百姓都非常痛恨他，就用“扇令官”这种方式来表达老百姓对贪官污吏奸佞之臣的无比痛恨与不满。这个节目是村里一位秀才编排的，原本取名“扇佞官”。后来人们把“佞”字念讹了，因为“佞”与“令”为谐音，把“佞”字念成了“令”字。①

正月十五的上午，村内各会的轮值会首组织本会成员前往东阁广场，按照先来后到的顺序依次从东阁各自出发，依据层霄阁（东阁）→苍山圣母庙→官井→培振阁→北山神会→关帝庙→大慈阁（西阁）→西山神庙→全神会→社火会→三官庙→龙王庙→牛王庙的顺序依次巡游全村。每个队伍都有两个主要角色构成：一个是令官，有的令官模仿古代官员的着装来扮演，身穿戏服头戴自制的官帽，而有的则穿着与扇令官的扮演对象一样，这甚至使得外人没有办法将两个角色严格区分；另一个是扇令官的，他反穿皮袄，并且将自己的脸涂抹成花脸，肩扛扫帚是他的重要特征。由于村里已经没有农户饲养毛驴，因此令官所骑的毛驴都需要向外村租借，2017 年租来了 10 头毛驴，而 2018 年则是 9 头，这确保了每个队伍中都有一头毛驴。而每个队伍中还需要有负责端香纸盘的人、敲锣打鼓的人以及举会旗的人，等等。每到一处庙宇，令官都要面对圣像下跪，扇令官的那人则举着扫帚在令官后面，待香纸点燃之后，便举着扫帚大喊：“一叩首，二叩首，起来跟上老子走！”直至将全村的 10 余处庙宇转完。

不同于“扇令官”，“九曲黄河阵”并非本村所独有，在山西的固关长城景区以及该镇其他村落也曾见过。对于此阵的来源，村里人的说法其实并不统一，有说是周武王伐纣之时摆设的奇阵，也有说是唐朝郭子仪为了阻挡安禄山叛乱之时摆设。虽然对于阵法的来源说法不一，但是村民对于“转黄河阵”的想法倒是一致的。在他们看来，这是去除百病、转来好运的一种方式。2018 年元宵节前往该村的时候，不同于往年需要临时安置木桩，取而代之的是一个崭新的、固定的乃至格式化的九曲黄河阵呈现在笔者面前。九曲黄河阵的大门不再是去年的木质结构搭建而成的可随时拆除的门，而是用砖块垒砌而成，里头的木桩也早已用水泥固定在相应的位置之上并且不再使

① 2017 年元宵节调查期间获得的一份关于“扇令官”的介绍。

用绳子连接起来，而是采用了铁链。这种局面的出现主要在于该村在打造旅游村的过程中试图将固定出现在元宵节期间的九曲黄河阵通过景观设置的方式持续性地呈现出来，以打造成一个可供游客凝视乃至游玩的景观。而在元宵节期间，村里的红火委员会将组织约50名小孩提着灯笼，从村东阁出发，途经村中的各个庙宇，一直转至黄河阵之中，随后便前往“打树花”所在地。无论是外来游客抑或本村的老少，络绎不绝的人群都汇聚于黄河阵之中。一般而言，“转完黄河阵”便开始“打树花”。

所谓“打树花”就是借助木板将熔化的生铁朝着村内一棵柿子树击打，铁水散开从而形成了柿子树开“铁花”的壮观景象。“打树花”作为河北省省级非物质文化遗产，在附近区域享有盛誉。不同于其他地方（如张家口蔚县或者井陉县罗庄等地）朝着城墙或者铁丝网击打，该村的“打树花”主要是朝着一棵柿子树击打。2017年元宵节前几天，很多准备工作便已经开始，比如购置焦煤、生铁以及定制木板等。正月十四当天上午，“打树花”传承人带领他的几名徒弟以及六组的几个人在田间的一块空地上挖了几个两头对称的70厘米左右的深坑，一头放鼓风机，一头用砖块垒砌一个盛装焦煤、生铁的炉子，深坑用一根铁质通风管连接。3个炉子可以保证“打树花”过程中熔化的生铁随时供应。炉子垒砌好之后，还在田地附近捡拾一些柴火丢入炉子当中焚烧，以便刚刚垒砌好的炉子更稳固。柿子树周围的杂草等易燃物在“打树花”之前都会清除，防止火花四溅而发生火灾。在这块平整的土地上，一年又一年地重复这些工作，村民们借此也表达了一年都能够红红火火的希望。当所有的活动都结束后，他们又将土地平整好，恢复原貌。而2018年元宵节前夕，当笔者再次前往打树花的地点之时，现场已然发生了一些变化：前往山坡的路段被平整拓宽，期间所用的原料，比如焦煤、铁块、大铁炉等等都可以凭借三轮摩托车托载而上。

2018年正月十七日，河北省民协组织了30余名民俗专家前来观看该村的民俗活动。在活动的议程中清晰地写着“打树花”的安排，村干部不得不打破“十七晚上黑灯瞎火”的规矩，要求负责“打树花”的龙神会成员给各位领导表演该项目。当天下午由于下雨，导致包括村领导在内的众人一度认为此项目无法举行。对于村庄而言，“十七晚上静悄悄，是要求黑灯瞎火的，是不会打树花的,也不会转黄河的”①,如果天公不作美,这自然是一个无法抗拒的理由。未料,待下午 3 点左右雨就已经停了,“打树花”自然也就可以照常举行。只是不清楚村干部与负责打树花的人员之间是不是发生了沟通方面的问题,龙神会成员接到的通知是 7:30 开始,后来又被推迟到 8 点,而村中广播通知的时间却是 8:30。实际上,推迟到 8 点开始也是因为民协的相关专家正从县城赶来,他们最后还是看到了 20 分钟左右的表演。只是由于时间的安排问题,导致在村内游玩的部分游客遗憾错过了此次表演。这种时间的调整在去年也发生过,只是去年的要求是时间提前,而今年却是推后。提前的要求实际上相对容易满足,因为他们可以加班加点来完成,而临时提出的推后要求则不太现实,毕竟他们是根据生铁的熔化时间来控制整个打树花的进程,当铁水熔化到一定程度时就无法打出去了。

“拉街”是一个男女老少都可以参与的项目。在 1988 年以前该村每年正月十七、十八都要“扮出儿”(也称“扮折子”),从村东阁到西阁,然后转至河滩的舞台之下,村民在固定的地点进行节目的表演。自 1988 年以后,由于参加人数增多,村干部进一步改革,由原来的“扮出儿”改为现在的“拉街”(即花会),于是表演从原本固定的点转换成一只缓慢行进的队伍,从东阁到西阁边走边演。在当天,外村也有队伍前来参加,当天中午村委不仅要用该村的特色面条“拖刀面”招待外来参演的队伍,同时还需要送上一些瓜果聊表谢意。“拉街”表演主要有三个群体:一个是由各个组自发组织的汇演队伍,一个是外村的表演队伍,最后就是本村的两个社火②。社火又有东、西社火之分,东社火属于本村的“官社火”,亦即全村人都能参与并且外出表演也都由其代表。而西社火则属于“私社火”,以家族内部成员为主。活动结束之后,村委给每个红火委员会成员发放“纪念品”,如一套枕巾,给每个小组组长 100 元的奖励,并依据每组是否参加正月十七的拉街以及正月十八的舞台表演,分别给予 150 元与 100 元的活动资金用于购买纪念品,此外每组还

① 2018 年元宵节期间与当地村民交流得知。

② 根据地方史料记载:各乡有武术会(俗名“武会”,亦名“社火会”),于冬季演习刀枪剑戟拳术等功夫,不但可保卫乡邻,而且可锻炼体魄,且与古人农隙讲武之意,甚相符合。参见傅汝凤主编:《风土·(三)礼俗》,《井陉县史志料》(民国本)第 304 页,转引自刘铁梁、赵炳祥:《联村组织与社区仪式活动》,载王铭铭、王斯福主编:《乡土社会的秩序、公正与权威》,中国政法大学出版社 1997 年版,第 205 ~ 257 页。

会分发相当数量的烟。因此在活动结束后的第二天,也就是正月十九,就能看到各组的相关人员分发购买回来的纪念品。也正是在这期间,能够看到不同"会"的不同处理方式。例如,六组组长为了与往年有所区别,不仅将自己所得的100元奖励贴进去,还另外自掏200多元给参演人员购置了一套价值15元的枕套,相比于其他组用这100元购置的几块钱的毛巾来说,六组的参演人员自然得到了其他组村民的羡慕。而"苍山圣母庙"的会头不仅将整个元宵节期间通过汇演等方式所得到的烟平分给每个参演的成员,还请他们到自己的饭店吃了一顿饭。我们不能说,村民们参加"闹红火"就是为了这些外在的奖品,不过此类礼物性质的纪念品的存在,的确起到了一个很好的勾连作用。

三、仪式的结构与"反结构的仪式"

"要正月,闹二月",是当地村民经常提及的一个说法,即正月期间村民们可以随便耍,即便是各种插科打诨之类的表演节目均可。而一旦到了二月二的庙会,便不允许胡说八道,所有的节目必须正儿八经的。可惜的是,由于村庄人口大量外出务工,甚至在元宵节尚未结束之前大量村民便已经纷纷外出工作,这直接导致二月期间没有足够的在村村民,二月二的活动由此也就取消了。这样一种结构性仪式的缺失,也往往容易给外来旁观者造成一种假象:村庄中的节庆仪式就是一种嬉闹的集体狂欢。实际上仪式本身强调场景与情境,村民们会依据具体的场景及情境展开我们经常称之的"仪式表演"。对于不懂村庄自身仪式规律的人来说,在某个时间节点所见到的场景可能都具有高度的统一性,即喧闹、嘈杂、戏谑等等。殊不知,村庄中的仪式恰恰存在于一种"闹"与"静"、结构与反结构的二律背反之中,如果仅仅关注其中一方面而忽视了与之相对的另一个方面,可能就无法真实而全面地把握村庄自身的仪式内容乃至他们的生活逻辑。

(一)仪式的结构

"闹"与"静"是村庄仪式生活中显露的结构性特征。元宵节期间可以看到大量"闹"的场景,村民们也正是借此达到一种集体欢腾的效果。但在

“闹”的同时,也有“静”的场面特征。正如上文提及的正月十七晚上,整个村庄是黑灯瞎火的,没有哪户人家会在当晚燃放烟花,也没有村民去转黄河、打树花等。正月十七被当地人称之为“黑十七”,在他们看来这个数字不吉利,导致当天晚上没有任何活动。因此,村庄的仪式生活自然显现出一种“闹”与“静”的双重画面。另外,从整个仪式安排来看,正月十六的白天实际上也没有面对外人表演的集体活动。这一方面是因为村民们已经在整宿的“聒虚耗”①活动中筋疲力尽,另一方面则是一些不被外人所见的村庄仪式生活也恰恰是在这天进行,比如年满 12 岁的小孩的“开锁”仪式以及各个家族统一组织男丁在悬挂于墙壁上的族谱面前进行集体祭拜的活动。此外,家家户户当天上午还将携带香纸前往村中各个庙宇进行叩拜。村民自身的仪式生活在此时间段内可以说是得到了最大限度的安排,这种安排不仅仅有家族性质的祭祖,同时也有私人性质的宗教叩拜。因此,对于游客来说,如果不提前了解仪式生活的安排,不仅无法体会村庄仪式生活的具体规律,对于村庄仪式生活与日常生活之间的紧密勾连更无法作出准确判断。

此外,“闹”与“静”还存在究竟是谁的“闹”以及谁的“静”的区别。我们不能想当然地说,整个元宵节期间的“闹”属于当地积极参与仪式生活的村民,而“静”则属于那些不太喜欢热闹的人们。如果我们再次回到上文提及的案例,即为了迎接省民协的相关领导,村干部不得不打破村庄自身仪式生活的规律,迫使仪式生活在当天晚上再度向外人开放。显然,他们心里很清楚地知道,这种级别的领导的到来对于村庄的宣传乃至今后的发展都意味着很多。在县镇领导的统一安排之下,当天白天的活动现场不仅有交警、民警的协助,甚至要求所有进入村内的外村车辆要配备统一颁发的通行证,否则一律被挡在了村外头。也正是因为他们的到来,原本在正月十六向前来本村游览的外地游客开放的幸福院(吃“拖刀面”的场地)的大门也被临时关闭,毕竟在村干部看来,如果花费太多精力在此事之上,第二天的接待出了差池的话就得不偿失了。村庄仪式生活因为外来力量的介入而进行重新的

① 正月十六晚上凌晨时分开始直至天明,各家户在院落各个角落都摆放点燃的灯笼,各“会”则组织队伍前往本会的家户中敲锣打鼓,意为驱除邪祟,求得平安。不同地方称呼不一样,附近村落也有“撵虚耗”及“照虚耗”的说法。关于这方面内容可参见陈恩维:《“走百病”民俗的渊源与流变》,《民俗研究》2017 年第 2 期。

构建,而这也强烈地凸显出一种有别于往常的“闹”与“静”的仪式安排。

实际上,就在专家游览之时,在幸福院门口处就发生了不曾被他们看见的一幕。某个村民不满自己本组的多个村民被村干部叫去协助准备午饭,心中气愤不已,拿着铁锹将大铁锅下面的煤炭铲出来,甚至将路边的沙子铲起倒向正在烧水的大铁锅之中,很气愤地将鼓风机的插头拔掉,口中喋喋不休:“我让你们吃,我看你们怎么吃!”他抱怨由于本组多人被抽调至幸福院,以至于上午即将开始的“拉街”没有足够的人手。此时,“闹”必然不是“热闹”的含义,这个村民恰恰是想通过一种“闹事”的行为使得本组“闹红火”的机会不至于失去。对于大部分游客(包括那批专家)来说,此刻他们所见到的都是正在呈现的“闹”的场面,但他们可能忽视了村民一种源自内心的想要参与这种“闹红火”场面的热切。这种仪式之中不和谐的声音恰恰表明了仪式本身对于村民的重要性。仪式过程中的这段插曲,断然是那些被领着走固定线路的专家们所无法看到的。这种仪式的插曲,显然也可以算作是仪式环节中的重要一环。如果说仪式是一种根据固定的套路而被展演的话,这种插曲的出现实际上并不是从根本上去否定仪式本身。相反,他恰恰是在意这个仪式,即便他口中说一些愤懑的话语,但是他内心想的还是“闹红火”。这无疑牵扯到的是两个不一样的逻辑。对于村干部而言,在上级领导的安排下,将所有活动顺利呈现给所有专家是他们的唯一想法。而对于这个村民来说,他只知道此时应根据仪式生活的轨迹参与“闹红火”,如果我们这组的人都抽调出去了,那谁来“闹红火”呢?

(二)反结构的仪式

仪式的发生显然打破了日常生活既有的节奏,仪式相对于日常生活而言本身就具有一种反结构①的意味,不过这里所谈论的仪式的反结构,实际上凸显出来的是一种“否定的逻辑”②。在元宵节期间,一些仪式表演的存在便是对于日常生活秩序的否定,“扇令官”这项活动便是其中的典型。很显

---

① 参见[英]维克多·特纳:《仪式过程:结构与反结构》,黄剑波、柳博赟译,中国人民大学出版社 2006 年版,第 171 页。

② 参见赵旭东:《否定的逻辑——华北村落庙会中平权与等级的社会认知基础》,《开放时代》2008 年第 4 期。

然,在日常生活中我们可能根本没有办法看到这种逾越强烈的等级观念而生发的“扇”与“打”的场面,但是借助仪式表演,村民心中的一种公正观念不仅得以彰显,更为重要的是,在此种仪式生活之中他们也得到了一种心理满足感,这让他们在平时生活之中不太好表达、无法表达的想法与行为得以释放。在仪式过程中,或者更为具体地说,在这个本身就带有很强烈的戏谑性质的仪式过程中,我们也看到仪式的表演者们是如何通过戏谑性的方式对这个仪式本身进行了戏谑。他们可能并没有遵守站在一旁的本地仪式专家的叮嘱,喊着“一叩首,二叩首,三叩首,起来跟着老子走”之类的固定化标语;相反,他们可能只是拿着扫帚互相调侃,以一种嘻嘻哈哈的方式结束某个庙宇的祭拜而已。只是,这项仪式本身所凸显的反结构成分在最终可能还是遵循了一个强烈的日常生活的逻辑。这也是为什么“扇令官”活动结束后所有参加活动的人聚集到一起把会鼓队人员身背的草把子解下来,堆放在一块儿点火焚烧(俗称“干草燎鬼”)的缘故:

> “扇令官”这个活动主要是押着秦桧到各庙里向圣像谢罪,并用扫帚扇秦桧,这对秦桧来说是一种莫大的讽刺与惩戒。人们害怕秦桧的鬼魂或帮凶实施报复,所以要用“干草燎鬼”这种方式加以防范。[①]

扇令官的扮演者要用锅底灰涂抹自己,据村里人介绍实际上也是担心被认出来,让令官难以辨认究竟是谁让其出丑的,而他们同时又解释将佞官抹黑是为了丑化佞官。一种日常生活的逻辑在仪式生活中得到了体现,同时也借助仪式得到了很好的实践。

很少有村民愿意在公开的场合与村干部叫嚣甚至撕破脸进行谩骂,但是在仪式生活之中则往往不同,经常可以看到村民借此发泄自己的不满甚至以此为由对村干部提出要求。在调查期间就发现了这方面的案例:“打树花”的人虽坚称这些击打出去的铁水对柿子树并不会产生什么影响,但是拥有这棵树的主人却不这么认为,并且试图阻止他们的行为。而她这么做更为真实的原因是某村干部在某个场合得罪她了,因此她不仅向外宣称,即便是给她 200 元也休想让她答应打树花的人继续朝着她的那棵柿子树击打

① 访谈人:罗士洞、杨新明;访谈对象:LHC;访谈时间:2017 年元宵节期间;访谈地点:河北省井陉县段村。

（实际上去年因为柿子树的问题就给了她50元），而且声明只有该村干部来给她下跪道歉才能罢休。对于村民们来说，他们很清楚这位妇女最真实的想法，实际上她的行为并非一味地阻止仪式的进行或者发生，恰恰是想借助这个被所有村民看作"闹红火"的关键一环，在一种仪式生活的情境之下发泄自己内心的不满。村干部最后在其他村民的劝说下，以一种开玩笑的口吻说道："婶子，那我可真给你跪下了啊？"这位妇女最后很爽朗地笑开了，而村干部也给了她100元，这事也就算是解决了。很难想象，如果不是借助仪式的场合以及仪式性的表演，这位妇女将会采取什么方式来表达自己的想法以及利益的诉求呢？

四、"聚"与"散"：乡土社会的日常生活逻辑

在村庄调查之时，时常能看到村庄人口外流导致村落呈现"空心"的景象，而人们也习惯使用"候鸟"来标榜那些往返于城乡的流动人口。被称之为"候鸟"自然也就表明他们的这种往返具有季节性特征。实际上不仅存在这种时间维度的季节性往返，同时还有因为仪式生活的需要而往返于城乡的现象。在这里，我们可以尝试着将村民往返于城乡的形态分别称之为"季节性往返"和"仪式性往返"。季节性往返更侧重于时间维度，例如村民依据乡村农事安排的时间，在农闲之时选择外出，而等到农忙之时则返回村庄。或者是当地目前普遍存在的老年人过冬的现象，在冬天天气寒冷的时候选择前往城镇居住，等到春暖花开之时又再次返回到村庄。其次是仪式生活与日常生活两者相互转化的仪式性往返。当出现仪式生活之时，便需要从日常的生活状态之中跳脱出来，转而进入仪式生活之中。婚丧嫁娶以及重要的节庆仪式，都将促使外出人口返回村庄。实际上，村落的仪式生活也正是沿着村民们这种往返的轨迹而呈现出一种"聚"与"散"的特征。

对于参与仪式生活的村民来说，他们借助"坐会"的方式将自己本会的成员聚集在一起，村干部们将各个小组的组长召集在一起并且在全村范围内选拔村民组成红火委员会，都是一种"聚"的组织形式。在很大程度上，仪式生活能够在多大程度上彰显"聚"的特征也是依靠这个组织的整体调控能力。而但凡参与了村庄仪式生活的人，就能真真切切地体会到一种由于人

都聚拢在一起而产生的喧闹场面,有相当一部分人甚至专门请假返回家中参与村庄的仪式生活。对于调查者来说,如果不把握此类仪式生活的规律而在其他时间前来村庄的话,就可能生发出错误的判断。当然,这种仪式生活并不会持续很久,即便这个村庄能够持续 4 天,但是在活动结束后的第二天即刻有一个强烈的反差,那就是人们再次回归到日常生活的状态,仪式生活的结束伴随而来的是人们回归日常生活,从仪式生活之中“散”去。此时,大量的村庄人口纷纷外出,从这个聚拢的中心向村庄外围的城镇迅速散开。他们的散开也并不意味着永远的离去,正如我们所强调的一样,他们在仪式性往返中呈现了一个“聚”与“散”的特征。[①] 他们返回的频率可能会因人而异,也可能会因仪式生活出现的频率而不一样。但是,村民们因仪式生活而聚拢,又从仪式生活中散开而回归到日常生活状态之中,这恰恰也是他们一直践行的日常生活逻辑。

“乡村与城市,构成了农民循环往复的两个端点,农民在乡村与城市之间的行动轨迹为我们更好地理解这一群体提供了可供追溯的线索。”[②]实际上,从仪式生活的角度来观察这个群体的行动轨迹可以突出地反映在“聚”与“散”这两个核心关键字之上。一年一度的春节、元宵节、清明节等重大节庆成为牵引外出村民返回乡村的文化动力,可以被视为一种“聚”的向心力。除此之外,满月、婚礼等生命历程中的重要仪式同样也可以汇聚到此类向心力之中。而出于改变日常生活条件的内在动力则催促着村民们纷纷外出务工,可以视为“散”的离心力。在一种“聚”与“散”的循环过程中,仪式构成了村民们生活的行动规律及其内在逻辑。

五、结　语

从节日传统与社区生活之间的关系的角度去看待本村的元宵节,可以发现节日与日常生活之间内在的紧密逻辑。仪式本身所具有的结构性特征

---

① 岳永逸认为庙会的聚与散指陈了多种相互含括的“精神性存在的让渡”。参见岳永逸:《朝山:庙会的聚与散》,《原生态民族文化学刊》2017 年第 2 期。

② 赵旭东、罗士泂:《游离于城乡之间——文化转型视角下作为行动者的中国农民》,《学术界》2016 年第 11 期。

由节日与日常生活之间的张力决定:日常生活含括的“静”的特征与仪式生活强烈凸显的“闹”之间形成鲜明对比,仪式生活与日常生活之间存在的“否定的逻辑”使得仪式生活更显复杂,仪式生活所凸显的“聚”与“散”的结构性特征集中反映在村民日常生活之中的行动轨迹。在此类民俗活动的展演与过程中他们也实现了自身身份的认同感以及对于村落的归属感。在一种“聚”与“散”的循环往复之中,村民不停地跳跃于仪式生活与日常生活之间,也构成我们把握村民日常生活逻辑的重要基础。

即便诸多此类民俗文化活动相较以前可能或多或少已经消减了原本的乡土色彩,增添了不同程度的现代特征,但是民众在此类活动中表达的对于生活的愿望却似乎并没有过多地改变,求福禳灾的愿望、健身娱乐的心态及对于美好生活的追求无疑仍在他们载歌载舞及各类展演的过程中得以彰显。此类民俗文化的践行,不仅对于民众的日常生活是一个极大的丰富,同时也是当地民众自身的精神状态的展现,更是民间文化活力的充分表现。当他们在此类活动中虔诚地祭祀、求福禳灾、表演、健身娱乐之时,此类活动便不再仅仅作为一种单一功能体而出现;相反,作为一个重要的民间文化的符号,它同时也构成人们了解当地民众日常生活的重要渠道。因为此类民俗活动,不仅是一个情感的表达场所,同时是一种象征信仰的符号和方式,从更现实的角度来说,这也是丰富文化活动的有效途径。很显然,我们无法将此类民俗文化活动排除出这些民众的日常生活之外,更无法将之撇开而一味追求一种所谓的现代文化的建设。

乡村武术组织的节日传统与时间制度

——以冀南北杨庄梅花拳为例

张兴宇*

摘　要

在中国传统乡土社会，地方性节日文化传统的生成通常与特定地域的农事劳作模式、民众生活方式及时间制度设置等因素密切相关。梅花拳作为一种武术风格迥异并曾广泛盛行于冀鲁豫乡村地区的民间拳派，至今仍在华北村落社会中发挥着一定的组织和教化功用。通过对冀南广宗县北杨庄梅花拳这一乡村武术组织的田野考察不难发现，乡民在日常生活中借助“农闲玩拳”“定期亮拳”和“四时八节动香火”等文场、武场日常运作机制，既构建了特征鲜明的地方性节日文化传统，也凸显出一种灵活自洽的乡村时间制度。

关键词

乡村武术组织　节日传统　地方性　时间制度

* 作者简介：张兴宇，南京农业大学人文与社会发展学院民俗学研究所师资博士后（江苏南京 210095）。

引 言

一般而言,在中国传统乡土社会,居于村落之中的乡民主要参照农时节令来安排、调协日常生活节奏。一方面,他们需要根据农时规律展开合理有序的农事劳作活动;另一方面,乡民通过以年度为周期的节日生活获取暂时性的心理安顿与精神调适。而在哈里森看来,周期性的仪式可以在一年中任何的日期举行,只要这些日期与当地社区的食物供应休戚相关①。事实上,"节日庆典及其相关仪式,有规则地穿插于民众日常生活之中,从而形成一种'非日常'与'日常'交替变换的节奏起伏"②。这一类周期性仪式活动的重复举行,也奠定了地方性节日文化传统的生成基础。换言之,村落周期性时间生活体系的确立,不仅与乡民日常生计状况紧密相连,还能够促使村落的社会生活秩序变得弛缓有度。

梅花拳作为一种武术风格迥异并曾广泛盛行于冀鲁豫乡村地区的民间拳派,至今仍在华北村落社会中发挥着一定的组织和教化功用。以梅花拳为代表的乡村武术组织,在村落社会生活领域也深刻影响着地方民众的农事劳作模式与日常交往方式。本文通过对冀南广宗县北杨庄梅花拳这一乡村武术组织进行田野考察,认为乡民借助"农闲玩拳""定期亮拳"和"四时八节动香火"等梅花拳文场、武场日常运作机制,既构建了特征鲜明的地方性节日文化传统,也凸显出一种灵活自洽的乡村时间制度。

一、"玩拳":农闲时的生计策略

大致说来,传统中国农民的日常生活多半是围绕着土地而延展开来的,这一特征在华北乡村社会尤其明显。实如哈布瓦赫所述,在一个村庄中,不同家庭的土地相互毗邻,依靠着这些土地过活。他们利用一个好日子去播种或收获,他们观察天气,估测干旱是否会持续,或者是否要来冰雹,摧毁柔

① 参见[英]哈里森:《古代艺术与仪式》,刘宗迪译,三联书店2016年版,第62页。

② 王加华:《被结构的时间:农事节律与传统中国乡村民众年度时间生活》,上海古籍出版社2015年版,第228页。

弱的庄稼。在这些时候,在这些家庭中间,就唤醒了一种公共生活。这种公共生活提供了通向他们的传统、传说和谚语这个宝藏的途径,并且要求他们按照对历法、节日习惯性的时间划分来规范他们的生活。[①] 哈氏点明了村落日常生活中的几个重要方面,如村落生计、年中行事等不同范畴,这一类活动的开展多数是基于村民赖以生存的土地资源。对诸多乡民而言,乡民群体所采纳的相似劳作模式和日常生活方式,为村落成员搭建了一个相对稳定的公共空间和实践平台。

首先,村落劳作模式及节令变化影响着乡民的日常生活策略选择。具体而言,在这个不足 2000 人的华北平原村庄中,北杨庄全体村民总共享有 5200 余亩(约合 34666 公亩)的耕地和沙地,其中耕地约有 2460 亩(约合 16400 公亩),沙地约有 2740 亩(约合 18266 公亩),人均不到 3 亩(约合 20 公亩)土地。由于当地春季干旱少雨,田地肥料不足,农作物生长不利,产量有限。在少量耕地中村民主要种植玉米、小麦和谷子等粮食作物,在沙地中村民则种植棉花、花生、西瓜、地瓜、芝麻、绿豆和果木等经济作物。每年三月份,当地村民开始忙碌各种农事劳动,一直到九月秋收结束以后进入农闲阶段。众所周知,二十四节气制度作为一种农时制度安排,源远流长,它源于原始的物候计时制度,逐渐演变为规范统一的太阳历制度。按照物候和气象的变化而休养生息是动物的本能,因此人类依据物候标识时间、安排生产生活的做法非常古老,也是人类最原始的知识之一。[②] 北杨庄人的农事时间观念和节日体系的建立过程,也是围绕传统乡村社会中以“二十四节气”为标准的农事劳作制度和以传统节日为参照的娱乐休闲制度而展开,这构成了乡民年中行事活动的主体内容。例如,一年之中,北杨庄人除了忙于日常的农事劳作活动之外,每逢春节、清明节、端午节和中秋节等民间传统节日,各家各户重视程度不同,并以大体相似的方式迎接节日的到来。这一类民间节日主要根据农历计时方法,按照春、夏、秋、冬的四季轮转节律,形成了特征鲜明的地方节日习俗,影响着当地乡民的生活策略选择。

其次,农闲“玩拳”成为当地乡民闲暇生活的关键补充。中国武术是中

---

① 参见[法]莫里斯·哈布瓦赫:《论集体记忆》,毕然、郭金华译,上海人民出版社 2002 年版,第 116 页。

② 参见刘宗迪:《二十四节气制度的历史及其现代传承》,《文化遗产》2017 年第 2 期。

华民族祖先在社会生产中创造出的实践产物，它以独特的人文内涵、多样的表现形式遵循着家族血缘和师徒传承方式，经历了千百年的发展，散发出独特的魅力。[①] 河北省广宗县是中国著名的梅花拳武术之乡，北杨庄则是广宗县梅花拳传承谱系中的重要一支，不仅有着较为深厚的村落习武传统，也是当地著名的"梅花拳村"。北杨庄梅花拳的传入时间，据乡民推断大致应在清朝中晚期，距今至少已有200余年历史。按照梅花拳内部师徒传承辈分划分，第九世弟子邢九成是北杨庄梅花拳的最初引入者和传承人。[②] 梅花拳在北杨庄目前已经传承到第七代，邢氏家族是北杨庄梅花拳文场传承的"老门口"[③]，北杨庄梅花拳起初只是在邢、王两大家族之间传播，且以邢氏家族为主，该村大部分村民都曾跟随邢家的武场师傅习练过梅花拳。乡村梅花拳的日常演练主要分为文、武两场，武场练拳习武，文场烧香敬祖，北杨庄村落内部的拳派传承采取了"文武兼行"的方式。以前的冬季农闲时节，聚众"玩拳"是乡民重要的娱乐选择之一。

实际上，北杨庄人习惯将日常习练的梅花拳称为"庄稼拳"，体现出鲜明的乡土特征，即"梅花拳，父子道，庄稼拳"[④]。其中，"父子道"是形容梅花拳师徒之间的关系像父子一样亲密，"庄稼拳"则是指种地农民所练之拳，北杨庄梅花拳弟子之间通常以"爷们"相称。当然，一向讲究传统的梅花拳，其传承并不是自上而下的"标准化"推广模式，而是以生活化的横向散播为特征，并在与地方社会生活的调适中表现出相当的灵活性[⑤]。从练拳群体看，早年学练拳术的多是本村年轻村民，年龄一般在7～30岁之间，且以男性居多，人数亦曾多达百人。从具体练拳时间看，村民集中练拳多是定在冬季农闲晚间进行。由于过去村落整体经济水平相对落后，村民在冬季农闲时段可选

① 参见张长念等：《中国武术的内在价值与人类发展理论的契合》，《北京体育大学学报》2017年第1期。

② "你是不是梅花拳的人，光说自己是玩拳的还不行。必须要经过一番盘问，属于多少辈，占着哪个字，才能确认身份。"访谈人：张兴宇、蒋帅；访谈对象：王占，男，北杨庄村民；访谈时间：2015年4月6日；访谈地点：北杨庄。

③ "老门口"是当地一种民间俗语称谓，这里代指北杨庄最早传入梅花拳的家户。

④ 访谈人：张兴宇；访谈对象：王尚信，男，北杨庄村民；访谈时间：2015年8月13日；访谈地点：北杨庄。

⑤ 张士闪：《民间武术的"礼治"传统及神圣运作——冀南广宗乡村地区梅花拳文场考察》，《民俗研究》2015年第6期。

择的娱乐项目十分有限。对北杨庄人而言,习练梅花拳不仅可以消磨空闲时光,还能起到强身健体、防身自卫的作用。

再次,“点灯”是乡民夜间传授梅花拳拳技的主要方式。乡村梅花拳武场师傅在传拳授艺时,通常将其组织的练拳活动称之为“玩拳”。毫无疑问,对参与习武活动的普通村民来说,个人兴趣是支撑村民坚持习练梅花拳武术的关键因素。过去北杨庄人组织的晚间集体练拳活动,又称之为“点灯”。因为乡民白天大多忙于地里的农活,所以村中集体练拳的时间基本上都安排在晚间进行。每年进入秋后,尤其是冬季农闲时段,乡民便开始组织人员“点灯”习练梅花拳。20 世纪 80 年代以前,北杨庄人多在家中使用煤油灯照明。加之村中习武条件较差,乡民在组织集体习练梅花拳时,每人需出钱购买煤油点灯练武。当时煤油价格约为两毛钱一斤,练拳的梅花拳弟子每人只需碰[①]几分钱。碰钱买煤油的学生,大多数是已经学了两三年梅花拳功夫的村民,他们分季度凑足“点灯”费用。练拳者多是已经拜师入门的梅花拳“门里人”,那些没有进入梅花拳文场、武场体系的村民只能算作“门外人”。

当然,至少在 20 世纪 90 年代以前,对绝大多数北杨庄人来说,夜间“点灯”习练梅花拳只是他们冬季打发农闲时光的一种自然选择。北杨庄村民大概从每年十月份开始练起,拳场可以一直坚持开到来年三月份。虽然是否每日定时参与练拳活动并无强制性要求,但村民如果想把梅花拳拳术练精学透也绝非易事。“冬练三九,夏练三暑”是北杨庄梅花拳武场师傅经常挂在嘴边的一句话。这意味着梅花拳在习练过程中本身是一门苦差事,更多的是考验习武者的耐心与毅力。在北杨庄梅花拳武场传有“三年架子两年锤”的说法[②]。村民初学梅花拳时,一般都要在武场师傅的指导下先行练习梅花拳基本桩功——拉架子。这是梅花拳最基础的入门功夫,同时也最能考验村民的学拳耐性。

归根结底,梅花拳是一门植根于乡土的传统武术项目。在中国传统农业社会,梅花拳的本质属性是一种乡土武术组织。对村民而言,习武既能够

---

① 碰,方言,意为“平摊”。

② “梅花拳也叫架子拳,这是基本功。必须得拉架子练上几年才能出师,不然的话你后边再学东西的时候功夫不扎实。”访谈人:张兴宇、蒋帅;访谈对象:王尚信,男,北杨庄村民;访谈时间:2016 年 7 月 10 日;访谈地点:北杨庄。

强身健体、防身自卫，还能习得一技之长。过去北杨庄村民普遍参与习练梅花拳，其目的相对单纯，主要原因在于它是村民冬季农闲时的娱乐选择之一，同时也是乡民日常生计策略的一部分。其实这也得益于村落梅花拳文场、武场师傅的长期不断推广。而且，在过去动荡不安的社会年代，当村落中的练拳人数达到一定规模，它还能充当村庄保卫的重要角色。虽然梅花拳门内的规矩是不允许弟子们保镖护院，但这种乡村武术组织本身就具有一定的群体威慑力。尤其是在传统小农经济社会体系之内，基于梅花拳建立起来的乡村武术组织，即便它在村民日常生活中可能并不常被使用，但它仍是一股隐形的民间互助力量。

二、亮拳：地方性节日传统的再造

梅花拳这一乡村武术组织本质上属于民间社会中一种以男性结社为鲜明特征的乡村互助形式。它不仅影响着参与其中的村落民众的日常生活方式，同时也是构建乡土社会地缘关系的重要纽带。王明珂认为，我们每一个人都生活在许多以集体记忆结合的社会群体中①。乡村梅花拳组织的群体性组合模式，主要依靠其在村落日常生活中建立的人际关系网络。在各个村落梅花拳组织之间，通过以“亮拳”为代表的跨村落公共活动促进了梅花拳弟子的社会交流，形成了一种较为典型的地缘联结模式，实现了地方性节日传统的再造。

亮拳，民间也称作“拱拳”，是华北乡村梅花拳组织传承的一项民间节俗。据清《教务教案档》记载：“历年春二三月，民间立有买卖会场。习拳之辈，亦每趁会期传单聚会，比较技勇，名曰亮拳，乡间遂目为梅花拳会。”②一般在冬季农闲时节，当地乡民通过组织“亮拳”比武活动切磋梅花拳功夫技法，这一活动也被视为梅花拳弟子之间聚众交流的节日盛会。过去广宗县前魏村组织的梅花拳“亮拳”活动主要安排在农历正月十九日举行，后因村

① 参见王明珂：《华夏边缘：历史记忆与族群认同》，（台北）允晨文化出版社 1997 年版，第 49 页。

② 张汝梅致总理衙门函，清光绪二十四年四月二十九日，（台北）“中央研究院”近代史研究所编：《教务教案档》第 6 辑（1），第 265 件，第 236 页。

民春节一过要忙于外出挣钱，乡民“亮拳”时间又改为正月初九。目前在广宗县前魏村，每年正月初九日都会举办大型梅花拳“亮拳”表演的地方性节日仪式活动。

其一，借助“亮拳”活动的举行，可以拓宽地方乡民的社会交往渠道。例如，北杨庄与周边村落梅花拳组织建立交流关系，最初是通过梅花拳内部的师徒关系而建立，而这主要与早年间梅花拳祖师爷邹宏义来广宗地区收徒传拳密切相关。据说当年邹宏义以广宗县前魏村作为传拳初始地，后来不断收徒，范围波及前魏村、谷常相、北杨庄等众多村落。[①] 因为前魏村梅花拳文场师傅的辈分最大，所以该村在广宗县整个梅花拳组织中长期发挥着核心组织作用。目前北杨庄与广宗县前魏村、谷常相村、前马井村、后马井村、王常相村，巨鹿县苗家庄村、郭家庄村等梅花拳村落均维持着不错的村际交往关系。杜赞奇认为，宗教的等级制度、联系网络、信仰、教义及仪式是构成权力文化网络的重要因素。[②] 虽然梅花拳表面上看来是一个以习拳练武为主的乡村武术组织，但它其实也是一个规矩严密的民间信仰组织。乡民借助此类“互通有无”的民间交往规矩，既促进了乡村梅花拳弟子之间的拳技交流，也形成、拓宽了村落社会特殊的权力文化网络。

其二，乡村梅花拳弟子参与“亮拳”活动，是凝结地缘关系的重要纽带。在乡村梅花拳组织内部，乡民至今传承着“天下梅拳是一家”的独特理念。梅花拳弟子之间空闲时聚集一起习文练武，并借助每年定期参与“亮拳”的跨村落交流方式始终保持着较为稳固的交往联系。这些梅花拳弟子之间有的属于师兄弟关系，有的则是师徒关系。如若一方有事，只要有人招呼一声，其他梅花拳弟子便会热心前往帮忙。虽然平日里梅花拳跨村落师徒之间的往来走动并不太多，但到了年节期间，梅花拳师兄弟之间依旧传承着相约去师傅家中拜年的民间习惯。而且，如果师徒之间长期维系着良好的交往关系，对梅花拳弟子来说，他也能够从师傅那里学得更多的梅花拳文场、武场知识。在过去，“亮拳”表演是展示梅花拳武术水平、吸纳练拳人员的重

---

① 访谈人：张兴宇；访谈对象：王占，男，北杨庄村民；访谈时间：2015 年 8 月 12 日；访谈地点：北杨庄。

② 参见［美］杜赞奇：《文化、权力与国家——1900～1942 年的华北农村》，王福明译，江苏人民出版社 1996 年版，第 111 页。

要方式。而新时期乡村梅花拳的“亮拳”表演性质已然发生了很大变化。如今的公开“亮拳”活动既是展现当代乡村民间艺术的重要窗口，也是当地村民在春节期间娱乐交流的重要方式，同时还是维系跨村落梅花拳弟子之间人际关系的重要手段。

值得注意的是，自从2006年广宗梅花拳获得“国家级非物质文化遗产”的合法性身份后，这一乡村武术组织在当地已经形成了特定的跨村落武术交流圈。这一圈层对村民们的武术观念和生活方式不断施加影响，并构建了一种相互交织的跨村落交往语境和权力网络。这种跨村落的权力文化网络，主要依托乡村梅花拳组织中的武场精英和文场精英来编织，并从村落内部向外延展，进而形成了一个相对完整的自治运作系统。例如梅花拳文场崇信的“天地君亲师”观念，与之相关的解释也被村民融入、链接到日常生活之中。而且，对于日夜为生计操劳的百姓来说，“国家”即是一种无处不有、无时不在，又充满了遥远的、不可触摸的神秘感的神圣力量，常常是政治、社会与文化“正统”的主要来源。[①]“亮拳”活动的定期举行，也夹杂着乡民对国家权力的想象以及官民关系的柔性处理方式，体现出以梅花拳为代表的乡村武术组织在一定程度上能够发挥社区自治效力。

一言以蔽之，跨村落范围的乡村梅花拳组织意味着一种隐形的地缘联结象征。它把村民日常生活中可以借助的社会力量拓延到更广的地域范围，从而营造出一种潜在的“势力”幻象，形塑为新的地方性节日传统。不仅如此，这种跨村落关系联结也可被视为一种民间自治防御机制。村民并不一定经常动用外村关系来解决生活难题，但保存这种力量对梅花拳弟子而言非常重要。从某种意义上看，乡村梅花拳在当代村落社会中的群体功能意义发挥呈现出效用递减趋势，甚至在某些领域不断失效。但不能忽视的是，这一组织群体始终都在培育、创造新的异化形式，试图加强、稳固乡村梅花拳的传承根基。正如当下他们善于借用传统文化和民间信仰的名义去推行梅花拳的文场、武场知识一样，这种以定期亮拳为代表的地方性节日传统的再造也是维系乡村武术组织稳定发展的关键因素。

① 参见郑振满、陈春声主编：《民间信仰与社会空间》，福建人民出版社2003年版，导言第9页。

三、动香火：流动的乡村时间制度

从某种意义上看，梅花拳这种乡村武术组织是超越村落宗族而存在的。梅花拳亦可被视为一种以男性互助为典型特征的民间自治组织。它与乡村社会中传统的宗族组织形成了一种比照关系，拓展了村民日常人际交往的社会关系渠道，形成了一个相互杂糅的乡村梅花拳网络。就梅花拳武场功夫的传承而言，它看得见，摸得着，属于实打实的拳脚功夫，相对容易学习。梅花拳文场知识与武场拳法有所不同，文场敬祖师，研究拳理，有文化典籍世代相传，它集佛、道、儒三家学说和周易之理为一体，修身养性，炼神炼气，称为文功。[①] 它本身属于一种精神意识层面的观念认知，且与人们的身体感受紧密有关，因此文场的功夫修炼更加不易。进一步而言，以“四时八节动香火”为代表的梅花拳文场信仰活动凸显出乡民时间制度设置的灵活自治特征。

第一，“动香火”是乡村梅花拳组织推行内部敬拜规矩的基本要求。乡民一旦进入了梅花拳文场组织，他们不仅要在日常生活中每日坚持敬奉“架桌子”，同时也需定期参与梅花拳内部组织的公共活动。在村落日常生活中，进入了梅花拳文场的村民需遵循一定的敬拜规矩。借助日常敬拜规矩，乡村梅花拳组织实现了自治权威的流动。这种敬拜规矩的关键在于敬拜日期的持续性。乡民除了坚持每日供奉之外，还要在“四节气”时摆供敬奉神祖[②]。梅花拳文场内部讲究“一年四季动香火”，每逢春、夏、秋、冬四节气时，梅花拳文场弟子都需摆供敬奉“老爷爷”。恰如王斯福所言，通过烧香以及把烧香当做媒介，一种社会的单位获得认同，其自身同时也获得了认同。[③] 乡村梅花拳文场，即是通过烧香行为来实现村落身份的认同。此时，梅花拳文场师傅在其组织内部的重要职责之一，就是管理文场弟子日常香支的使

---

① 参见陈恳：《梅花拳“文场与武场”考辨》，《体育文化导刊》2005 年第 8 期。

② “‘四节气’指的是春、夏、秋、冬四季敬拜‘老爷爷’，比如三月三的桃花大节，六月六的荷花大节，九月九的菊花大节，腊月初八的梅花大节。这时候要‘动香火’，得摆供飨，比平时隆重些。”访谈人：蒋帅；访谈对象：刘金永，男，北杨庄村民；访谈时间：2015 年 4 月 6 日；访谈地点：北杨庄。

③ 参见[英]王斯福：《帝国的隐喻：中国民间宗教》，赵旭东译，江苏人民出版社 2008 年版，第 151 页。

用问题。文场师傅掌握着梅花拳组织的自治权威，也担负着日常巡查监督之责。普通乡民进入梅花拳文场后，如无特殊情况，他们需坚持每日早、晚两次烧香磕头敬拜祖师爷的传统规矩。如遇工作繁忙，也可自行随机增减。乡民平日烧香自然会消耗大量的香支，这些香支由梅花拳文场师傅负责统一供应。梅花拳文场弟子所烧的香支分为元炉香（红条香）、线香（问事香，细短，燃烧快）等多种类型，平时常用的则是约 100 根一把的元炉香。这些香支单价多在 10 元以下，普通家庭均可负担，一般购买一次足够使用半年以上。

第二，“动香火”是传播乡村梅花拳文场知识的潜在途径。梅花拳文场师傅承担着“动香火”时的仪式指导功能。村中如果有新“立架”的梅花拳家户不懂具体的祭拜程序，也会邀请文场师傅上门进行指导。他们经常为村民“动香火”提供帮助，并耐心告知“动香火”时需要注意的每一处仪式细节。例如，在三月三“动香火”期间，早晨要为“老爷爷”取水打茶，必须在太阳未出之前取井中的第一担水敬神。取水时还要念叨上几句吉利话：“谢天谢地谢三官，再谢井里老龙王，孙子来打茶，是为敬佛祖上坛。”等把水提上来以后，村民用担子挑水时必须一口气担到家，中间不许停歇。回到家先将这桶水倒入烧水壶中，然后再跪在佛坛前等待，在水烧开之后才能端上敬奉神家。每年农历三月三、六月六、九月九、腊月初八和春节接架时都有对应的念佛词，并传承着相对固定的敬拜程式，借助“动香火”仪式，有助于乡村梅花拳文场知识的传播。

而且，梅花拳文场师傅在“动香火”期间帮助乡民解决生活中的各种“私事”，可以实现为梅花拳“传道”的公益性诉求。首先，梅花拳文场师傅在为乡民提供力所能及的“心理治疗”服务时，可以得到一部分受益村民的话语认可，从而使其在村落中享有着一定的社会威望。其次，在乡村看来，他们希望借助“动香火”去化解生活中的难题，而文场师傅恰好扮演着乡土“心理医生”的特殊角色。最后，也是更为关键的一点，文场师傅在为乡民“医病”“解事”时并不收取费用，这体现出鲜明的公益性特征。乡土社会是靠亲密和长期的共同生活来配合各个人的相互行为，社会的联系是长成的，是熟习的,到某种程度使人感觉到是自动的。[①] 一定意义上看,梅花拳文场师傅在村落社会充当了乡民的信仰辅助媒介。不仅如此,对于乡村梅花拳的文理功法传播,尤其是梅花拳文场知识,乡民则更倾向于将其与中国传统文化的宏大叙事结合起来,这是当地村民从文化层面对梅花拳文场作出的自我判断和界定。村民为什么会生成这种民间传统文化上的自信?其主要原因可能在于近年来国家在政策层面对地域传统文化的价值性指认。实如格尔兹所言,我们需要在多样的现象中寻求系统的关系,而不是在类似的现象中寻求实质的认同。[②] 在村落日常生活中,经由"动香火"仪式活动而建构的乡村时间制度,可以反映出梅花拳对民众自治生活的功能和意义所在。

第三,"动香火"在一定程度上形塑了乡民的日常信仰习惯。葛兰言认为,在村落中"每个人都感到人的生存要与万物秩序保持一致,并在时空中找到合适的定位"[③]。在乡村梅花拳内部传承的按照农历节气定期祭拜的民间传统,也遵循着中国传统农时节令秩序。每年农历三月三、六月六、九月九和腊月初八日为乡村梅花拳内部传统的四大节气日,村民需焚香摆供敬奉"老爷爷"。除此之外,村民还要在春节期间大摆供品"辞架"和"接架",意寓与供奉的神祖们共同过节。与平常时段的烧香、磕头等仪式化行为有所不同,村民们在"四节气"期间会专门为神祖们多祭烧一些金银纸(又称"银箔纸"),以强化村民敬奉"老爷爷"的群体信仰意识。在中国人的传统观念中,烧香是对神灵表示敬意,香烛散发的香气是为了取悦神灵。每年给梅花拳祖师爷过"四节气"或者请其帮助"解事"时,一般要在文场师傅的指导下完成。在这些特殊时段,主炉敬奉六炉香的烧香规矩不变,但下面陪架的香支数量可以随时增加,乡民认为这样便于获得祖师的灵验启示。

显而易见的是,乡民进入梅花拳文场后需每日焚香敬拜,遇到"四节气"时也要摆供敬奉,这些日常消耗品所费不低。既然如此,为什么村民还会在此方面耗费财力和精力呢?在韩书瑞看来,中国乡土的民众信奉某神而不

---

① 参见费孝通:《乡土中国》,北京出版社 2005 年版,第 62 页。

② 参见[美]克利福德·格尔兹:《文化的解释》,纳日碧力戈等译,上海人民出版社 1999 年版,第 51 页。

③ [法]葛兰言:《中国人的宗教信仰》,程门译,贵州人民出版社 2010 年版,第 158 页。

信别的神灵,“只是因为它们的功效不同,或是求方便,而与教义无关”[①]。在普通乡民看来,梅花拳能够为其带来一些不可言说的“好处”。而且在村落日常信仰生活的长期身体实践中,乡民也能实现“久而生信”的效果。这种世代传承的信仰系统,经由习俗仪式的文化书写,成为一种集体性的文化记忆与生存共识。[②] 如梅花拳文场师傅所言:“伺候不长你就不信它。”在“文化大革命”期间,梅花拳文场弟子的烧香磕头敬拜行为一度被认定为“封建迷信”。他们不得不在家中偷偷地焚香敬拜,唯恐被外人发现带来不测。可以说,“动香火”这一“久而生信”的信仰习惯,已经内化为村落梅花拳弟子日常生活中不可分离的一部分。但是,乡村梅花拳组织借助“动香火”仪式树立起来的村落权威并非固定不变,它还会伴随乡民信仰群体的变动发生转化。

余 论

概言之,梅花拳这一乡村武术组织,对于“亮拳”“动香火”等仪式活动而言,它本身隶属于一种具有娱神、娱人双重属性的地方性节日传统。这种地方性节日传统与乡民的时间制度发生关联,充斥着仪式的严肃性和节日的娱乐性双重特征。例如,操持“动香火”仪式的梅花拳文场师傅在闲暇时也会与其他乡民聊天逗乐,但在做仪式的过程中,他们则会表现出虔诚无比的神圣性,代表村民向神灵祈祷。此外,乡村梅花拳组织所进行的节日实践主要与每年定期重复举行的村落公共仪式有关。重复既是一种节日标志,也是一种划分界限的时间象征。重复可以实现记忆再造,通过这种颇具仪式感的信仰生活机制,有助于构建信仰者与信仰对象之间的神圣性。但它并非是完全机械性的重复,而是在灵活的结构变化中实现信仰的象征化。时间上的重复相对固定的仪式流程,在某种程度上而言,是为了强化控制。而控制效果的显现就需要不断地进行重复。因此,它既是对过去仪式程序的重复,也是对未来仪式的预演。当地乡民每年在名义上至少都要遵循着相同或相似的信仰仪式程序,但在具体细节呈现方面,多数又会有细微的差异

① [美]韩书瑞、罗友枝:《十八世纪中国社会》,陈仲丹译,江苏人民出版社2009年版,第38页。

② 参见郑志明:《台湾民间的宗教现象》,(台北)大道文化事业有限公司1996年版,第3页。

性。如特纳所言,仪式力量场充满着合作的气氛;而村落群力量场则被一种竞争的氛围所环绕。[①] 进一步而言,经由"亮拳""动香火"等仪式活动构建的时间制度,又时刻影响着乡民的信仰体验。乡村梅花拳弟子的磕头、烧香等敬拜行为,既是一种每日不厌其烦的肢体重复过程,同时也是个体信仰意识的不断强化过程。

从根本上来说,乡村武术组织的节日传统与时间制度是对地方生活文化的一种接续。它继承了仪式核心与主体内容,传承为重复提供了持续的动力。而通过梅花拳文场的"四节气动香火"及日常"一天两时香"等普遍性信仰行为,乡民为神灵提供敬奉服务,这既体现出一种朴素的公益性观念,也涵盖了公益实践的价值追求。乡民在日常生活中借助"农闲玩拳""定期亮拳"和"四时八节动香火"等文场、武场日常运作机制,既构建了特征鲜明的地方性节日文化传统,也凸显出一种灵活自洽的乡村时间制度。这种节日文化传统与乡村时间制度在不同层面发生艺术化勾连,不仅使得梅花拳成为民众日常生活方式的一部分,并对村落社会的民俗文化传统产生持久性影响。

---

① 参见[英]维克多·特纳:《象征之林:恩登布人仪式散论》,赵玉燕等译,商务印书馆2006年版,第283页。

庙会献戏:祭祀仪式剧和戏曲的互动与差异
——以冀南涉县赛戏、愿戏表演传统为例

马 兰*

田野报告

摘 要

中国传统戏剧中的两类演出艺术形态即祭祀仪式剧与戏曲,是乡村庙会上的主要献戏类型。村落庙会中上演的赛戏与愿戏分别对应着这两类艺术形态,赛戏与愿戏的命名是乡民根据献戏主体与目的的不同所作出的内部分类。赛戏与愿戏分别代表着村落集体与神交流的实践以及村民个体与神交流的实践。共存于同一庙会场域下的赛戏和愿戏的差别,还体现在展演主体是否参与敬神仪式。通过田野考察,认识赛戏和愿戏的不同,能更好地理解乡民献戏的内部区分以及献戏与乡民生活之间的密切关系。

关键词

祭祀仪式剧 戏曲 赛戏 愿戏

---

* 作者简介:马兰,山东大学儒学高等研究院博士研究生,河北大学文学院副教授(河北保定 071002)。

基金项目:2015 年度国家社科基金特别委托项目《中国节日志》子课题“涉县女娲祭典”的阶段性成果(项目编号:JRZ2015005)。

学界通常把借助于一种仪式,祈求达成驱凶纳吉愿望的戏剧视为"仪式戏剧"[①]"祭祀戏剧"[②]或"祭仪剧"[③],如傩戏、目连戏、法事戏、赛戏等,带有媚神的神圣性。为了区别祭祀性戏剧,而将其他传统戏剧统称为"观赏性戏剧"或"戏曲"。[④] 戏剧界一般从戏剧形态学和戏曲史的视角进行研究,这种客观的视角是戏曲研究的主流,而将乡民作为献戏主体的研究视角往往不被重视。20 世纪 80 年代以后,戏剧研究的重心从案头和舞台走向田野,学界开始注意到戏剧与民俗、宗教的关系,并充分重视乡村祭祀戏剧的调查研究,从人类学、民俗学的视角关注传统戏剧的研究。20 世纪 90 年代,台湾学者王秋桂在中国大陆、台湾、香港和新加坡开展了"中国地方戏与仪式之研究"的计划,这种借助人类学的田野调查法的研究,不仅发现了中国广泛存在的祭祀仪式剧,而且突破了基于剧本的文本分析,结合表演场合来研究戏剧演出的功能与意义,这是戏剧研究领域的重大突破。不过,其关注重点仍是演剧与仪式的关系问题,并没有从使用戏剧的乡民主体对戏剧的运用角度去思考乡村戏剧与乡民生活的关系。王志峰以田野调查的民间戏剧为切入点,研究祭祀戏剧的价值,但仍然忽略了乡民主体。[⑤] 李向振注意到庙会献戏活动更多地表现为参与者对生活体悟和理解的表达,认为庙会"参与者根据对生活的感受赋予献戏活动以不同的意义,并通过具体行动将其对生活的理解表达出来",即献戏是表达乡民对生活理解的一种途径。[⑥] 这一研究虽然注意到了献戏的主体,但没有注意到乡民会根据献戏主体的不同而对庙会演出的戏剧做出集体性与个体性的区别。这种区分之所以难以被看出,是由于祭祀仪式剧和戏曲演出往往并置在同一庙会场域下。周华斌认为:"祭赛戏剧(仪式戏剧)与勾栏戏剧(职业戏剧)之间没有绝对的界限,两

---

① 1994 年 5 月,在台湾召开的"中国祭祀仪式与仪式戏剧"研讨会上明确提出了"仪式戏剧"的概念,并划定了"仪式戏剧"的范围,即傩戏、目连戏、法事戏、赛戏等,从性质角度区分,可以包括酬神戏、平安戏、愿戏、香火戏、社戏、丧戏等,但没有界定其实质内涵。

② "祭祀戏剧",最早由田仲一成提出,并于 20 世纪 80 年代引入中国。参见[日]田仲一成:《中国祭祀戏剧研究》,布和译,北京大学出版社 2008 年版。

③ 参见王廷信:《祭仪剧:中国民间戏剧的重要形式》,《山西师范大学学报(社会科学版)》1996 年第 4 期。

④ 麻国钧:《分别与交流——戏曲与祭祀仪式剧异同论》,《戏曲艺术》2015 年第 1 期。

⑤ 参见王志峰:《祭祀·仪礼·戏剧——中国民间祭祀戏剧研究》,文化艺术出版社 2016 年版。

⑥ 李向振:《庙会献戏与村民生活的表达——以安国药王庙会为个案》,《民俗研究》2013 年第 4 期。

者始终存在着交流和交融。”[①]傅谨提出祭祀与戏剧二者的并置现象:“人们应该惊讶的不是民众居然能将世俗的戏剧演出和神圣的祭祀信仰置于同一个精神空间,值得惊讶的是这样两大类活动居然可以如此天衣无缝地融为一体,你中有我,我中有你,彼此甚至分不清主从。”[②]恰恰是这种并置现象容易掩盖祭祀戏剧和戏曲的差异。在乡村庙会上,虽然这两类戏剧都是献给神灵的祭品,但是忽视献戏主体的差别,就无法理解乡民如何具体使用这两类戏剧而达到敬神目的。

把庙会献戏的表演看作交流实践,献戏就不是完全在现实的人际关系中进行交流,很大程度上是现实的人、现实的社会与神性的角色、神性的世界进行交流,因而献戏是带有神性的交流实践。笔者通过冀南邯郸市涉县弹音村田野调查发现,该村正月元宵节祭祀山神时,村中会演出两种戏剧:一是集体性的义务演出的赛戏,二是个体性的有偿演出的愿戏。作为村落集体交流实践的赛戏与村民个体交流实践的愿戏,他们在献戏酬神的实践中构成一种互动与依附关系。带有祭祀仪式性质的赛戏与观赏性的愿戏不仅并置于庙会节庆这种公共平台中,而且显示出集体性与个体性的区分。研究庙会献戏要重视献戏主体,把献戏作为人神交流的介质,关注献戏主体的差异性以及表演主体的身份差别,才能更好地理解庙会献戏与村民生活之间的关系。

一、赛戏和愿戏

在冀南地区广大乡村庙会中,献戏是庙会上的重要活动。冀南邯郸市涉县弹音村是个依山而建的小山村,现如今村里还有山神庙、娲皇行宫、关帝庙、三官庙,每年正月元宵节祭祀山神、四月初四祭祀娲皇圣母,是村落最隆重的两个庙会。其中,赛戏和愿戏是庙会中乡民敬拜神灵的主要祭品。

---

① 周华斌:《祭礼与戏剧——上党祭赛的文化启示》,《中华戏曲》2007 年第 5 期。

② 傅谨:《中国戏剧发源于乡村祭祀仪礼说质疑——评田仲一成〈中国戏剧史〉》,《文艺研究》2008 年第 7 期。

(一)赛戏

涉县的赛戏与邯郸经济开发区、武安的赛戏,同时入选2008年国家级非物质文化遗产保护名录。赛戏在邯郸不同村落有不同的叫法,如邯郸经济开发区东填池村称为“闹赛”,武安东通乐村称为“大赛”,涉县上清凉村称为“俳赛”,涉县弹音村称为“对戏”。按照麻国钧的观点,祭祀仪式剧与戏曲的根本不同在于有没有脚色行当,“祭祀仪式剧不存在脚色行当体制,古今皆是”①。赛戏从形态上来说属于祭祀神灵的仪式剧,这是基于戏剧形态学得出的结论。无论从赛戏的演出实践还是剧本看,都不存在脚色行当,剧中人物都是由演员直接装扮人物而不是以行当扮演人物。剧本多是自古流传下来的,目前保留的多为清至民国年间的重抄本,村民们叫作“都本”“老本”。内容多为历史故事,集中反映春秋、商末、秦末及唐宋时期的历代朝纲军政大事,无民间生活戏。出场人物多是帝王将相,几无女角,出现个别女角也是男扮女装。赛戏只在元宵节和本村庙会期间给神演出,且不出村演出,更不进行商业演出,如东通乐赛戏是敬土地爷的,上清凉和弹音赛戏是敬山神爷和娲皇圣母的。弹音村山神庙内台阶下的《扩建山神庙碑记》记载:“弹音自古有敬山神之风,据社坊院光绪三年十月碑志记载:古有赛戏两班,每逢元旦,习演半月……正月十四演员穿戴威武,披挂整齐,携香劳善众,一路锣鼓喧天,火鞭炮仗,浩浩荡荡,迎接山神回村,教人膜拜,十七送回庙中。此俗由来已久,历年不绝。”②可见,赛戏伴随着迎神仪式进行的祭祀演出,是祭神仪式的必要环节,赛戏的演出由村民承担,这些村民都是祭祀仪式的参与者,其自古规定不进行商业演出,且不出村演出。

(二)愿戏

愿戏是许愿、还愿时唱给神灵的戏。许愿者为了生育、疾病、婚姻等事,求神开示,许下愿心,并以所请的戏剧作为酬神的祭品。如果事后真的应验了,就必须去还愿,即请戏向神灵表达感恩之情,此两种情况所请的戏就是

① 麻国钧:《分别与交流——戏曲与祭祀仪式剧异同论》,《戏曲艺术》2015年第1期。

② 扩建山神庙碑位于弹音村山神庙正殿左前方。山神庙坐落于弹音村后西山半坡上,为2016年12月26日于原址上所重建。

愿戏。一般在元宵节和庙会期间，戏班的人应村民个人邀请，到本家的神堂、神龛前或到庙里的神龛前配合其许愿还愿行为进行演出。涉县位于晋、冀、豫三省交界处，当地民众比较喜欢流行于该地域的地方剧种如大落子、小落子、豫剧、梆子等，所请愿戏也以这些剧种为主。当地人认为神灵也喜欢这些地方戏，这种“以人度神”的心理，正是对借戏剧娱神兼娱人表演实践的诠释。唱愿戏是有偿服务，出资多少不仅决定演唱段落的多少与时间的长短，还决定能请到什么级别的戏班演出，有一定经济实力的村民，会请职业剧团在庙前戏台上连演地方剧种的整本戏出，戏资一般是 1000 ~ 2000 元一场。普通村民则请当地的半职业剧团演出地方戏选段，戏资一般是 50 ~ 100 元一段。无论演出戏剧选段还是整本大套的戏剧都是由职业化、半职业化的演员来出演，由于演出的都是地方民众喜爱的剧种，群众不仅前来观赏，还会品评演员的表演，这是庙会献戏的一种常态。作为愿戏演出的演员并不参加村落的集体请神仪式，庙会前村民会事先预定戏班演出，并在神驾落驾后，邀请戏班到神驾前表演。愿戏是商业性演出，出村赶庙会是戏班增加收入的主要渠道。

二、赛戏与愿戏的互动

诸多田野调查实践显示，中国戏剧并没有按照整齐的进化模式由仪式剧进化为观赏性戏剧，在乡村庙会中，祭祀性仪式剧和观赏性戏剧恰恰呈现互动、并置的景观。2017 年，在弹音村正月十五元宵节庙会当天，正对神驾的戏台上的赛戏与山神爷神驾前三五个人献演的愿戏依次上演。敬神仪式、游村、戏台上赛戏的演出、神驾临时落驾的歇马殿前的愿戏演出，一系列的文化表演将日常时空转化为神圣的时空。节日里这些特定活动举行的地点都有明确标识：临时搭建的神棚、重新布置的歇马殿、神龛、供桌……这些是赛戏、愿戏共同的表演场域。

从酬神目的看，赛戏强调神灵与村落集体的关系，愿戏则强调神灵与个体或家庭的关系。个体愿戏虽然仪式性不强，但要依附于庙会仪式。个人领域与公共领域是经由庙会集体仪式而发生关系的，刘铁梁最早注意到了这种关系：“家户、聚落或村落之间，经庙会仪式而发生密切的互动关系，并共认一些道德伦理规范，这是大部分庙会仪式所造成的实际效果”[①]。换言之，不仅村落集体与神灵之间经由庙会仪式实现酬谢目的，就是家户、个体与神灵也必须经由庙会仪式而实现酬谢目的。作为交流实践的集体性赛戏和个体性愿戏，是要在庙会节庆这个公共平台上上演的。

愿戏虽然演出的都是地方戏曲，但并不是随时随地能给神灵献演的，一般是在节庆、庙会仪式中应邀演出，愿戏的演出离不开集体敬神仪式。私人领域的愿戏演出需要凭借公共的仪式时空来邀请神灵降临，并经由邀约愿戏演员承担演出，才能达成个体酬神的目的。私人的愿戏演出表现出对公共仪式时空的强烈依附性，进而可以看出愿戏是依附赛戏及敬神仪式而存在的，同时建构出了仪式祭祀的热闹场景。而赛戏演出作为公共祭祀仪式的构成环节，不仅建构了仪式的神圣性，而且增强了愿戏演出的神圣性与神秘性。

对于赛戏演员来说，完成庙会仪式是其主要目的，对于愿戏演员而言，进行演出并获利是其主要目的。当然愿戏演出也并非对公共仪式无任何影响，本村落与外村落来还愿的愿戏数目，显示出该村落神灵的灵验度，场数越多，说明神灵越灵验，从而吸引更多的周边香客，进而增加庙会香火。愿戏在一定程度上促进了公共仪式的发展，增强了公共仪式的吸引力。

对于公共仪式的主要组织者和参与者的赛戏演出者汤水平、汤香平[②]兄弟二人来说，演出赛戏则是其村落权威身份建构的重要支撑，为村落诸多村民服务的行为增强了其作为集体仪式组织者的威信与信服力。作为赛戏班的主要演员，兄弟俩认为把祖上传下来的弹音娲皇社和赛戏班办好是积德行善的行为：

> 祖上往下传，更多的是传下的道德规范和管理经验。汤家人也愿意为大家服务，没图过什么，只是尽点心力，一个是提倡大家修好，一个是提供娱乐活动，这也算是积德吧。我个人倒觉得，四月庙会以后，做什么都特别顺利。先前谈不成的项目，庙会以后就成了；想做点什么，

---

① 刘铁梁：《作为公共生活的乡村庙会》，《民间文化》2001 年第 1 期。

② 弹音村村民汤水平是娲皇社、山神社的主要负责人，弟弟汤香平是赛戏班的主要负责人，且是赛戏的国家级非物质文化遗产传承人。

都很容易。[①]

2016年,弹音村的愿戏演出是由本村村民张卫明、张宝淑、张水平、张土全、汤水花组成的业余剧团来承担的,大多数演员年龄都在50岁以上。

> 年轻的时候跟着剧团出去演出,顾不上唱愿戏,后来剧团解散了,偶尔大家出去跑庙会演出,现在过年,想起来高兴高兴,就跟大家一起唱唱愿戏。就是爱好唱,不在乎挣钱多少。[②]

虽然商业化演出愿戏并不是这些演员的主要收入来源,但能在庙会上多演出几场不仅能使演员过一把戏瘾,而且也可以增加收入,正月十五上午这个戏班在弹音村连演了三场后,下午还要赶到武安[③]去演出。

作为文化表演的敬神仪式是一个公共事件,村民几乎全部参与其中,有的村民是仪式的直接组织者、参与者,有些村民是仪式的间接参与者、观众。整个庙会节庆仪式建构了一个人神交流的公共平台,赛戏、愿戏在这个公共平台上中互动共存。

三、赛戏与愿戏的差异

作为仪式剧的赛戏和戏曲的愿戏,在庙会中都承担奉祀神灵的功能,在庙会场域下,如果按照戏曲形态学理论去区别二者,无法深刻理解村民献戏与其生活的关系。如果从献戏主体的角度去看二者的区别,就发现赛戏关联的是村落集体的生活,愿戏关联的是村民个体的生活。两者在表演主体、表演时空方面的区别,有助于我们理解仪式剧和戏曲是如何被乡民运作的。

(一)集体性与个体性的差异

1. 赛戏:集体性交流实践

弹音村现今保留的清代手抄本演出剧目《大会垓》中提及,上场人物刘

① 访谈人:马兰、李向振、李新锁;访谈对象:汤水平;访谈时间:2016年4月14日;访谈地点:弹音村汤水平家。

② 访谈人:马兰;访谈对象:张宝淑;访谈时间:2017年2月11日;访谈地点:弹音村。

③ 武安,与涉县毗邻的县级市。

邦有段念白为："今日太平元宵，做着一场对戏，答报神明。"[①]具有敬神性质的赛戏，过去常被弹音村村民俗称为"赛对"或"俳赛"，现在受外来学者以及非物质文遗产名录的影响而多称"赛戏"。历来每年赛戏的演出必定是轰动全村的一项盛事，清光绪三年（1877）的《重立章程》石碑记载："如我村三官、山神社旧有戏赛两班，每逢元旦习演半月，其事甚繁。用人居多，任大责重，一村之社事繁难莫大于此矣。"[②]唱赛戏是举全村之力而为之的集体事务。赛戏在表演时没有唱腔只有念白和对白，没有复杂的吹弹乐器，只用锣鼓简单伴奏。从表演内容上看，赛戏全都是武戏，以讲古为主，多演古代武将杀伐征战的故事，目前弹音赛戏已经恢复的演出剧目有《宁国府》《打蒋全》《白璧关》《金沙滩》等。如今弹音村的赛戏主要献唱给娲皇奶奶和山神爷，演出赛戏是弹音村村民集体与神交流的过程，山神、娲皇圣母这些神灵是集体的象征，或者说他们是保卫一方的神灵，具有集体的社会属性。"在中国，任何社区都有一个或多个地方保护神作为集体的象征，对这些神灵的崇拜仪式成为社区宗教生活的中心。"[③]所谓地方保护神，就是涂尔干所言的"社会的崇拜"，或社会的神性化解释："宗教明显是社会性的。宗教表现是表达集体实在的集体表现；仪式是在集合群体之中产生的行为方式，它们必定要激发、维持或重塑群体中的某些心理状态。"[④]山神、娲皇圣母是弹音村重要的地方保护神，赛戏这种仪式性戏剧的演出，直接践行神性化的集体性交流实践。

乡村仪式演剧跟村落命运共同体有直接关系。"文化表演事件的另外一个最为重要的特征，是它能升华和强化人的情感。"[⑤]就信仰诉求而言，接受访谈的村中老者、年轻人，几乎都流露出一种相同的喜悦心情："老辈子信奉女娲，就是求告娲皇奶奶保佑着百姓们有口饭吃、平安活着；现在祭祀女

---

① 《大会垓前册》，清光绪二十七年九月抄本。剧本由村民汤俊平提供。

② 《重立章程》石碑，在弹音村晋冀鲁豫边区政府旧址（过去曾是社坊院），此碑位于正屋内墙角处，光绪三年十月立，由于位于屋内，所以文字保存完好。

③ ［美］杨庆堃：《中国社会中的宗教：宗教的现代社会功能与其历史因素之研究》，范丽珠译，四川人民出版社2016年版，第64页。

④ ［法］爱弥尔·涂尔干：《宗教生活的基本形式》，渠东、汲喆译，上海人民出版社1999年版，第11页。

⑤ ［美］理查德·鲍曼：《作为表演的口头艺术》，杨利慧、安德明译，广西师范大学出版社2008年版，第206页。

娲,是感恩娲皇奶奶保佑了我们的小康生活,是她创造了人间万物,这会儿,我们还得祈望她保佑着中华民族的伟大复兴呢!"[①]仪式的感人之处在于它能提升人民的思想境界,从个人的利益延伸至社会的利益。在祭祀神灵、义务献演赛戏的仪式活动中,乡民的个人诉求融于集体诉求中,从而使乡民的精神世界得以升华。

2. 愿戏:个体性交流实践

人生因各种病痛与事件造成生活失衡,增加了日常生活的不稳定性和内心的担忧,为了摆脱这种困扰,有的人会求助神灵,当病痛或事情解决后,人们内心万分感激,觉得冥冥之中神灵庇佑自己,请愿戏就是报答神灵的一种方式,发挥了其酬神功能。许多民俗事象"例如节日仪式、婚丧嫁娶、礼尚往来等,都作为民众日常交流实践方式而在生活中发生着实际效用"[②]。

弹音村村民在正月元宵节敬奉山神、四月庙会敬奉娲皇圣母的时候会借机请愿戏,这种个体性交流实践依托于集体性请神的公共交流平台。汪林林认为,涉县马童借助庙会公共信仰文化资源实现个人通神能力说明个体叙事对集体叙事的依附,"这些个体性叙事倾向于在私人领域展开,受众面窄。集体叙事与区域内群众的集体生存息息相关,更多是面向公共空间,具有普适性"[③]。这是从叙事的角度讨论个体与集体的差异性。庙会献戏也是如此,愿戏演出的目的是解决私人领域的日常事件,如生命安危、祸福财运、升学求子等。而赛戏演出目的大多与村落集体的安危、国家的太平、风调雨顺这类宏大祈愿紧密相连。个体酬神的交流实践必须借助庙会与节庆这个公共时空,并经由请来的愿戏演出,个人神性化交流实践才得以达成。以下的简单图示,展示出愿戏和赛戏作为人神交流媒介的时候,表现出的个体性和集体性交流实践的差异。

个体性交流实践:村民个体——→愿戏——→神灵

集体性交流实践:村落集体——→赛戏——→神灵

① 访谈人:马兰;访谈对象:汤春生,1951 年生,曾任弹音村村支书,现为弹音社、赛戏班成员;访谈时间:2016 年 4 月 14 日;访谈地点:弹音村大队部。

② 毛晓帅:《中国民俗学转型发展与表演理论的对话关系》,《民俗研究》2018 年第 4 期。

③ 汪林林:《通神角色的个体叙事研究——以涉县乡村中马童为例》,山东大学硕士学位论文,2017 年。

（二）演出主体的差异

庙会献戏的研究一直忽视演出主体的身份差异，因而容易忽视祭祀仪式剧和戏曲与祭神仪式的关系。赛戏表演的主体，同时又是祭祀组织内部成员，而愿戏的表演主体是村民请的职业或业余的戏班演员，且不参与祭祀仪式，显示出赛戏与愿戏的表演主体的身份差异。愿戏的演出者并不是仪式的组织者、直接参与者，只是作为演员身份出现在公共仪式中，这种地方戏是以商品形式购买的祭品，演出时间长短又与事主的酬金多少相关，这是愿戏的商品属性，也只有在庙会时献给神灵的戏曲才称为"愿戏"，这是愿戏的祭品属性，因而愿戏兼有商品和祭品两种属性。而赛戏在参与公共仪式这一点上明显不同于前者，赛戏的演员是公共仪式的组织者、必要参与者，因而赛戏是祭祀仪式的必要环节，是仪式的构成部分。赛戏是义务演出的，且不出村参加商业演出，所以赛戏只具有祭品属性。

弹音村敬神仪式能够顺利进行与两种角色密切相关，一个是"维首"，一个是"香劳"。所谓"维首"，是指负责征集钱款、调拨人员、策划活动等全面工作的组织者。一般是由村中的富裕户且德高望重、知书达理之人担任。"香劳"负责仪式活动所需的主要经费，是活动顺利进行的经济保障，这个角色必须是村中的富裕户。汤水平与汤香平兄弟二人既是弹音娲皇社的"维首"与"香劳"，又是赛戏班的主要演员，其中汤水平是弹音娲皇社的主要负责人，汤香平是赛戏班主要负责人及国家级传承人。兄弟二人各有自己的事业，哥哥汤水平有自己的建筑队，带领工人承揽各种道路工程。弟弟汤香平也有自己的公司，主要做桥梁工程。每人年收入可达20万元左右，经济水平在村中属于中上等。"我们弟兄都做点事，挣些钱，都拿出点来，也不伤筋动骨；庙里也出点，另外这两年县里也给点补贴，大家拾柴火焰高。"[①]当初弹音社恢复的时候购买服装道具的事情就是由汤氏兄弟负责的，遇到修村庙及社里重要支出的时候，汤氏兄弟依然是主要出资人。2016年，村里扩建山神庙及重塑山神塑像，汤水平出资5250元，汤香平出资30000元，约分别占

① 访谈人：马兰、李向振、李新锁；访谈对象：汤水平；访谈时间：2016年4月14日；访谈地点：弹音村汤水平家。

总金额的6%和38%。参加赛戏演出的演员是村里信奉山神、女娲的村民，同时也是弹音娲皇社的成员，每年在参加完请神游村仪式后，赛戏班的演员在香客们给神灵献祭的时刻开始上装，之后登台演出赛戏。从仪式环节来看，赛戏恰恰是整个祭祀过程中的重要一环，祭祀神灵的仪式通过赛戏演出得以完整。这就是“祭中有戏，戏中有祭”①的祭仪剧的表现形态。在这种仪式实践中，参加神灵祭祀仪式的村民主体同时也是赛戏演出的主体，二者身份是合一的，所以赛戏演出不存在报酬。恰恰是因为祭祀主体就是演出主体，如若出村演出，便脱离了祭祀主体的身份，所以赛戏有不出村演出的规定。赛戏演员内在于村社的迎神仪式中，而愿戏演员是外在于祭神仪式的，如下简示：

愿戏：职业、半职业演员（不参与祭祀仪式）——→神灵＋村民（神位居中）

赛戏：敬神仪式的参与者（参与祭祀仪式）——→神灵（神位居中）

作为乡间庙会酬神演出的愿戏，内容和演出形式与赛戏有明显差别。赛戏演出的仪式性更强，场面更宏大，如演出前进行请神、安神仪式，演出结束后进行送神仪式，赛戏要在正对神龛的戏台上演出，一般连演三天。既然赛戏的表演主体是祭祀仪式的参与主体，在演出的过程中，仪式完整性是其主要目的，自然不会过多追求戏剧演出的成本大套、角色的艺术性。请愿戏是个体行为，仪式性及演出场面都相对弱化很多，只是在神龛前叩拜后即开始演唱。从庙会实践来看，愿戏不构成敬神仪式的必要部分，但由于在敬神仪式中给神演出这样一种特殊功能，人们赋予它酬神与答谢神灵的作用，因而就具有了祭祀剧的属性。正是在这个意义上，愿戏成为广义上的祭祀剧的一种特殊案例。作为商业性演出的愿戏，表演者不参与祭祀仪式活动，即表演者主体不是祭祀主体，因而愿戏不具有仪式性。愿戏是请戏班表演，演好剧中角色，获得彩头，是愿戏演员的主要追求。不难看出，赛戏生根于乡土的集体仪式中，而愿戏已经远离了仪式，变成了表演艺术上的一种追求。是不是祭仪剧，关键看戏剧表演主体是不是祭祀主体，这也是赛戏与愿戏的

① 容世诚：《戏曲人类学初探：仪式、剧场与社群》，广西师范大学出版社2003年版，序言第8页。

分水岭,即仪式性戏剧与戏曲的差别。作为庙会的实践形式,戏曲后来得以离开一个地方跨越地域在各地游走的时候,作为商品的它便跟祭祀仪式渐行渐远了。

(三)演出时空的差异

虽然愿戏作为村民个体敬拜神灵的祭品进入了庙会,与赛戏共处庙会时空之中,但二者还是显现出微妙的差异。赛戏一定是祭祀仪式的高潮,在请神、安神的祭祀仪式之后紧接着就是赛戏的演出,一般是一天三开箱,上午、下午、晚上各演一场,三天演出结束后才能举行送神仪式,其演出场地一定要在正对神驾的戏台上演出,如果没有戏台也要在正对神驾的空地上演出。这个戏台是祭祀仪式的一个重要空间,正对神驾的位置凸显出戏台上演出的赛戏的重要性。而愿戏的演出场地可以有多种选择,成本大套的戏出要在庙外搭建临时的戏台,正对庙门,戏曲选段的演出由于需要的演出场地有限,大多数在神龛、神驾前演出。愿戏的演出一定要在赛戏演完后再演。可以看出愿戏依托赛戏的神圣时空,在演出时间与空间上遵循赛戏优先的原则。

四、结　语

祭祀仪式剧和戏曲互动、并置于庙会时空,是凭借着乡民运用戏剧酬神这一目的建构而成的。这种并置场景,往往会遮蔽乡民献戏存在的集体性和个体性交流实践的差异。乡民根据不同的献戏目的对戏剧进行命名区别:赛戏是包含在仪式程序中的、规定演出剧目的、与村落集体的诉求紧密相连的表演实践,是祭神仪式的必要组成部分,属于义务性演出;愿戏是村民花钱请来的、解决个体酬神问题的表演实践,跟个体的生活需求紧密相连,有着一定的商业性。对乡村戏剧类别的理解,需要与乡民交流实践的民俗传统结合起来。戏剧在实际生活中被乡民运用时,既要解决公共领域的集体的通神实践,也要解决私人领域的个体的通神实践,无论赛戏还是愿戏,都是人与神之间的交流实践,即神性化的交流实践。乡民运用戏剧的重要目的是，把自己的生活、人生和神圣化的他者联系在一起。乡民不仅创造了一个神性世界，并且跟这个神性世界进行交流。如果没有交流，那么神性世界便是外在于他的。与神重要的交流方式即目前人类学、民俗学所特别关注的仪式、节庆、祭祀，其实都是一种跟神性世界交流的目的性的民俗表现，即神性交流实践。